Diálogos com as juventudes presentes na EJA

ANALISE DA SILVA
Organizadora

Diálogos com as juventudes presentes na EJA

MAZZA
edições

Capa:
Túlio Oliveira sobre ilustração de Ed-Mun Bernardo

Revisão:
Adalberto Nunes Pereira Filho, Lourdes Nascimento e Paloma Figueiredo dos Santos

Diagramação:
Elizabeth Miranda

D536 Diálogos com as juventudes presentes na EJA / Analise da Silva, (organizadora). – Belo Horizonte : Mazza Edições, 2014.

248 p. ; 23 cm.

ISBN: 978-85-7160-615-9

1. Educação- Jovens e Adultos. 2. Dialogos. I. Título.

CDD: 374
CDU: 374.7

MAZZA EDIÇÕES LTDA.
Rua Bragança, 101 – Pompeia
30280-410 BELO HORIZONTE – MG
Telefax: (31) 3481-0591
email: edmazza@uai.com.br – site: www.mazzaedicoes.com.br

Dedicatória

A sociedade, nos dias atuais, apresenta-se cada vez mais letrada, urbana, industrial e globalizada, exigindo no que concerne à escola, que educadores e educandos, cada um na sua dimensão, promovam a aprendizagem enquanto uma importante vertente do direito.

Discutir a Educação como Direito Humano implica necessariamente discutir a construção de uma sociedade igualitária, democrática e justa, na medida em que concebe a educação como direito inalienável de todos e de cada um dos seres humanos, devendo, portanto, ser ofertada a toda e qualquer pessoa. Significa pensar a Educação não apenas como um direito da pessoa, mas, fundamentalmente, como elemento constitutivo da pessoa como humana.

Discutir a Educação na perspectiva da Educação Popular demanda que as práticas da primeira se assentem nos princípios da segunda, entre outros: a gestão democrática, a organização popular, a participação cidadã, a conscientização, o diálogo, o reconhecimento da diversidade, a cultura popular, o conhecimento crítico e a dimensão emancipatória da Educação.

O Censo Escolar 2012 mostra que os educandos que frequentam os anos iniciais do Ensino Fundamental da EJA têm perfil etário superior aos que frequentam os anos finais e o Ensino Médio dessa modalidade. Esse fato demonstra que os anos iniciais da EJA não estão produzindo demanda para os anos finais. Considerando as idades dos educandos e das educandas nos anos finais do Ensino Fundamental e no Ensino Médio da EJA, há evidências de que essa modalidade está recebendo sujeitos provenientes do ensino regular, por iniciativa própria destes sujeitos ou por indução da escola.

Nessa perspectiva, o trabalho que proponho com a organização deste livro pretende promover estudos e reflexões referentes ao fenômeno da Educação das Juventudes Presentes na EJA, entendida como Direito

Humano e desenvolvida com base na concepção da Educação Popular, articulando teoria e prática, visando ao entendimento crítico da importância da escolarização na vida de nossos jovens, em maioria, negros e pobres.

Por isso, este livro é dedicado a todos e a cada um e a cada uma dos jovens e das jovens que estão, que já estiveram e que ainda estarão na EJA, partilhando saberes e sabores com os educadores e as educadoras.

Agradecimentos

Um curso que se realiza todo sábado, durante 18 meses, só se torna prazeroso pelas atividades que se desenvolve e, em especial, por elas proporcionarem desejo, necessidade e vontade de reflexão sobre a própria prática de educadores na EJA.

Nossos agradecimentos aos oficineiros que, durante todo o mês de janeiro, e na lembrança ao longo do curso, nos fizeram energizados e firmes na construção do conhecimento para ser partilhado com as juventudes presentes na EJA.

Obrigado, a todos e a cada um de vocês, nossos queridos e queridas jovens oficineiros e oficineiras: Blitz, Ed-Mun, Juliana de Paula, Larissa Amorim, Leo Lopes, Milton Lira, Russo APR, Sebastião Everton, Vanessa Beco, Vinícius Figueiredo.

Sumário

Apresentação

O Curso de Pós-Graduação Especialização *Lato Sensu* em Docência da Educação de Jovens e Adultos na Educação Básica: Juventudes Presentes na EJA (ESPECEJJA) foi uma ação indutora do Ministério da Educação (MEC), por meio do Conselho Deliberativo do Fundo Nacional de Desenvolvimento da Educação (FNDE) e da Secretaria de Educação Continuada, Alfabetização e Diversidade (SECAD), para formar educadores e educadoras da EJA na Educação Básica, no nível de especialização *lato sensu*, visando atender a uma demanda específica de formação continuada nessa modalidade de ensino.

Além disso, esse Curso foi uma proposta do Fórum de Educação de Jovens e Adultos da Região Metropolitana de Belo Horizonte e contou com sua participação efetiva na elaboração da proposta curricular, na seleção de formadores e na execução do projeto.

Os objetivos principais desse Curso foram: aprofundar estudos e análises sobre a prática desenvolvida nos espaços educativos, formando, teórica e metodologicamente, em nível de especialização, 80 educadores e educadoras de Redes Municipais de Educação, que atuam nos Ensinos Fundamental e Médio no estado de Minas Gerais. Para isso, temáticas específicas foram selecionadas como referência para a organização curricular do referido Curso, conforme necessidades evidenciadas por avaliação de educadores e educadoras e das próprias instituições gestoras, definidas como temáticas obrigatórias, presentes em pesquisas que tratam do tema. Assim, todos os cursistas pós-graduandos percorreram necessariamente todas as disciplinas, oficinas e pesquisas previstas na organização curricular.

O Curso favoreceu o desenvolvimento de estudos e atividades que possibilitam uma estreita articulação entre o debate teórico-epistemológico e a prática dos educadores e educadoras no cotidiano da escola, da sala de aula e dos demais espaços educativos onde atuam. Além disso, constituiu espaços de integração entre os educadores e educadoras divididos, inicialmente, pela combinação dos níveis de ensino de atuação, das áreas de formação inicial e das redes de origem, na perspectiva de consolidar trocas de experiências e diálogos sobre os desafios da realidade dos espaços educativos e da educação brasileira, ampliar conhecimentos e promover a realização de processos de reflexão abrangentes a respeito das práticas docentes, dos reconhecimentos identitários e das políticas públicas de educação em EJA.

A especificidade contemplada durante a execução desse Curso foi a da Educação de Jovens e Adultos voltada à Juventude, em especial àquela de pertencimento urbano, focando as especificidades desse segmento da sociedade pela lente das diversas diferenças com foco no grande desafio de contribuir para a redução das possibilidades de aplicação da falsa sinonímia entre desigualdade e diferença. O Curso colaborou com a formação continuada de educadores e educadoras e com a ampliação da possibilidade de tornar efetiva a principal diretriz da UNESCO que é a de proporcionar educação de qualidade social para todos e ao longo da vida.

Foto 1 – Trabalho realizado durante o Curso ESPECEJJA.

Focamos a especificidade das juventudes presentes na EJA, sempre considerando que as falas dos jovens educandos, seus alegados motivos, os sentimentos e as experiências de vida que nos contaram constroem a adesão que manifestam a uma ou a outra, ou às mesclas de várias das escolas pedagógicas que existem. Para alguns, a escola é o lugar da diversão, pois acreditam, em função das vivências escolares anteriores, que o conhecimento não virá. Alguns entendem que é o lugar de se calar, pois somente quem cala aprende. Para outros, a escola é o lugar de construir conhecimentos, por meio da partilha de saberes com os outros sujeitos presentes ali. É o lugar de namorar. É ainda o lugar de manifestar sua insatisfação com as situações impostas a eles por nosso modelo econômico-social.

A leitura que fizemos dos dados levantados no diagnóstico aplicado por cada um dos 80 cursistas do ESPECEJJA em suas escolas de origem nos autoriza afirmar que os jovens educandos da EJA estão insatisfeitos com a maneira como nossa sociedade os trata e com o futuro (ou a ausência de futuro) que temos desenhado para eles. Estão insatisfeitos com a habitação que lhes foi destinada nas favelas, nas vilas, nas periferias; com as distâncias que precisam percorrer a pé ou pagando caro pelas tarifas de transportes urbanos em condições precárias; com o preço de alimentos, da roupa e do calçado que precisam comprar.

Insatisfeitos com o preço do ingresso do cinema, do teatro, do CD, do livro, da revista, do acesso à internet, do cartão de recarga do celular, da entrada no baile, com a inexistência de vagas para todos os interessados na Universidade, enfim, com a negação do direito ao lazer, à cultura e à educação.

Os jovens educandos presentes na EJA nas escolas dos 11 municípios participantes do ESPECEJJA são negros, pobres e estão insatisfeitos com seus cabelos que a mídia diz com frequência que são ruins; com a cor de pele que a sociedade diz com frequência que é a cor da marginalidade. Insatisfeitos com suas relações sexuais, pois, se para as gerações anteriores o uso do preservativo era uma alternativa, para os jovens atuais constitui-se uma obrigação diante da ameaça da AIDS. Outro motivo de insatisfação com suas relações sexuais é que, muitas vezes, essas resultam em gravidez não planejada, em abortos malfeitos, em filhos não desejados, em morte.

Insatisfeitos com seus trabalhos de serviços gerais e na construção civil, quando desejariam estar gerando renda cultural ou estudando;

com o tratamento que recebem da polícia quando são abordados na rua, dentro de suas casas, em suas comunidades e, por vezes, na escola. Estão insatisfeitos com a pobreza, com o desemprego, com a invisibilidade que adquirem em algumas políticas públicas universalizantes quanto a idade, gênero, raça, orientação sexual e classe social; por não terem seu potencial empregado na proposição de soluções para desafios juvenis e para desafios sociais. Estão insatisfeitos com a falta de perspectivas a serem apontadas a eles por nosso modelo social e com o olhar negativo que a sociedade, em geral, destina a eles.

Entretanto, a sua insatisfação não gera inércia e nem mata expectativas e esperanças. Assim, os jovens educandos presentes na EJA, que ouvimos nas atividades desenvolvidas pelos autores que neste livro dialogam conosco, em sua maioria, demandam, sim, de seus educadores, o trabalho com práticas pedagógicas inovadoras; querem, sim, "aulas diferentes". Diferenciam o trabalho dos educadores que os reconhecem, que os respeitam e que se relacionam com eles considerando diversos componentes de sua identidade. Partilham saberes, pois reconhecem que os têm e constroem conhecimento. Afirmam que essas práticas são exceções e que, em maioria, não é essa a vivência que experimentam cotidianamente nos espaços educativos.

Nessa perspectiva, as insatisfações manifestas no interior da relação entre as juventudes presentes na EJA e as escolas, focadas, muitas vezes, na insatisfação com as práticas pedagógicas vivenciadas, mesmo aquelas consideradas "inovadoras", são expressões de uma insatisfação mais profunda e, portanto, nem sempre manifesta.

Outra conclusão possível é a de que o trabalho na "aula diferente" que traz a perspectiva da música, do teatro, da dança, das artes plásticas, dos esportes é visto, na maioria das vezes, pelos jovens educandos como *uma oportunidade de lazer e de acesso à cultura.* Essa oportunidade caracteriza o direito que lhes é pouco ofertado, ou, em geral, que lhes é negado. Aliada com a promoção do sucesso escolar, tal oportunidade é vista pela maioria dos jovens educandos como o ressarcimento dos direitos que lhes são cotidianamente subtraídos. Nessa perspectiva, o educador, visto como o sujeito dessa mediação, é incorporado por esses jovens ao quadro de seus amigos, de seus "chegados". Entretanto, esse laço afetivo não diminui a função que, segundo esses jovens, é do educador: parceiro na partilha de saberes, na construção do conhecimento.

Por fim, um outro significado encontrado pelos jovens educandos na prática pedagógica inovadora que vivenciam com alguns *educadores* em sala de aula é que, segundo eles, nesses momentos veem *a escola como um lugar no qual se pode ter notícias de outros lugares.* Evidencia-se a dificuldade que vivenciam de conhecer e de acessar serviços que contemplem suas demandas em todas as suas dimensões. Observamos que essas demandas vão desde a sobrevivência, passando pela saúde física e mental, pelo emprego, pelas novas tecnologias, pelo esporte, pelo lazer, até os bens culturais. Em suas falas, localizamos que, na opinião desses jovens educandos, as práticas pedagógicas inovadoras definem, por meio da partilha de ideias, as ações que possam promover seu acesso àquilo que demandam e que, mesmo antes que demandem, já apontem a eles a existência dessa possibilidade.

As reações dos jovens educandos às práticas pedagógicas inovadoras, apresentadas por seus educadores, são pautadas pelas insatisfações vivenciadas por eles e, constituem a "ponta de um iceberg" de uma realidade mais profunda e, portanto, difícil de ser detectada à primeira vista.

Também a discussão dos espaços dos educandos jovens cada vez mais jovens no noturno, por vezes, na EJA; a redução de turmas para EJA nas redes públicas; o desejo manifesto dos educadores de trabalhar com educandos mais velhos e a idealização desse educando mais velho da EJA, por parte dos educadores, são temas pertinentes para outras pesquisas, em nossa avaliação.

Assim como as marcas construídas pelo caminhar da EJA denunciam a situação de exclusão que caracteriza os educandos que lá estão, reafirmam a necessidade da valorização da sua condição humana num contexto amplo e aderem a uma abordagem que entende educação como direito desses sujeitos, uma Política Pública de Estado da Juventude necessita planejar sua organização e sua gestão considerando uma atuação e uma afirmação, isto é, um reconhecimento do jovem educando presente na EJA como sujeito. Com todos os equívocos próprios de uma caminhada vivenciada coletivamente, construída a muitas mãos, muitas e diferentes existências, muitas diferentes diferenças, muitas proposições para desenhar algo novo e inovador, a Política Pública de Estado destas juventudes não se espelha na falta, na carência, na ausência em relação aos valores do mundo letrado. Assim também uma Pedagogia da Juventude precisa refletir seus próprios sujeitos, com uma perspectiva positiva, uma perspectiva construída com estas juventudes e não a respeito delas.

A constituição do ESPECEJJA pautou-se no acúmulo conceitual e metodológico já desenvolvido e em construção pelos núcleos de estudos e pesquisas da Faculdade de Educação (FaE) da Universidade Federal de Minas Gerais (UFMG), em especial, pelo Núcleo de Estudos e Pesquisas em Educação de Jovens e Adultos (NEJA).

A diversidade das temáticas justifica-se pela complexidade das questões que são apontadas nas justificativas pela demanda. Nesse sentido, o desenho curricular do Curso contou, ainda, com a colaboração de outros formadores e formadoras de outras Unidades de Ensino da UFMG, de outras Instituições de Educação Superior, de órgãos gestores, de Movimentos Sociais e dos Fóruns Mineiro e Metropolitano de EJA, além daqueles integrantes do NEJA, na perspectiva de ampliar as possibilidades e atividades de conhecimento que a unidade pode oferecer aos cursistas pós-graduandos.

Como apresentado nos resultados de discussões e construções coletivas realizadas durante o Seminário Nacional de Formação de Educadores de Jovens e Adultos, em suas quatro edições (2006, 2008, 2010 e 2012), que envolveram formadores, gestores federais, estaduais e municipais, organizações da sociedade civil e educadores com o objetivo de refletir e apontar diretrizes para a formação inicial e continuada, a origem e a justificativa para oferta desse Curso se encontram nos desafios postos para a Educação e para os educadores e educadoras nas sociedades contemporâneas. O momento atual exige e impõe, cada vez mais, a necessidade de reflexão, de estudo e de aprendizagens permanentes. Em razão disso, crescem o interesse e a demanda dos profissionais e dos gestores da EJA em relação à formação acadêmica em nível de pós-graduação daqueles educadores. Avaliamos como positiva a crença nos desdobramentos que esse Curso terá no cotidiano dos espaços educativos, no trabalho dos profissionais e na garantia do direito de educandos e educandas, dependendo de seus contornos e dinâmicas de realização.

Nesse sentido, a importância da oferta desse Curso se fez pela necessidade de formação continuada de educadores e educadoras de EJA no estado mineiro e pela possibilidade de sistematizar as experiências destes sujeitos articuladamente com as pesquisas realizadas junto ao NEJA/FaE que vem se debruçando sobre as referidas questões.

Essa proposta teve uma perspectiva multidisciplinar e colaborou na formação ao longo da vida de profissionais da educação para a atuação específica no trato da partilha de saberes com os sujeitos jovens educandos e educandas da EJA nas redes públicas, visando melhorar e aprofundar as bases de desempenho dos educadores e educadoras em relação às especificidades da lida com as Juventudes nos espaços educativos.

Pretende, ainda, desenvolver teórica e praticamente uma experiência de desenvolvimento de Cursos dessa natureza na FaE, com vistas a produzir conhecimentos, pesquisas e experiências que alimentem a consolidação de uma política de oferta de Cursos de Especialização *Lato Sensu*, no contexto de uma instituição democrática e com forte sentido público e de justiça social.

Ao trabalharmos a disciplina "Processos de Construção Coletiva em EJA", desenvolvemos atividades centradas em discussões dos temas de pesquisa propostos aos pós-graduandos individual e coletivamente. Buscamos a reflexão sobre a realidade educacional e sobre temáticas a ela subjacentes. Fomos a campo e problematizamos tal movimento. Estudamos possibilidades de recortes epistemológicos e praticamos possibilidades de produção coletiva na pesquisa em EJA. Essa prática se fez adotando uma concepção de pesquisa em educação pautada no exercício de observação da escola como campo de pesquisa e da compreensão das possibilidades da pesquisa ação e da intervenção nos espaços educativos. Os formadores apresenta-

Foto de trabalho realizado durante a disciplina Oficinas de Trabalho em EJA

ram propostas de pesquisa e os cursistas fizeram a escolha do projeto de pesquisa que pretenderam integrar, dentro do número limite de vagas ofertado por cada formador.

Imbernón, em seu livro *Formação docente e profissional: formar-se para a mudança e a incerteza*[1], afirma que

> a formação terá como base uma reflexão dos sujeitos sobre sua prática docente, de modo a permitir que examinem suas teorias implícitas, seus esquemas de funcionamento, suas atitudes etc., realizando um processo constante de auto-avaliação que oriente seu trabalho. A orientação para esse processo de reflexão exige uma proposta crítica da intervenção educativa, uma análise da prática do ponto de vista dos pressupostos ideológicos e comportamentais subjacentes.

Concordamos com ele, pois o ESPECEJJA foi isso!

[1] IMBERNÓN, Francisco. *Formação docente e Profissional* – Formar-se para a mudança e a incerteza. São Paulo: Cortez, 2001.

Aula inaugural

Carlos Roberto Jamil Cury

Gostaria de dizer a vocês da minha satisfação em poder abrir esta aula inaugural do curso de Educação de Jovens e Adultos, Pós-Graduação/Especialização para a primeira turma deste curso. Realmente, trata-se de um marco significativo. Mais uma vez, a UFMG, que abriu um curso de Licenciatura da Educação Indígena e inaugurou um curso de Licenciatura da Educação do Campo, agora consolida mais uma modalidade da Educação Regular, da Educação Básica no Brasil, que é a Educação de Jovens e Adultos. É motivo de muito orgulho ser desta casa que dá um exemplo para o mundo universitário, mostrando, sim, que é possível, abrir as portas da universidade não só para a elite, não só para quem vai trabalhar com os filhos da elite, mas para os que trabalham com os filhos dos desfavorecidos, portas abertas para todos, sem discriminação. E, nesse caso, jovens e adultos que não tiveram a oportunidade na idade adequada de frequentar os bancos escolares fazerem a Educação de Jovens e Adultos (EJA). Portanto, parabéns à UFMG, à Faculdade de Educação, aqui representada pela sua diretora e pela coordenadora do curso e os professores que estão aqui. É muito bom estar conversando com vocês, e estar conversando com gente que é caloura. Gente que vai poder pagar meia entrada no cinema... vai ser muito interessante, não é? Vai ter carteirinha de estudante, é muito bom, não é? Realmente é algo muito bom para o ego da gente.

Eu queria, antes de tocar no assunto específico, que é a juvenilização da EJA, dar uma visão sucinta dos fundamentos da EJA. É provável que alguns de vocês tenham lido o Parecer do Conselho Nacional sobre a Educação de Jovens e Adultos, outros ainda não, talvez venha até a ser motivo de estudo no curso. Vocês estão se defrontando nesse curso com a busca de uma solidez teórica e, ao mesmo tempo, a busca de práticas novas que signifiquem para essas faixas etárias a explicitação e a efetivação de um direito que lhes foi negado. Portanto, o confronto que vocês terão pela frente, em primeiro lugar, é de pessoas a quem foi negado um direito. Algo que pertence, intrinsecamente, a qualquer pessoa no Brasil, que haja completado seis anos de idade em diante (no ensino fundamental). Então, para essas pessoas a quem foi negado, seja por razões de distância (está cada vez mais raro encontrar um argumento dessa natureza, exceto em regiões do Brasil em que o veículo fundante da comunicação ainda é o barco, por exemplo), seja também, pela não oferta, por parte do poder público, de escolas na idade apropriada. Portanto, não tiveram escolas próximas de sua casa. Outros até entraram, mas evadiram-se. E evadiram-se uns por razões absolutamente ligadas à sobrevivência, às carências, às necessidades. Outros as abandonaram, e as abandonaram porque não viram ali um sentido, não viram ali um significado para si. Claro que isso, nesse último caso, tem muito menos a ver com as condições materiais de existência, e muito mais com as condições internas desta oferta.

Assim, vocês vão se defrontar com um modo de ser da cidadania, em que ela é vista pelo reverso; ela não é vista pelo verso, por aqueles que entram, por aqueles que permanecem e por aqueles que são bem-sucedidos. Vocês vão ver pelo reverso, e este reverso, muitas vezes, vem cheio de dor, cheio de sofrimento. Mas onde tem dor e sofrimento, tem o contraste. É também constituído de pessoas que, ao lado da dor e do sofrimento, têm a sua alegria, o seu prazer. E um curso desta natureza terá certamente que saber captar estas faces da moeda. É, sim, um contato com a dor, com o sofrimento; nem sempre a dor física, nem sempre o sofrimento físico. Impressionou-me um depoimento de uma senhora, num dos esquetes fílmicos que foram passados antes dessa aula, ela dizia o seguinte: "Bem, eu recebia bilhetes do meu namorado, mas eu não sabia ler, então eu solicitava à minha cunhada que lesse pra mim. Assim, a minha cunhada apoderou-se do meu segredo". É uma coisa, assim, lancinante, "ela apoderou-se do meu segredo. Agora que eu sei ler e escrever, estes segredos, os novos segredos ficam comigo". Para vocês verem até onde chega a situação de quem se viu com a negação de um direito que foi proclamado neste país de longa data.

A Educação de Jovens e Adultos é justamente a reparação tardia da educação neste país. Uma reparação tardia... Por quê tardia? Porque a negação desse direito a muitos segmentos da nossa população foi uma constante na evolução da história educacional brasileira, porque também, quando ela foi ofertada, ela passou a ser vista como um favor, como um auxílio, como uma assistência. E essas três formas de se dizer isto que hoje nós chamamos de EJA, isso na verdade era uma incapacidade de ver o outro na sua significação, o outro na sua realidade como um cidadão, também ele cidadão de direitos plenos. E por isso havia um dos nomes menos ruins antes da EJA, que foi simplesmente Supletivo. Um favor, um auxílio, uma compensação, uma assistência.

Então isto revela o quanto tardiamente não só a prática de oferta foi negada, mas também o conceito que acompanhava esta oferta mínima, esta oferta insuficiente ou a não oferta, era um conceito que negava o princípio do direito. Ou seja, se eu olho o outro como sendo depositário do favor, da assistência, do auxílio, do inacabado, então ele precisa de um "supletório", de um supletivo, porque, no fundo estou vendo o outro como um cidadão de segunda classe. E exatamente são pessoas, em sua maior parte, trabalhadores, que estão produzindo para a riqueza do país. E muitos deles até já serviram às Forças Armadas. Portanto, se me disponho eventualmente, numa guerra, a morrer pela pátria, por que a negação de um direito tão fundamental? Por que uma sonegação de um direito fundamental, que tem a ver com o "meu segredo", mas que também tem a ver com o domínio básico dos signos e letras da grande cidade? A busca da reversão de um conceito de segunda classe foi a grande virada que a Constituição de 1988 trouxe.

Essas pessoas, afirma a Constituição, são cidadãos de primeira grandeza, e só não são exatamente iguais aos outros na escolaridade porque a eles foi negado esse direito. Isso precisa ficar muito marcado: é um direito negado ante um direito, doravante reconhecido. A negação não se deveu a uma falha deles, não é uma "preguicite" deles. Há outros tipos de fala em que se percebe um preconceito a respeito dessas pessoas que não tiveram oportunidade. De maneira que esta nova enunciação, Educação de Jovens e Adultos, tem uma outra visada sobre estes cidadãos, que não é a visada do favor, da assistência, do auxílio. É a visada de alguém que quer se emancipar. Por isso ela é educação. Não é ensino, é educação. Aí vocês me perguntarão: mas educação não contém ensino? Contém. Lógico que contém. Entretanto, estas pessoas, mais do que aquela criança que tem que ser respeitada na sua identidade, precisa também ser respeitada na sua evolução, naqueles saberes que aquela pessoa já construiu ao longo da vida, a partir dos seus fazeres. Apenas ela não teve oportunidade de oferecer para uma instituição estes saberes, e nem de que esta instituição fosse capaz de articular estes saberes, de dar a eles uma costura, de fazer com que estes saberes, talvez dispersos, ficassem mais organicamente vinculados, avaliados positivamente e respeitados.

Isto, portanto, vai além do movimento de ensino que é predominante a partir dos seis anos de idade até os 17, ensino fundamental e ensino médio, mas é porque se trata de recuperar, de reconhecer, de valorizar uma experiência extraescolar. E que nem por isso deixa de ser educativa. De maneira que é preciso um conceito mais amplo. Não que isto esteja ausente do ensino fundamental ou no ensino médio. Entretanto, quer se enfatizar, ao se dizer: não ensino de jovens e adultos, mas Educação de Jovens e Adultos. Algo que vai além do ensino, exatamente por acolher a experiência, acolher os saberes que os fazeres propiciaram. Como disse um dos entrevistados em um dos esquetes do filme: "Bom, eu se for chamado para ser um construtor de um prédio aí feito um engenheiro, eu vou rodar feio, mas se ele vier aqui na mata, ele vai se perder." Ou seja, trata-se de alguém que tem consciência de si, uma pessoa realmente com um olho clínico e uma autopercepção formidável. Ele estava vendo justamente este saber nascido do fazer. Só que é um saber que não foi devidamente codificado, acolhido e costurado. E é isso de que ele precisa.

Talvez esse seja um dos desafios mais significativos para um curso como esse, para pessoas como vocês. Como dar conta desses saberes que nascem dos fazeres? Como dar conta, ao mesmo tempo, do ensino e da educação? Ensino que está obviamente integrado na questão da educação. Então, a Constituição de 1988 dá um passo muito avançado a este respeito. Primeiro ela reconhece que jovens e adultos são pessoas que estão experienciando um ciclo significativo da existência. Eles são jovens, eles são adultos. Eles não são crianças nem adolescentes. Reconhece-se certamente também a identidade das crianças, reconhece-se a identidade dos adolescentes, mas reconhece-se a identidade de jovens e adultos.

Portanto, essa é outra questão significativa: a EJA não é um quebra-galho, a EJA não é um não lugar, a EJA não é um depósito de pessoas mal sucedidas no ensino fundamental e no ensino médio. A EJA tem uma identidade, e ela não é simplesmente um repositório, um "supletório" ou coisa que o valha. Ela passou a ter uma identidade. É verdade que esta identidade ainda está corrigindo, reparando um direito que foi historicamente e/ou socialmente negado. É verdade que esta EJA está completando algo que ficou incompleto, por exemplo, as pessoas que cursaram apenas dois anos e querem completar. Na verdade, a EJA do futuro será a EJA do desenvolvimento das potencialidades do indivíduo, daquele núcleo da personalidade que ficou querendo algo mais. Quem sabe alguém que queria tocar violino, alguém que queria fazer pintura, alguém que queria compor música ou o exercício do lúdico. Este é o significado profundo da EJA: o desenvolvimento daquela potencialidade que eu não pude desenvolver. Todavia, nesta vertente de uma educação escolar que se fez tardia no nosso país, a EJA ainda tem as funções reparadora e equalizadora. Mas na verdade ela aponta para o desenvolvimento da personalidade, da minha personalidade, daquilo que eu teria o sonho de fazer. Todos nós aqui temos um sonho. Ah, eu gostaria de ter, por exemplo, tocado saxofone, eu gostaria de ter tocado bombardino, tocado piano, não é? Ou qualquer outra coisa.

Então, esse é um primeiro significado importante. O segundo significado, que vem da Constituição de 1988, é que o ensino fundamental para qualquer pessoa tornou-se direito público subjetivo. Isso é o máximo que nós podemos fazer na área da não violência para a exigência do direito de uma pessoa. O que eu quero dizer com isso? É até onde o direito que uma pessoa tem é esticado até o final. Direito público subjetivo quer dizer: eu sou titular de um direito e, se ele me for negado, no outro dia, a autoridade competente é obrigada a me dar a vaga. E, a partir de 2016, esse direito estender-se-á também para o ensino médio. Não será mais na idade de 14 a 17 anos, de 15 a 17, não será mais progressivamente obrigatório, será obrigatório, e com isso o ensino médio tornar-se-á, ele também, direito público subjetivo. E as pessoas que não tiverem tido acesso nesta idade, tê-lo-ão, se quiserem, porque titulares desse direito.

Essa é a diferença. Enquanto as pessoas de 6 a 17 anos, de acordo com a nossa Constituição, e até de acordo com o Código Penal, não terão outra opção: ou é escola ou é escola, as pessoas que não tiveram a devida oportunidade continuam detentoras desse direito. E, no momento em que quiserem acionar esse direito, elas terão imediatamente o direito de acionar e a autoridade pública competente deve dar a vaga. Vocês imaginem se, por um clique, essa consciência baixasse e permitisse que todas as pessoas que não tiveram acesso ao ensino fundamental na idade apropriada tomassem em mãos esse mecanismo jurídico de proteção, e fossem amanhã junto às autoridades públicas competentes exigindo esse direito. Seria uma revolução neste país com perto de 14 milhões de pessoas. Seria uma revolução, porque da noite para o dia prefeitos, governadores, ministro da educação, presidente da República deveriam rapidamente tomar medidas. Vocês sabem qual a consequência, se isto fosse levado até as últimas consequências e se não houvesse resposta adequada e imediata a esta demanda? Cassação do mandato da autoridade segundo uma lei vinda do presidente Eurico Gaspar Dutra, lei de 1951. Cassação. Foi por conta dessa lei que o presidente Collor foi cassado.

Então este seria um outro elemento que a Constituição de 1988 trouxe, com esta diferença: a pessoa, a partir dos 15 anos, não é mais obrigada a estar na escola, como era o caso, ou é o caso das pessoas de 6 a 14. A partir dos 15 anos, ela decide se quer ou não. Isto se deveu a uma Emenda Constitucional de 1996, chamada Emenda nº 14, e da qual decorreu o FUNDEF. Com isso, então, o governo daquela época se isentou da obrigatoriedade impositiva a todas as pessoas com mais de 15 anos de oferecer a elas também a Educação de Jovens e Adultos e financiar a Educação de Jovens e Adultos. Esse é que foi o dado mais focalizado, era a questão do financiamento. Isto foi corrigido com a emergência do FUNDEB, que se tornou não apenas um fundo da educação do ensino fundamental, mas da educação básica. E aqui vai, para os organizadores deste curso, uma sugestão: aprendam a manipular, no bom sentido, o FUNDEB. Isto é crucial. Entender Orçamento Público. Entender dessa face da economia da educação, do financiamento da educação! Isso tem tudo a ver com as salas das instituições e as escolas nas quais vocês irão atuar. Nunca me esqueço e sempre conto essa história. Uma vez, fui chamado a dar uma aula inaugural semelhante a esta, mas para o Projeto Veredas, em Caxambu. Era um estádio todo cheio de pessoas que estavam começando o Projeto Veredas. Naquela época, funcionava ainda o FUNDEF, e o FUNDEF tem, em um dos seus aspectos, o de melhorar o salário dos professores. E aí eu pus o desafio para aquelas alunas e aqueles alunos. Vocês conhecem o FUNDEF? Pedi que levantasse a mão quem tivesse um bom conhecimento do FUNDEF, por exemplo, se alguém sabia que 60% dele obrigatoriamente estava voltado para a melhoria do salário do professor? O Município deveria aplicar pelo menos 60% do valor do FUNDEF para tal. Perguntei, então, se sabiam se tal estava ocorrendo ou não. Eu sei que foi um rebuliço. Aí a turma do Veredas colocou uma disciplina só para entender o FUNDEF com introdução ao orçamento público e ao financiamento da educação. Tempos após, o grupo gerenciador do Veredas ainda estava na Secretaria Estadual de Educação, chamou-me e a outros professores para fazer uma avaliação do programa. Então, ficamos sabendo que prefeitos estavam "pulando miúdo", porque agora as professoras entendiam do FUNDEF e passaram a cobrar do secretário das finanças, passaram a cobrar do prefeito, passaram a cobrar da Câmara dos Vereadores transparência e aplicação devida. Torna-se necessário que os cursistas da pós-graduação conheçam tudo isto. Porque na medida em que se tornou um direito e não um favor, isto se torna um instrumento da cidadania. Portanto, vocês também não podem ficar jejunos e jejunas nesta matéria. É importante que haja esse domínio, tanto quanto do direito público subjetivo.

Cumpre registrar que o FUNDEB trouxe um financiamento para a EJA que não existia no FUNDEF. Mas, mesmo dentro do governo Fernando Henrique Cardoso, houve uma espécie de FUNDEF específico para EJA, com uma focalização muito limitada em idade e com recursos bem menores do que os recursos gerais do FUNDEF.

A EJA tornou-se direito e um direito necessário que faz parte das exigências do mundo atual. Não se concebe uma pessoa dentro das exigências de um mundo que se urbaniza sem os recursos de uma educação de qualidade. Então, essa urbanização não é apenas na espacialidade territorial; ela se dá, também, virtualmente. Não há, hoje, lugar neste país em que a televisão não chegue, o rádio já chegou há muito tempo. Então é uma forma de se dominar determinadas ferramentas do mundo atual. É uma exigência da cidadania, quer dizer, o acesso à escolaridade traz para mim elementos novos pelos quais eu posso ter acesso a outras obras, posso ter acesso a jornais, a revistas, a muitas coisas impressas, pelas quais eu passo a fazer também uma avaliação, como cidadão que sou. Passo a fazer uma avaliação daqueles os quais eu posso eleger. E é também uma exigência da subjetividade. Eu não vou mais ter que revelar o "meu segredo" por conta de uma ausência do domínio das letras. Esse domínio é uma exigência da subjetividade e, finalmente, é uma exigência também da dignidade de cada qual. A carência desse domínio tem conduzido a uma situação em que o indivíduo fique com vergonha de si. É um lado pouco explorado, mas que é real. Por vezes, o indivíduo fica envergonhado por ter que usar um dos dedos da mão para assinar algo.

Esse é um quadro que procurei desenvolver como relator que fui do Parecer nº 11 de 2000. Um Parecer que o Conselho Nacional de Educação, por meio da Câmara de Educação Básica, procurou elaborar de tal modo que estivesse à altura dos outros Pareceres: da educação infantil, do ensino fundamental, do ensino médio. Um Parecer que concorresse em dignidade com os outros, até mesmo em número de páginas, junto com uma consistência e uma solidez necessárias para a dignidade da modalidade desta educação regular. É algo de que precisamos tomar ciência: a EJA é educação regular. A EJA é também uma modalidade tão regular quanto qualquer outra. Ela deixou de ser supletiva, não existe mais isso. A única coisa que existe de supletiva são os exames de massa, e esperamos que eles, em breve, desapareçam. Esses exames que lotam salas de pessoas para fazer "abater" uma disciplina A ou uma disciplina B. Não podemos fechar essa janela, porque há quem acorde às 5:45 da manhã para assistir ao Telecurso. Essa janela, por enquanto, não pode ser fechada, ainda temos que ter essa janela, mas ela não pode ser a janela fundamental da EJA. A janela fundamental da EJA tem que ser as ofertas matutina, vespertina e noturna. Este é o caminho que espero que o novo Plano Nacional de Educação indique. Mesmo que a maior oferta se dê à noite, e é razoável que se dê à noite, não se pode fechar, para os trabalhadores noturnos, um acesso no horário matutino ou no horário vespertino, ainda que pela via a distância.

Posta esta recordação de algo que está no Parecer, eu gostaria de tocar agora na especificidade, ainda que rapidamente, da juvenilização, que é o foco específico do curso. De fato, vocês devem estar acompanhando pelo Censo, pelos Recenseamentos e por tudo mais, que há hoje uma pressão para que o ensino médio na idade chamada apropriada se amplie. E a partir de 2016 será realmente obrigatório. A educação obrigatória, no Brasil, será dos 4 aos 17 anos. Obrigatório para todos que estiverem nessa faixa etária. Mas por que isto? Porque nós estávamos acostumados a ver, no ensino médio, uma janela preparativa, propedêutica, para o ensino superior. E, durante muito tempo, isto atendeu, de fato, os filhos das famílias de classes A e B. Entretanto, pelas condições do mundo moderno, pela própria expansão da economia, pela própria demografia, nós temos hoje uma verdadeira invasão, no bom sentido, de pessoas com mais de 14 anos postulando o ensino médio.

E donde provém este contingente? Não provém mais das classes A e B, porque estas já foram satisfeitas ou estão sendo satisfeitas, seja por meio das escolas públicas, seja pelas escolas particulares. Isto provém das classes populares que tiveram grande acesso, nem sempre permanência, mas um grande acesso ao ensino fundamental, devido a políticas que precedem o próprio FUNDEF, mas que foram ultrarreforçadas com o FUNDEB.

Então, nós temos legiões de meninos de 14 anos que terminam o ensino fundamental e agora querem o ensino médio. Há algumas contradições aí. Donde eles provêm? Eles provêm das classes populares, e este segmento da população tem um *ethos* cultural próprio, tem de si uma identidade que se expressa muito em manifestações artísticas, em manifestações lúdicas que são diferenciadas. Eu lembro a vocês, por exemplo, o *rap*, que é uma marca cultural identitária de um perfil novo de estudante que não é mais aquele estudante que provém das classes A e B. Eles têm uma nova identidade cultural. E eles procuram a escola, o ensino médio, prevendo, querendo que este ensino médio dê a eles um acolhimento a este perfil. Da mesma forma que o ensino médio das décadas de 1940, 1950 e 1960 deu aos filhos das famílias de classes A e B. Na medida em que a escola não propicie uma resposta condizente, não só naquilo que ela tem que fazer em termos de ensino, mas também em termos de educação, estes jovens evadem, não querem continuar porque não encontraram nela um sentido naquele estudo; não encontraram um significado.

O que ocorre, então? São jovens, 15, 16, 17 anos. O que fazem? E aqui eu vou caricaturar um pouco. O que faz, muitas vezes, um gestor de escola... Manda tais jovens para a EJA. Ao chegar na escola da EJA, o responsável, diretor ou diretora, pergunta a idade. Se tiver, por exemplo, 16 anos, ela responde à pessoa que ela tem que ir para a escola (e aqui entre aspas) "regular" (como se a EJA fosse irregular ou "supletória"). O jovem vai para cá e para lá e, nesse jogo de empurra-empurra, esse jovem fica sem lugar, e então ele fica disponível para outras "deseducações" de jovens e adultos. Lembro do que falava uma pessoa entrevistada num dos esquetes fílmicos: veio a luz para o bairro, veio isso, veio aquilo, mas a droga veio junto. Ou seja, quando a escola convencional da idade apropriada não dá a este jovem o devido acolhimento cultural, não apenas do ensino, mas dos elementos gerais da sua cultura, ele evade. Ao evadir da escola comum, o primeiro recurso de quem deixou a escola é dirigir-se para a EJA. Quando acolhido, muitas vezes, depara-se com uma turma de adultos ou mesmo idosos. E o jovem fica no não lugar. Isso traz uma consequência muito grave, que é justamente ele ficar disponível para outro tipo de atração, de modo geral, deseducativa.

É fundamental que estudantes de um curso de pós-graduação adentrem nesses aspectos da nova cultura juvenil, de uma antropologia juvenil nova, adentrem nesse aspecto, na cultura e antropologia juvenis. Fundamental que conheçamos melhor isso para não se criar uma assimetria entre uma proposta avançada do ponto de vista da sua concepção, mas que talvez não chegue a se operacionalizar porque não dá conta da nova realidade trazida por este novo perfil do jovem.

E é isso que pode fazer com que este curso ofereça uma proposta nova de que as secretarias estão carentes, de que o MEC está precisado. Isto é importante, porque se trata de um elemento novo. E um curso como este, que reúne pessoas comprometidas e compromissadas com a EJA, pode perfeitamente trazer uma contribuição. Então se estabelece uma ponte entre a universidade e o poder público, a universidade e os poderes governamentais. E aí pode haver um circuito virtuoso, em vez dos circuitos viciosos que existem hoje. E, mais do que isso: este curso pode fazer nascer um corpo de servidores públicos que entendam da EJA, que não seja: vou colocar lá uma pessoa que tem boa vontade. Sim, boa vontade é fundamental, mas não é tudo. Lidar com políticas tem a ver com oferta, com expansão, com dinheiro, com financiamento, com cultura, com antropologia. Então, pode criar, sim, uma massa crítica que amanhã ocupe postos de significativa importância na estrutura burocrática das secretarias. E possam trazer uma contribuição melhor para uma oferta mais apropriada da EJA.

Embora a maior parte dos jovens que procuram a EJA seja realmente provinda das classes populares, há um segmento muito pequeno que não pode ser desprezado e que também necessita de uma antropologia de apreensão, de captação da sua realidade. São pessoas provindas de classes abastadas e que ficaram inadaptadas nas escolas convencionais. Educação é para todos. Então, é importante que se tenha também um sentido desse outro tipo de jovem; desse jovem que precisa ser chamado à responsabilidade, pois também ele pode ficar vítima de um não lugar, o que acaba sendo pior para toda a sociedade.

O que, então, pode nascer deste curso? Um projeto pedagógico renovado. Um projeto pedagógico renovado nas instituições nas quais vocês irão atuar. E um projeto pedagógico que reconheça estas novas realidades. Vocês não estão vindo fazer este curso por diletantismo. Ninguém fica na sexta-feira, mesmo sendo calouro da universidade, somente por diletantismo ou por amadorismo. Vocês vieram aqui por um comprometimento, por um compromisso, e vocês querem ver isso, vamos dizer, expandido para a própria prática profissional de vocês.

Isso, então, significa que vocês vieram aqui em busca deste direito, deste direito das pessoas que não tiveram a oportunidade de fazer valer a sua escolaridade. Com isto, nós estamos, conjuntamente, também valorizando a nossa condição de professores... nós estamos valorizando a nossa condição de docentes. Docentes que só fazem sentido quando têm, diante de si, estudantes. A presença de vocês poderá desdobrar-se não só em artigos que vocês poderão produzir para as revistas da área, em projetos que vocês poderão encaminhar para as secretarias, mas também, ao lado disso, e certamente, isso trará para vocês um enriquecimento da sua subjetividade, um enriquecimento do seu eu docente. E assim, com esse comprometimento, também crescerá a importância, o significado da Educação de Jovens e Adultos para a Grande Belo Horizonte, para as cidades que circundam a Grande Belo Horizonte, e criar-se-á, a partir da Faculdade de Educação da UFMG, uma indicação preciosa para que os caminhos da Educação de Jovens e Adultos possam asfaltar melhor o caminho do direito à educação de todos.

Muito obrigado! Que vocês tenham um sucesso muito grande neste curso com muita biblioteca, com muito estudo, com muita troca, com muito projeto pedagógico, e vocês farão jus a serem os novos calouros da UFMG.

Educadores de jovens trabalhadores que estudam: aprendendo a ensinar

Analise de Jesus da Silva
Augusto Nogueira Soares
Cibele Cristina Cândido
Fátima Maria Barbosa Coelho
Gustavo Martins Morais
Luiz Fernando Silvestre
Mara Motta Resende
Maria Aparecida Nunes Lima
Sônia Regina Trindade
Tatiana de Cássia de Souza

Introdução

> Que a educação seja o processo através do qual o indivíduo toma a história em suas próprias mãos, a fim de mudar o rumo da mesma. Como? Acreditando no educando, na sua capacidade de aprender, descobrir, criar soluções, desafiar, enfrentar, propor, escolher e assumir as conseqüências de sua escolha. Mas isso não será possível se continuarmos bitolando os alfabetizandos com desenhos pré-formulados para colorir, com textos criados por outros para copiarem, com caminhos pontilhados para seguir, com histórias que alienam, com métodos que não levam em conta a lógica de quem aprende. (FUCK,[1] 1994, p. 14-15)

[1] Economista britânico considerado o pai da demografia por sua teoria para o controle do aumento populacional, conhecida como malthusianismo.

O sujeito jovem, ao chegar à Educação de Jovens e Adultos (EJA), traz consigo uma leitura de mundo que implicará o desenvolvimento de uma melhor aprendizagem nas práticas relacionadas ao meio em que vive. Reconhecer esse fato é essencial para o desenvolvimento de uma sociedade que incorpore esse jovem de maneira justa e igualitária. Como entendido por Freire (2002), na EJA, é importante que o indivíduo seja visto e percebido como sujeito de sua aprendizagem, que a sua cultura seja valorizada e que exista, também, a apresentação de novas possibilidades. Partindo da realidade e dos interesses do educando, é desejável que a EJA vise à conscientização e autonomia desses sujeitos frente aos desafios postos pela nossa estrutura econômico-social.

Este artigo apresenta e reflete as práticas pedagógicas dos educadores[2] cursistas de um Curso de Pós-Graduação Especialização *Lato Sensu* em Docência da EJA na Educação Básica: Juventudes Presentes na EJA – ESPECEJJA, em interação com educandos jovens dos municípios de Nova Lima[3] e Sabará.[4] Portanto, ao mencionar, neste artigo, os trabalhos de campo e demais atividades, propomos uma ressignificação da sala de aula, a fim de reconstruir as formas de ensinar e de aprender que estão consolidadas no ambiente escolar.

Avaliando que se faz necessário destacar o sentido que a educação de jovens e adultos tem para os sujeitos das vivências aqui registradas, tomamos emprestadas palavras do mestre Paulo Freire e fazemos de seu

---

2 O conceito de educadores adotado por nós, neste artigo, é o que considera a centralidade da postura do discente que necessita de uma abertura dos sujeitos envolvidos que oportunize a apreensão dos outros conhecimentos. O educador é, assim, um pesquisador, uma vez que tem curiosidade. Dessa forma, o educador não transfere os conhecimentos e, sim, cria possibilidades para a sua própria construção e apropriação, devendo estar preparado e aberto a indagações.

3 Nova Lima é um município brasileiro do estado de Minas Gerais, localizado na Região Metropolitana de Belo Horizonte. Sua população estimada em 2010 era de 81.162 habitantes (IBGE/2010). Disponível em: <http://www.ibge.gov.br/home/estatistica/populacao/censo2010/tabelas_pdf/total_populacao_minas_gerais.pdf>. Acesso em: 17 set. 2011.

4 Sabará é um município brasileiro do estado de Minas Gerais, localizado na Região Metropolitana de Belo Horizonte. Sua população estimada, em 2010, era de 126.219 habitantes. É constituído, também, pelos distritos de Ravena, Carvalho de Brito e Mestre Caetano. Disponível em: <http://www.ibge.gov.br/home/estatistica/populacao/censo2010/tabelas_pdf/total_populacao_minas_gerais.pdf>. Acesso em: 17 set. 2011.

pensamento nossas palavras, por entender que a educação não pode se fazer de cima para baixo, nem de fora para dentro, como uma doação ou uma exposição, mas de dentro para fora pelo próprio sujeito, mediado pelo educador. Essa é a razão pela qual procuramos uma metodologia que seja capaz de ser instrumento do educando e não apenas do educador, e que identifique, como claramente observou um jovem sociólogo brasileiro, o conteúdo da aprendizagem como processo de aprendizagem (BEISIEGEL, 2005). Observa-se a busca para ampliar não somente os conhecimentos, mas para apontar caminhos aos desafios surgidos, provenientes das relações entre os sujeitos.

Por meio da execução dos Projetos de Ação, pretendemos obter dados referentes às dificuldades encontradas por educadores e educandos em sala de aula, bem como a realidade vivenciada por estes, sugerindo alternativas para o desenvolvimento de uma relação ensino-aprendizagem mais adequada para a EJA.

Para Freire (1987, p. 17),

> [...] objetivar o mundo é historicizá-lo, humanizá-lo. Então, o mundo da consciência não é criação, mas, sim, elaboração humana. Esse mundo não se constitui na contemplação, mas no trabalho. Na objetivação transparece, pois, a responsabilidade histórica do sujeito: ao reproduzi-la criticamente, o homem se reconhece como sujeito que elabora o mundo; nele, no mundo, efetua-se a necessária mediação do auto-reconhecimento que o personaliza e o conscientiza como autor responsável de sua própria história. O mundo conscientiza-se como projeto humano: o homem faz-se livre. [...]. Reencontrar-se como sujeito, e liberar-se, é todo o sentido do compromisso histórico.

O processo de conhecimento e aprendizagem dos sujeitos da EJA necessita ser construído entre educandos e educadores, pois só assim a visão de mundo de cada um poderá ser provocada, produzida, compreendida e ampliada nas mais diversas situações trazidas de cada espaço da sociedade, de acordo com a realidade social e cultural desses sujeitos. Reconhecer o mundo e reconhecer-se nele é tarefa de educadores e educandos da EJA. Adotando uma relação pessoal igualitária perante o educando, favorecendo o diálogo e propiciando uma nova visão de mundo, problematizando a realidade em que se encontra, o educador colabora no processo de reflexão do educando sobre os conhecimentos adquiridos. O movimento inverso estabelece-se na relação.

1 Interfases da EJA

1.1 As juventudes, a EJA e a escola

Segundo o Documento Base Nacional Preparatório à VI CONFINTEA,[5] a chegada dos jovens urbanos, moradores de periferias, com histórico de escolarização recente, filhos das classes trabalhadoras na EJA, é o reconhecimento de maciça presença de grupos etários integrantes da categoria histórica jovem.

Um questionamento que nos acompanhou, durante a escrita e execução dos projetos, foi: o que tem levado os jovens dos onze municípios participantes do Curso de Especialização em questão a se matricularem na EJA? As respostas são muitas e não se faz necessário, aqui, trazê-las à tona, mas, sim, assumir que, no momento, esses jovens estão sob a égide da EJA, cabendo-nos garantir a eles as mais diversas oportunidades de aprendizagem com qualidade social.

Outros questionamentos também surgiram, tais quais: existe convivência harmoniosa entre as gerações presentes na EJA? O que promove essa harmonia? Harmonia tem sido confundida com anulação das diferenças?

A harmonia entre as gerações surgiu em diferentes momentos dos projetos e, em sua maioria, estava associada ao acolhimento: o mais velho acolhe o jovem como filho, neto, aconselhando-o e corrigindo-o em muitos momentos. Foi possível perceber que parte dessa juventude não tem uma figura adulta como referência positivada, transferindo-a para os colegas adultos presentes na EJA. De igual maneira, percebeu-se o empenho dos jovens em colaborar no aprendizado dos adultos, oferecendo-se, em muitos momentos, para ajudar nas explicações individuais aos colegas.

Segundo Freire (2002, p. 81),

> como educador preciso ir "lendo" cada vez melhor a leitura do mundo que os grupos populares com quem trabalho fazem de seu contexto imediato e do maior de que o seu é parte. O que quero dizer é o seguinte: não posso de maneira alguma, nas minhas relações político-pedagógicas com os grupos populares desconsiderar seu saber de experiência

---

5 BRASIL. *Documento base nacional preparatório à VI CONFINTEA*. Brasília: MEC, 2008. Disponível em: <http://portal.mec.gov.br/arquivos/pdf/documento_final.pdf>. Acesso em: 12 set. 2011.

> feito. Sua explicação do mundo de que faz parte a compreensão de sua própria presença no mundo. E isso tudo vem explicitado ou sugerido ou escondido no que chamo "leitura do mundo" que precede sempre a "leitura da palavra".

Ler o mundo com o qual trabalho. Esse desafio acompanhou orientadora, educadores e educandos envolvidos nos Projetos de Ação. A leitura da conclusão dos educadores, pautada nas falas dos educandos jovens corrobora o que dizem algumas pesquisas: os educandos jovens da EJA buscam a oportunidade de escolarização; são oriundos das camadas populares; em sua maioria são negros e moradores dos bairros periféricos das cidades; a cada semestre, estão presentes em maior número na formação das turmas, o que faz com que a EJA passe por um processo denominado juvenilização por alguns pesquisadores; já trazem suas visões de mundo, seus desejos, suas experiências; e são também marcados por processos de exclusão, pois são trabalhadores, alguns empregados, outros não, fazendo parte do mercado de trabalho, seja ele formal ou informal; alguns encaminhados por escolas de Educação Especial.

Faz-se necessário afirmar que, nos últimos anos, o processo de mudanças chamado de "juvenilização" vem se intensificando e provocando alterações significativas na EJA. Ressaltamos que adolescentes, jovens, adultos e idosos sempre estiveram presentes na Educação de Adultos, entretanto, os motivos que trazem os jovens de volta à escola que abandonaram ou pela qual foram abandonados há não muito tempo, atualmente, são outros. Com isso, surgem novos desafios para educadores da EJA, aqui entendidos como professores, pedagogos e diretores que veem o ambiente escolar se modificando com novas formas de linguagem, aprendizagem, cultura e convívio.

Essas juventudes estão chegando até a EJA, provavelmente, por alguns motivos que julgamos relevantes. Um primeiro tem relação com o momento econômico pelo qual o Brasil passa nos últimos anos. Com o constante crescimento da economia e geração de postos de trabalho em larga escala, muitos jovens são atraídos pelas oportunidades de trabalho, e aqueles que as alcançam acabam por abandonar a escola, muitas vezes movidos por atender seus anseios pessoais, para ajudar no sustento da família ou até mesmo pela incompatibilidade de horários ou o cansaço físico. No entanto, um segundo motivo diz que, parte desses jovens, regressa à escola com o intuito de concluir os estudos devido à exigência imposta pelo mercado de trabalho. Muitas empresas buscam conseguir certificados de qualidade que exigem um nível educacional mínimo para todos os seus funcionários. Dessa forma, eles retornam pela necessidade e pela oportunidade de construírem seus conhecimentos e compartilharem saberes na EJA.

Importante citar um terceiro motivo, uma vez que alguns jovens são expulsos dos turnos escolares diurnos, nos quais estão matriculados ou transferidos de outras escolas por questão de inadaptação às normas disciplinares, por dificuldades de aprendizagem. Muitas vezes, insatisfeitos com as práticas pedagógicas utilizadas por seus educadores, os jovens não encontram na escola perspectivas para aquilo que foram buscar, não conseguem nenhum avanço, não têm nenhum incentivo, não recuperam sua autoestima, não dialogam e, assim, não encontram motivos para permanecerem nesse ambiente. Resultado: acabam abandonando os estudos e seguindo outros caminhos, sendo, mais uma vez, privados de seus direitos.

Peregrino e Carrano (2003, p. 14) também identificaram esse mesmo problema:

> Mesmo com a melhoria relativa nos índices de escolaridade apontada pelo Censo 2000, a grande maioria dos jovens brasileiros não consegue chegar ao ensino médio nem ao ensino superior. Ainda que a taxa de analfabetismo na população acima de 10 anos de idade tenha caído de 19,7% em 1991 para 12,8% em 2000, muitos adolescentes e jovens são obrigados a sair da escola para trabalhar e ajudar no sustento da família.

Esses, em sua maioria, possuem uma idade incompatível com o ano escolar que estão ou deveriam estar cursando e, por isso, encontram dificuldades para serem aceitos em outras escolas. Dessa forma, resta-lhes, como última opção, a EJA.

Os jovens que encontram na EJA algum elemento que os permite estabelecer vínculos e relações de pertencimento do ambiente escolar provocam uma mudança estrutural e cultural nessa modalidade. Essas mudanças vão além da linguagem, da forma de vestir ou de agir, sendo percebidas pelos adultos e pelos idosos que estão no processo.

Muitos desses jovens vão à escola com a ideia de não estudar, ou seja, frequentam a EJA com o intuito de repetir o que faziam nas escolas onde estavam inseridos. Isso vem provocando reclamações e incômodos nos adultos, que acabam vendo nisso um motivo ou uma desculpa para abandonar a escola.

Alguns educadores também relatam dificuldades encontradas durante as aulas para lidar com esse conflito de gerações dentro da sala de aula. A diferença etária, por si só, na maioria das vezes, determina objetivos diferentes. Alguns adultos e jovens, que já estão no mercado de trabalho, buscam recuperar a oportunidade que, em algum momento da vida, lhes foi negada por algum motivo, ou completar seus estudos; outros jovens ingressaram na escola por imposição das famílias que os sustentam, por encaminhamento do conselho tutelar e não foram seduzidos a ter a escolarização como um de seus objetivos de vida.

Mais um fator que vem provocando certo desconforto entre essas gerações diz respeito à capacidade de assimilação dos conteúdos. Enquanto os jovens os absorvem mais rapidamente, em função da vivência escolar mais recente, os adultos demandam, às vezes, mais tempo e dedicação. Isso vem criando impaciência em ambos os lados e provocando o abandono da escola, tanto por parte de jovens como por parte de adultos.

Assim, o ambiente escolar da EJA passa por um processo de adaptação lento, porque estão envolvidas, neste, as questões etária, didática, espacial (ambiente escolar) e, notadamente acentuada, cultural.

1.2 Outras práticas pedagógicas na EJA são possíveis, urgentes e necessárias

DEVAGAR ESCOLA!
Es cola é por isso
História sem ofício
Oficina sem serviço
Rápido demais!
Quer andar e deixa pra trás
Reclama do atraso
Ritmo ditado
Ditado no ritmo da ditadura
São ditados de tortura...

DEVAGAR ESCOLA!
É por isso que es cola
Senão não sai da escola

Escora lá fora
Espera acabar a prova
À prova de bala
Depois volta pra sala
Estuda moleque
Se não quiser ir pra vala
Mas a matemática é uma má temática
Deixa as criança estática
Sem utilidade na prática
E sem contar a gramática
Que mais parece uma sátira...

VAI DEVAGAR ESCOLA!
Senão es cola
E cê não pode reclamar
Cê faz eles de otário
Eles seguem o seu ritmo e tinha que ser o contrário
Cê é lugar de formação
Informação
E que formas são
Que cê usa pra fazer??
Com métodos arcaicos,
De colorir mosaicos
Que nunca vão convencer?
E o que eles querem aprender,
Cê ta pronta pra falar?
Ou quer seguir no conteúdo
Vai não para nos estudo
Quadro cheio copia tudo...

DEVAGAR ESCOLA!
Es cola
E cê esfola a mente da galera
Controle social
Fecha a mente de geral
Educação de verdade
Oferece liberdade

Ajuda a comunidade
Ajuda na cidadania
Na luta de cada dia
Olha os moleque e alivia...

DEVEGAR ESCOLA!
Se não quer que es cola
Ensina algo que preste
Tira logo esse stresse
Você é o remédio
Pra acabar com esse tédio
Que impera nesse prédio
E com a indisciplina
Do ar
Dessa rotina
Escolar
Então ensina a amar
A todo mundo
É o que ta faltando no mundo...

MAS DEVAGAR ESCOLA!
É por isso que es cola
Comunidade a sua volta
Vê se não ignora
Ensina sobre a história
Incentivando a luta de agora.
Essas mente que não explode
Escola vê se não fode
Desse jeito não pode
Os moleque pede: ACODE!
Alguma coisa que atraia,
Que nos chame a atenção,
E que nos livre da vaia
Do show da vida meu irmão
E não nos deixe que caia
Em qualquer boteco de esquina
Alimente a esperança

E o desejo de mudança
No coração das criança
Muita comida na pança
Preciso de confiança
Escola vê se avança.

MAS DEVAGAR ESCOLA!
Que aí es num cola!
E a cola vai virar uma ex-cola!
Vai ficar de enfeite,
Só um mero lembrete.
Os moleque tem sede,
De saber,
Descobrir,
Conhecer,
De sorrir,
Envolver,
Intervir,
Interver,
Saber ir,
Saber vir,
Saber ler,
E saber
Que pode contar com você, mas... devagar,

ESCOLA![6]

---

6 MC João Paiva. E-mail: joao_victor90@hotmail.com. Tel.: (31) 9848 8325.

1.2.1 Praticando a Matemática, desmitificando as tecnologias

Para tratar dessas possibilidades, elencamos abaixo os projetos que desenvolvemos. Entendemos que Freire (1997, p. 136) nos ajuda a explicitar nossa intenção, quando diz que é fundamental

> [...] que saibamos que, sem certas qualidades ou virtudes como amorosidade, respeito aos outros, tolerância, humildade, gosto pela alegria, gosto pela vida, abertura ao novo, disponibilidade à mudança, persistência na luta, recusa aos fatalismos [...] abertura à justiça, não é possível a prática pedagógico-progressista, que não se faz apenas com ciência e técnica.

No início do século XX, a sociedade passava por um processo de transformação pautada em um modelo industrial. Agora, início do século XXI, consolida-se o modelo que tem como referência a tecnologia. A velocidade do desenvolvimento de produtos e serviços está cada vez mais rápida, sem falar no bombardeio de informações que deixa os indivíduos ainda mais informados, mas que não lhes assegura a formação necessária para apropriar-se, criticamente, de tal informação.

Esse processo atingiu as escolas públicas em cheio, pois a maioria dos sistemas e das redes em que elas estão incluídas não acompanhou esse desenvolvimento. Na Região Metropolitana de Belo Horizonte, é comum encontrar nas escolas quadros de giz, retroprojetores e até mimeógrafos, o que demonstra a inexistência de outras tecnologias já desenvolvidas pela humanidade.

Pensando possibilidades de colaborar com o impasse criado pelas situações narradas, educadores do Curso de Especialização de que tratamos neste artigo apresentaram, como resultado da orientação e da pesquisa realizadas, uma proposta de Projetos de Ação Integrados.

Todos os projetos seguiram alguns passos para que houvesse um objetivo metodológico na leitura final comum. O diagnóstico foi o primeiro passo, que fez parte de um processo e de uma escuta de educandos e educadores. O segundo passo foi a elaboração da proposta de ação, ocasião em que cada cursista optou pela utilização de recursos diferentes. Após a proposta ser analisada coletivamente e devidamente estruturada, deu-se o terceiro passo, sendo este o retorno do projeto para a análise da orientação. Passamos, ainda, à apresentação e convite para a integração aos demais educadores das duas redes envolvidas. O quarto passo foi apresentar a proposta aos educandos, em sua versão semifinal, reestruturando-a a partir do olhar desses sujeitos. O quinto passo foram os primeiros trabalhos de campo. A parte teórica trabalhada no conjunto do Curso pautou a avaliação de cada projeto quanto ao seu conteúdo e à sua estrutura, bem como para se estabelecer um parâmetro do formato desejado.

Competir com a grande mídia e seus interesses atrelados ao sistema capitalista é praticamente impossível! Para buscar alternativas para essa situação, é desejável pensar-se um sincronismo escola-realidade; se isto não for concretizado, os temas serão tratados como uma mera informação passageira, que é discutida em tempos de 50 minutos e interrompida por um toque de celular. É extremamente necessário adequar essas questões à realidade vivenciada pelo educando. Aliar as novas tecnologias ao que a escola disponibiliza como exemplo, propor pesquisas sobre determinados temas em livros e na *internet*, e comparar o impacto, demonstrando que a atualização de dados e fatos processados pela *Internet*, em *sites* confiáveis, supera algumas publicações, com exceção de livros que são referências, ressaltar ainda que o acesso a bibliotecas às vezes não está tão disponível como um computador. Embora pareça absurdo aos que não estão familiarizados com o cotidiano de escola que oferta a EJA, é frequente que não se disponibilize aos educandos dessa modalidade o acesso à biblioteca escolar, o que configura, mais uma vez, a lesão de seus direitos. Além disso, algumas escolas não têm biblioteca e outras tantas têm um espaço chamado biblioteca, mas que, na verdade, guarda apenas livros didáticos.

Trabalhar com os educandos a compreensão de que os *ctrl c*[7] e *ctrl v*,[8] largamente utilizados em trabalhos e pesquisas, inclusive na Educação

---

7 *Control C* é um comando de atalho utilizado na maioria dos programas editores de texto modernos para copiar uma seleção de texto e/ou imagens para a área de transferência. Para mais informações, veja "Cortar, copiar e colar" na Wikipédia. Disponível em: <http://pt.wikipedia.org/wiki/Control-C>. Acesso em: 18 nov. 2011.

8 *Control V* é um caractere de controle que se dá em um teclado de computador, largamente utilizado como tecla de atalho para um comando de editor de texto muito comum: colar. Este comando permite transferir uma pequena ou média massa de dados contíguos: de trecho de textos até grandes arquivos (nota-se que existe um limite de dados que varia de acordo com a implementação feita pelo Sistema Operacional). Sua execução recupera os últimos dados salvos na área de transferência (cortar, co-

Superior, não produzem um conhecimento que satisfatoriamente garanta direitos, poderia ser uma temática para um bom debate sobre o que se espera do educando ao indicar uma pesquisa. Essa leitura está pautada nas observações feitas em sala de aula, quando um debate é capaz de expandir um tema muito mais do que uma técnica de ensino. Os educandos, especialmente da EJA, recebem bem essa metodologia, que vale ressaltar, não é nova, pois foi descrita por Sócrates e amplamente defendida por Paulo Freire. No livro *Pedagogia do oprimido*, a questão do diálogo foi posta e discutida como uma forma de inserir o educando no meio escolar, sem impactos, pois este participaria com as suas vivências que seriam trocadas entre educandos e educadores.

Um dos Projetos de Ação, Recursos Tecnológicos e Matemáticos no Cotidiano dos Jovens Educandos, buscou inserir os educandos da EJA na intercessão entre o mundo tecnológico e o matemático. Identificou-se que a grande maioria dos jovens educandos da EJA, dos municípios estudados, apresentava dificuldades na utilização dos recursos tecnológicos e matemáticos referentes às atividades ligadas ao seu dia a dia. Para isso, foram utilizadas metodologias voltadas para o cotidiano do educando e, partindo da observação, análise e reflexão, foram trabalhadas atividades práticas capazes de mobilizar e despertar o interesse para o uso dos recursos, com a intenção de desenvolver e ampliar a leitura de mundo exigida nas mais diversas situações praticadas pelos jovens educandos.

O Projeto de Ação teve como intenções: melhorar o conhecimento tecnológico e matemático dos jovens educandos, sanar as possíveis dúvidas da não utilização desses recursos no cotidiano de cada sujeito, ampliar os contatos dos educandos com equipamentos tecnológicos, possibilitando uma visão alternativa de mundo de cada jovem. O projeto promoveu o estímulo de todos os envolvidos para a construção de uma educação que leia e interprete a vida em todos os momentos.

A revolução dos meios de comunicação vem provocando mudanças significativas e definitivas nas sociedades que estão inseridas nesse processo. É fato que existe ainda um grande número de pessoas que estão à margem desse processo. As que dispõem de recursos tecnológicos, como computador e linha telefônica, podem conectar-se à *internet*, ampliando

---

piar e colar) e os insere no campo previamente selecionado. Disponível em: <http://pt.wikipedia.org/wiki/Control-V>. Acesso em: 18 nov. 2011.

enormemente suas possibilidades de acesso à informação. No entanto, é preciso considerar que, principalmente nos países subdesenvolvidos, onde há carência até de redes de energia elétrica, esgoto e água encanada, conectar-se à rede mundial de computadores é um direito que toma ares de privilégio, por ser restrito a um pequeno grupo social. Em algumas das áreas periféricas dos municípios estudados, esse ainda é um quadro real.

Apesar de ser um fator positivo para as sociedades que dispõem desses recursos tecnológicos, eles vêm provocando alterações na forma como as pessoas lidam com as informações recebidas por esses meios tecnológicos. Isso, de certa forma, provoca certo distanciamento dos sujeitos em relação à sua história pessoal e coletiva. Atualmente, as pessoas utilizam, por exemplo, uma tecnologia para se deslocar dentro de sua cidade chamada, em português, de Sistema de Posicionamento Global (GPS).[9] A facilidade promovida por essa tecnologia cria um processo negativo para a cultura porque ela não leva em conta os marcos culturais de uma cidade, pois a orientação é realizada tendo como referência apenas comandos de voz que se limitam apenas a direcionar. Assim, nomes de ruas e avenidas, significativos para a construção da história social e da individualidade, são descartados pelo equipamento.

Com o intuito de promover uma ação que valorize também outros movimentos, foram desenvolvidos projetos escolares que buscam a recuperação e a valorização de alguns bens e atividades culturais marcadamente presenciais. Os educadores de Matemática, Geografia, Português, História e Inglês desenvolveram oficinas com os jovens estudantes em todas as escolas que trabalham com EJA nos municípios estudados. Tais oficinas foram trabalhadas com os educadores e com os educandos jovens.

1.2.2 Praticando outra economia, desmitificando o capitalismo

A ideia de um mundo sustentável em que não haja degradação ambiental, no qual a reciclagem se torne apenas mais uma rotina para as pessoas, com emissões de gases poluentes reduzidas a zero, ou, pelo menos, quase zero, é uma utopia? Para o coletivo de educadores que orientamos, não. Movimentos que busquem o desenvolvimento, por meio da educação

[9] Sigla em inglês para Global Positioning System (GPS).

ambiental, economia solidária e ações governamentais vinculadas a políticas públicas, podem transformar o mundo utópico na realidade desejada. Nesse caso, um mundo sustentável, segundo os resultados do Projeto de Ação que desenvolveram.

Segundo dados da ONU, grande parte da população mundial viverá nos grandes centros urbanos no futuro. Diante disso, a gerência do meio urbano passa a ser o grande desafio ambiental deste século XXI, pois é nessa parte territorial que se concentra a grande produtora dos danos ambientais; como a poluição atmosférica, por meio das vias abarrotadas de veículos e dos escapamentos, das indústrias e das suas chaminés; a poluição sonora, que tira o sentimento de tranquilidade; a poluição visual, que cobre montanhas e ofusca monumentos de valor histórico; e o lixo, este, um dos grandes problemas das cidades, em qualquer parte do mundo. Além disso, é no meio urbano que se concentram as grandes demandas por recursos naturais.

A tendência de agravamento dessa situação aumenta à medida que o número de pessoas que vivem nas cidades cresce de forma acelerada, gerando uma demanda maior por recursos naturais. A redução da desigualdade social também é um fator preponderante para a aplicação da sustentabilidade. Fator este que pode e deve contar com a contribuição da educação para além de programas de transferência de renda, como ocorre em diversos países, incluindo o Brasil.

A desigualdade social, a má distribuição de renda, as condições precárias de trabalho e sobrevivência contrapõem diretamente os princípios da economia solidária que busca promover a valorização e o bem-estar do ser humano, a qualidade de vida e consumo, partindo da integração e da solidariedade entre as pessoas em detrimento do capital. Além disso, as experiências de Economia Solidária, que se projetam no espaço público, promovem a construção de um ambiente social que se pretende justo e sustentável.

Assim, os Projetos de Ação, construídos coletivamente, tiveram como foco a busca pela sustentabilidade e valorização dos sujeitos envolvidos. Falaremos, aqui, dos projetos "Oficinas de Culinária" e "Aquecedor Solar: fonte de energia alternativa".

O projeto "Oficinas de Culinária" viabilizou, para os jovens da EJA dos municípios estudados, a oportunidade de participarem de oficinas de produção de doces dentro do espaço escolar. A atividade desenvolveu-se através de grupos de trabalho e teve como finalidade a geração de trabalho e renda coletiva, bem como a inclusão econômica desses jovens educandos e o respeito ao meio ambiente. Diferente do modo capitalista, que tem contribuído para a má distribuição de renda, e também no qual somos estimulados a demonstrar condutas individualistas e competitivas, o projeto buscou mostrar que outra economia é possível, viável e interessa aos jovens educandos da EJA.

O projeto "Aquecedor Solar: fonte de energia alternativa" buscou desenvolver, junto aos jovens da EJA, uma nova forma de aprender a economizar em sua conta de energia no seu dia a dia. Para isso, o projeto propiciou a construção de um equipamento solar acessível a pessoas de menor renda. Trabalhou-se, de forma objetiva e, ao mesmo tempo, fomentou-se a criatividade dos educandos da EJA. Buscou-se uma solução prática para os problemas do cotidiano, utilizando conhecimento científico atrelado às experiências dos próprios educandos, mediados por educadores de Ciências, Biologia, Física, Química, Matemática, Geografia, História, Português, Língua Inglesa e Educação Física e utilizando, no trabalho empírico, os espaços escolares e os das comunidades em todos os municípios envolvidos.

Nessa perspectiva, percebemos que a escola pode atuar como espaço de aprendizagem que contribui para a qualificação desses educandos jovens, através das experiências propostas fora do padrão capitalista e dentro de perspectivas de trabalho que prezam contribuir para a formação dos sujeitos, desenvolvimento pessoal, interação e cooperação. Percebeu-se, também, que a formação continuada e em serviço, pode ser desenvolvida entre os educadores a partir da reflexão-ação-reflexão de suas práticas educativas junto aos educandos.

1.2.3 Praticando outras culturas, buscando desmitificar o senso comum

Atualmente, muitos educadores ainda encontram dificuldades para promover atividades culturais, nos espaços educativos em que trabalham, ou para incentivar os educandos com os quais trabalham a frequentar espaços destinados a esse propósito. Várias razões levam aos seguintes problemas: a falta de estrutura para deslocamentos, pois não existem veículos para atender a EJA; espaços culturais que não atendem no horário noturno que é quando a maioria das turmas de EJA funciona; elitização de alguns desses espaços; falta de apoio de outros colegas educadores; falta de planejamento das Secretarias Regionais de Ensino, que ainda não enxergam a EJA como prioridade.

Além dos problemas relacionados, temos a falta de conhecimento, por parte dos educadores e dos educandos, acerca do grande número de possibilidades das atividades culturais existentes. Isso acaba direcionando os jovens, em especial os da EJA, a participarem de programas que pouco contribuem para promover a cultura de sua cidade ou de seu país. Esse problema tem relação direta com a atualidade mundial reveladora de nosso modelo econômico-social. Uma cultura massificada que dita modos de vida, modos de consumo e que silencia as especificidades dos sujeitos. Cabe aqui ressaltar que entendemos a educação como um processo de mão dupla no qual trafegam educadores e educandos em busca de realizações pessoais e profissionais, e que a atividade cultural está intimamente ligada ao conhecimento e à forma como esses sujeitos leem o mundo.

Como cobrar uma participação cidadã, crítica e consciente dos sujeitos da EJA quando não trabalhamos com eles outras possibilidades de ler e interpretar o mundo que entra, ou melhor, invade nossas casas, via meios de comunicação de massa? Como criticar esta ou aquela música, se não ofertamos uma possibilidade diferente e nem travamos uma interlocução com as criticadas? E ainda: como o educador pode propor outras possibilidades se ele mesmo não as conhece? Missão quase impossível! Quase impossível! Aqui, em específico, essa missão tornou-se possível por meio dos Projetos de Ação "As Juventudes da EJA nos Espaços Urbanos"; "Assombração: um assunto tremendo"; "Conhecendo nossa Cidade"; "Relação de Pertencimento dos Educandos Jovens com o Município Tal"; "Conhecendo Tal Município".

Esses projetos tiveram como eixo norteador o processo de aprendizagem em diálogo com as manifestações culturais dentro e fora dos espaços escolares. Reapresentar aos jovens as cidades onde vivem – os espaços que essas cidades têm e que são seus por direito (espaços públicos) e seus diversos usos, assim como escutar desses jovens o que eles gostariam de conhecer e possibilitar esse desejo – impulsionaram educadores e educandos, de uma forma ousada, a "sair do espaço escolar", a não vê-lo como único lugar de aprendizagem e vivenciar outras possibilidades; a repensar a prova de papel e lápis como único instrumento de avaliação possível e afirmar que há aprendizagens que somente o papel e o lápis não dão conta, porque elas são para a vida, e serão aplicadas quando as formas de organização do pensamento que estão sendo praticadas, nas atividades em sala de aula, tomarem sentido para todos os momentos da vida desses cidadãos e cidadãs.

Aqui, buscamos Paulo Freire para auxiliar no diálogo, pois adotamos a leitura desse educador quanto à postura que devemos assumir na busca de outras relações possíveis em nossa prática pedagógica, a saber:

> O grande problema está em como poderão os oprimidos, que "hospedam" o opressor em si, participar da elaboração, como seres duplos, inautênticos, da pedagogia de sua libertação. Somente na medida em que se descubram "hospedeiros" do opressor poderão contribuir para o partejamento de sua pedagogia libertadora. Enquanto vivem a dualidade enquanto ser é parecer, e parecer é parecer com o opressor, é impossível fazê-lo. (FREIRE, 1987, p. 32)

Enfim, propor práticas pedagógicas que desafiem o óbvio, que atendam a uma nova demanda que se apresenta na EJA motivou a escrita, a execução desses Projetos de Ação. Dessa forma, foi possível desmitificar o que a sociedade como um todo, incluindo a escola, pensa da cultura dos jovens educandos da EJA. Foi possível mostrar o que eles pensam e sabem sobre determinados espaços, o que pensam e sabem sobre determinadas atividades, o que eles esperam da escola, dos educadores e dos educandos adultos e idosos. Foi possível perceber como atividades diferenciadas são repletas de significados para eles. E, em especial, como a estima desses sujeitos muda ao perceber que são cidadãos de direito, que são respeitados, que suas opiniões são ouvidas e respeitadas, e que outras vivências são possíveis, urgentes e necessárias.

2 Socializando resultados

Lembramos que os projetos trabalhados neste artigo foram aplicados aos jovens educandos da EJA, de faixa etária de 15 a 29 anos, de escolas municipais mineiras.

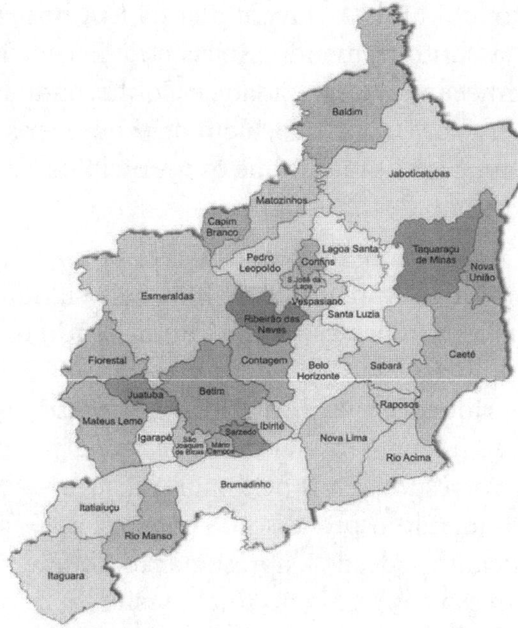

FIGURA 1 - Mapa da Região Metropolitana de Belo Horizonte

Fonte: <http://pt.wikipedia.org/wiki/Regi%C3%A3o_Metropolitana_de_Belo_Horizonte#Sistema_de_Gest.C3.A3o_Metropolitana>. Acesso em: 17 set. 2011.

Esses projetos buscaram criar práticas pedagógicas capazes de construir e desenvolver conhecimentos diversificados, relacionados ao cotidiano dos jovens educandos que participam do processo de alfabetização, ensino fundamental e ensino médio. A maior parte da reflexão foi guiada pela prática docente de cada educador, em diálogo com as práticas docentes dos demais cursistas e com a bibliografia estudada. Todo o processo desenvolvido emerge como parte essencial de uma abordagem de ensino interativa e dialógica, buscando enfatizar situações econômicas, tecnológicas e culturais desses educandos.

Ao ler e confrontar os projetos de intervenção, constatou-se que todos tiveram a intenção de promover aprendizagens, além das salas de aula, e visaram a contribuir para que os jovens percebessem a importância de realizar atividades em grupo, formando equipes de estudos, de aplicações do aprendido e apreendido nas oficinas de trabalho, tanto na construção, produção e uso dos recursos tecnológicos quanto da economia solidária.

Já nos projetos culturais As Juventudes da EJA nos Espaços Urbanos, Assombração: um assunto tremendo, Relação de Pertencimento dos Educandos Jovens, Conhecendo nossa Cidade e Conhecendo Nova Lima, vê-se que todos convergem para o objetivo, além de promover a apropriação dos jovens educandos aos bens culturais que os municípios e o estado oferecem e que seu acesso é direito de todos.

O que ficou explicitado, no processo de agrupamento dos projetos, é que todos buscaram realizar um trabalho mais significativo, que fosse capaz de chamar a atenção desses jovens, promovendo uma relação de diálogo entre as disciplinas, buscando maior interação, não fugindo do currículo, mas, sim, enriquecendo com atividades expressivas que façam com que os educandos se interessem mais pelas atividades escolares e sintam-se pertencentes e corresponsáveis pelas aprendizagens, que se tornam de maior apropriação quando o processo de construção é feito com a participação desses educandos, desde a apresentação do que se pretende fazer, a avaliação do processo e o resultado final. Assim, optamos pelo trabalho interdisciplinar, caracterizado pela interação de modelos e conceitos complementares, de material analítico e de metodologia, com ações interprofissionais e interinstitucionais, com consistência teórica e operacional que permitisse a estruturação das diversas ações alvitradas num curso que se propôs abrangente.

Outra finalidade dos projetos foi a elaboração e implementação de práticas mais flexíveis, diversificadas e participativas no currículo da EJA, que foram definidas a partir das necessidades e interesses dos jovens, de modo a levar em consideração suas realidades sociocultural, científica e tecnológica e reconhecer seu saber, possibilitando a aplicação de uma cultura de questionamento, nos espaços sociais e educacionais, contando com mecanismos de reconhecimento da validade das experiências.

As interlocuções dos projetos aplicados mostraram como é fundamental exercer diálogo entre educandos e educadores, durante as diversas práticas oferecidas dentro e fora da sala de aula, isto é, em qualquer espaço educativo, pois, no decorrer do desenvolvimento dos projetos, surgiram necessidades de inserir, nessas atividades, o estudo de conceitos, teorias e práticas científicas, utilizando estratégias para que os educandos não perdessem o interesse pelas atividades, uma vez que deixar de compartilhar com nossos jovens educandos saberes construídos e reconhecidos, científica e socialmente, constitui, a nosso ver, mais uma forma de negar acesso a conhecimentos importantes valorizados em nossa sociedade.

Quanto às avaliações das atividades propostas em cada um dos projetos, concluímos que a aceitação dos educandos foi bem satisfatória, pois todos os jovens que fizeram parte dos projetos expressaram imensa satisfação em participar até o fim, registrada em folhas de presença, avaliações parciais, finais e posteriores. Durante os quatro meses de aplicação dos Projetos de Ação, das 23 escolas onde foram aplicados, foi constatada a ausência de abandonos temporários e uma redução de 17% no número de faltas esporádicas.

No entanto, todos os projetos deparam-se com elementos complicadores, como: custo, indisponibilidade do educador, comodismo, a responsabilidade de sair com alunos com idade inferior a 18 anos, preparação e programação dos locais a serem visitados e, finalmente, como inferir o processo de avaliação do trabalho.

Considerações finais

No contexto social brasileiro, a EJA ainda é um grande desafio. Parte significativa da população ainda não conseguiu acessar o direito básico à Educação, garantido pela Constituição Brasileira e, em muitos casos, quando conseguiu o acesso não teve a permanência garantida, por motivos diversos. Em outras situações, garantiu-se o acesso e a permanência, mas a aprendizagem não se efetivou. A superação do desafio de garantir que a EJA efetive o tripé do direito exige que a sociedade civil e governos unam forças, uma vez que se trata de sujeitos que fazem parte da Classe Trabalhadora. Os jovens educandos da EJA são trabalhadores, pobres, jovens, subempregados, excluídos, mas que estão, pouco a pouco, garantindo o seu espaço na escola.

Assim, espera-se que essa permanência esteja atrelada ao sucesso, à sensação de pertencimento a uma escola que reconhece seus conhecimentos e é capaz de auxiliá-lo na busca de outros, ao trabalho prático e diário dos educadores. Espera-se que este artigo traga contribuições possíveis para uma mudança nesse cenário.

O agrupamento dos nove projetos de intervenção desenvolvidos com nossos educandos, durante o segundo semestre de 2011, teve como eixo norteador a teoria e a prática de docentes nas turmas de EJA com o foco nas Juventudes Presentes na EJA. A proposta foi analisar os resultados e apontar algumas considerações que elaboramos e trazemos a seguir:

Formação continuada de professores: há urgência de mudanças na prática pedagógica dos educadores da EJA, o que demonstra a necessidade da formação continuada, momento de estudo teórico-prático que auxiliará o desempenho docente, colaborando para uma percepção crítica do trabalho pedagógico realizado nessa modalidade de ensino para acompanhar as mudanças que se verificam no campo educativo, metodologias que contemplem saberes construídos nas práticas sociais, diversidade cultural e o universo do educando. É preciso considerar, ainda, que muitos formadores não têm a vivência da sala de aula da EJA, o que também pode ser um dificultador.

Podemos afirmar que o ESPECEJJA foi uma oportunidade única para o grupo de educadores das cidades participantes. Houve uma articulação interessante. Em vários momentos o grupo foi questionado e levado a refletir sobre a prática docente, em outros momentos o grupo questionou a prática docente de alguns formadores, o que induziu um processo de reflexões: será que a nossa postura diante dos nossos educandos assemelha-se à postura dos nossos formadores? Será que estamos considerando as especificidades dos nossos educandos? Somos reconhecidos e valorizados em nossas instituições? Nós, educadores da EJA, nos valorizamos? Que conhecimentos educadores e educandos trazem para a sala de aula? Enfim, vários foram os questionamentos que emergiram no decorrer do processo, e o artigo procurou sintetizar todos eles. Portanto, o investimento na formação de educadores da EJA deve ser um dos princípios básicos da política pública deste país.

Prática docente: ao analisarmos os projetos do Coletivo I de Produção, fica evidente que as práticas docentes são diversas e que têm como ponto comum a vontade de acertar, ou seja, conseguir realizar uma aprendizagem significativa junto ao jovem educando da EJA. Percebeu-se, também, que "nem tudo são flores". Existe uma resistência por parte de alguns educadores em abrir mão daquilo que dominam – giz – papel – nota – conteúdo. Essa resistência deverá ser vencida a partir do momento em que o educador perceber que ele faz parte de um processo e que o educando faz parte desse mesmo processo. Portanto, falar de um é falar do outro, culpabilizar um é culpabilizar o outro; afinal, vivenciamos um processo educativo. Desse modo, pode-se verificar que o prazer em aprender do educando dependerá, em boa parte, da prática e/ou metodologia usados pelo educador para contaminá-lo com a paixão que sente pelo objeto de cada estudo. A proposta, aqui, não é discutir concepções de projeto, mas, sim, perceber que a proposta da intervenção "mexeu no queijo" de muita gente! Educadores passaram a perceber que a vida dos que estão fora da sala de aula também não é fácil. Criticar, sem conhecer o processo, não vale mais. Para que as coisas aconteçam no espaço escolar e fora dele, existem pessoas cuidando da "parte chata" da burocracia, e essas precisam ser reconhecidas como parte desse processo formativo, como parte de uma possível equipe. Perceber que o seu colega tem habilidades diferentes das suas e é por isso que ele é importante, afinal, juntos vocês se complementam e quem recebe o que é de direito é o educando. Teorizar a prática e praticar a teoria é um desafio que se impõe aos educadores da EJA. Compreender que o educando é nosso e, portanto, não é meu. Ouvir, ver o educando como um todo, e não apenas como estudante. Perceber a diferença fundante de partilharmos com TRABALHADORES QUE ESTUDAM e não com estudantes que trabalham. Mediante tais colocações, percebe-se que a prática docente é extremamente relevante para uma EJA que se propõe como prática socioeducativa. Uma EJA que tem como bandeira promover a autonomia dos sujeitos para um exercício de uma cidadania crítica e participativa. E, em especial, romper com os estigmas que colocam nas juventudes a responsabilidade do fracasso escolar. Portanto, a atividade educativa nessa perspectiva traz desafios constantes.

Juventudes Presentes na EJA: as Juventudes Presentes na EJA apresentam especificidades e são caracterizadas pela diversidade. São sujeitos que compartilham ideias, anseios, angústias, planos futuros, experiências; são sujeitos que acessam bens tecnológicos e de consumo e estão cada vez mais unidos, de acordo com as identidades que trazem consigo e também suas experiências de vida. O espaço escolar, e em especial a EJA, não pode desconsiderar tais características. Ao se adotar uma prática em que as especificidades dos sujeitos não são consideradas, acabamos por silenciar, mais uma vez, esses sujeitos. Quando, na sua prática, o educador tem um olhar para a diversidade do educando, este se revela. Essas observações estão pautadas nos relatos e nas considerações dos nove projetos que constituíram base para este artigo.

A proposta deste curso mostrou-se audaciosa e inovadora desde o seu início, ainda que não pudéssemos mensurar o tamanho do desafio. Evidenciou-se a urgência e a importância que tem o processo formativo no cotidiano do educador da EJA. Acreditamos que as mudanças nas nossas práticas, nesse período de aplicação de projetos de intervenção, fortaleceram a EJA nas escolas em que trabalhamos. Esse fortalecimento fica evidenciado pela satisfação e mudança de postura dos educandos, em especial dos jovens. Outro ponto a ser destacado é o movimento que este Curso de Especialização gerou dentro das escolas e, em alguns momentos, nas Secretarias de Educação dos municípios parceiros.

Cumpre-se, assim, compreender que a educação para todos não é um ideal ao qual devemos pretender chegar um dia, mas um processo que já se encontra em andamento e cujo fim não existe.

Referências

BEISEGEL, Celso de Rui. *A qualidade do ensino na escola pública*. Brasília: Liber Livro, 2005.

FUCK, Irene Terezinha. *Alfabetização de adultos*. Relato de uma experiência construtivista. 2. ed. Petrópolis: Vozes, 1994.

FREIRE, Paulo. *Pedagogia da autonomia*: saberes necessários à prática pedagógica. São Paulo: Paz e Terra, 1997.

FREIRE, Paulo. *Pedagogia do oprimido*. 17. ed. Rio de Janeiro: Paz e Terra, 1987. Versão digitalizada.

MINAS GERAIS. Prefeitura Municipal de Nova Lima. *Manifestações folclóricas no município de Nova Lima prefeitura municipal de Nova Lima*. Nova Lima: Livraria Cultura, 2000.

PEREGRINO, Monica; CARRANO, Paulo. *A escola e o mundo juvenil*: experiências e reflexões. São Paulo: Ação Educativa, 2003.

ROCHA, Tião. As tramas da identidade. *Onda Jovem*, n. 3, nov. 2005/fev. 2006.

SANTOS, Deolinda Alice dos. *Festejos tradicionais mineiros*: registro da fé e do folclore. São Paulo: Empresa das Artes, [s.d.].

DOCUMENTOS *ON-LINE*

ASSOCIAÇÃO BRASILEIRA DE NORMAS TÉCNICAS - ABNT. Disponível em: <http://www.abnt.org.br/>.

COMO ECONOMIZAR DINHEIRO. Disponível em: <http://www.comoeconomizardinheiro.com.br/energia/aquecedor+solar+caseiro.htm>. Acesso em: 18 set. 2011.

INSTITUTO BRASILEIRO DE GEOGRAFIA E ESTATÍSTICA – IBGE. *Cidades*: Minas Gerais: Nova Lima. Disponível em: <http://www.ibge.gov.br/cidadesat/painel/painel.php?codmun=314480>.

INSTITUTO BRASILEIRO DE GEOGRAFIA E ESTATÍSTICA – IBGE. *Cidades*: Minas Gerais: Sabará. Disponível em: <http://www.ibge.gov.br/cidadesat/painel/painel.php?codmun=315670>.

PEZENTE, Jorge Henrique. *Consumo de energia*. Disponível em: <http://www.escolher-e-construir.eng.br/Dicas/DicasI/Kwatt/pag1.htm>. Acesso em: 18 set. 2011.

SOCIEDADE DO SOL – SOSOL. *Manual de instrução de manufatura e instalação experimental do aquecedor solar de baixo custo ASBC*. Disponível em: <http://www.dambiental.com.br/downloads/downloads_asbc.pdf>. Acesso em: 18 set. 2011.

SOCIEDADE DO SOL – SOSOL. Disponível em: <http://www.sociedadedosol.org.br/asbc/asbc_online.htm>. Acesso em: 18 set. 2011.

VII CONGRESSO BRASILEIRO DE PESQUISADORES/AS NEGROS/AS. *Os desafios da luta antirracista no século XXI*. Disponível em: <http:<//www.abpn.org.br/copene/index.php?option=com_content&view=article&id=92&Itemid=65&lang=pt>.

WIKIPÉDIA. *Nova Lima*. Disponível em: <http://pt.wikipedia.org/wiki/Nova_Lima>.

WIKIPÉDIA. *Sabará*. Disponível em: <http://pt.wikipedia.org/wiki/Sabar%C3%A1>.

Educação de Jovens e Adultos: fragmentos da prática pedagógica de professores e professoras da rede pública da Região Metropolitana de Belo Horizonte

Audrey Michelle Pires de Araújo
Cássia Carine Alves
Cleidinea dos Santos Marques
Doraci Souza Rodrigues
Fabiano Amaral de Souza
Grácia Maria de Oliveira
Jerry Adriani da Silva
Márcia Fernanda José
Marta Ermelinda Braga
Nilson Otoni Souza

Introdução

O presente artigo foi construído pelo Coletivo de Produção IV para atender às exigências do Projeto Pedagógico do Curso de Especialização em Docência na Educação Básica: juventudes presentes na Educação de Jovens e Adultos (EJA), da Faculdade de Educação da Universidade Federal de Minas Gerais.

O Coletivo de Produção IV buscou perscrutar fundamentos teóricos importantes para a ação docente os quais, se articulados ao trabalho pedagógico, favoreceriam o reconhecimento e as identidades dos/as jovens, adultos/as e idosos/as, educandos e educandas da EJA, os/as possuem corpos e sexualidade, com pertencimento de classe, etário, geracional, étnico-racial e de gênero (SILVA, 2010).

Dessa maneira, em diálogo com referenciais, estudos e pesquisas relacionados às especificidades dos(as) educandos(as) da EJA, apurou-se a visão e o olhar necessários para esse público, sobretudo no que se refere às especificidades de gênero, sexualidade, étnico-raciais e religiosidade, fatores esses que perpassam grande parte dos processos, das políticas e das práticas educacionais.

Durante os encontros do grupo, realizaram-se várias reflexões acerca da trajetória profissional e da condição docente desses homens e mulheres, educadores e educadoras da EJA, nos municípios de Nova Lima, Ribeirão das Neves e Sabará, sempre orientados/as pelas inquietações provocadas pelas relações estabelecidas com os educandos e educandas da EJA, pelas tensões emergidas da convivência entre eles/as e pelos desafios dos processos de ensino e aprendizagem dos/as mesmos/as.

O texto está organizado em seções nas quais os/as docentes apresentam, resumidamente, uma reflexão sobre suas trajetórias profissionais, o registro e a análise de uma atividade de intervenção, desenvolvida nas turmas de EJA, bem como os resultados obtidos.

A reflexão apresentada por Audrey Michelle Pires de Araújo busca compreender as subjetividades nas relações que mulheres detentas estabelecem com seus/suas professores/as, entre si e com a educação escolar oferecida dentro de um presídio, o qual está localizado no município de Ribeirão das Neves. A discussão sobre educação prisional também é o tema da discussão apresentada por Fabiano Amaral de Souza, o qual procurou compreender como uma experiência exitosa num presídio, localizado no município de Vespasiano, pode contribuir com o campo.

Enquanto o texto de Nilson Otoni Souza apresenta, de maneira sintética, porém clara, a sistematização da intervenção realizada, nas aulas de Matemática que ministra em uma escola de EJA, localizada no município de Nova Lima, o de Doraci Souza Rodrigues relata a experiência desenvolvida, na área da linguagem e da arte, utilizando como suporte pedagógico um filme de longa duração. Já o de Cleidinea dos Santos Marques descreve a experiência vivenciada em um projeto interdisciplinar que objetivava romper com as formas tradicionais de aula, utilizar os espaços, dividir o tempo e agrupar os estudantes.

As relações interpessoais foram alvo das intervenções propostas por Cássia Carine Alves, Grácia Maria de Oliveira, Márcia Fernanda José e Marta Ermelinda Braga, sendo que os conflitos e as tensões emergentes do cotidiano da EJA, em função das diversidades etária e geracional, corroboraram o que outros/as pesquisadores/as já apontaram: ainda serão necessários muitos estudos e pesquisas para se descortinarem as questões emocionais e sociais, os desafios da vida urbana e as desigualdades sociais que afetam as relações e a convivência entre os sujeitos da EJA.

1 Escola: espaço de resgate da identidade do/a privado/a de liberdade

Audrey Michelle Pires de Araújo

> *Fazer com que exista uma sociedade com um pouco mais de qualidade de vida é papel importante dos educadores, que têm como desafio permanente discutir, rever, refazer o sentido histórico de inovação e humanização do progresso, assumindo a identidade de trabalhadores culturais, envolvidos na produção de uma memória histórica, e de sujeitos sociais que criam e recriam o espaço e a vida social.*
>
> (Elenice Maria Cammarosano Onofre)

No ano de 2007, comecei a atuar no Sistema Prisional. Minha primeira experiência ocorreu em um presídio masculino, onde ministrava aulas de Matemática para os estudantes do Ensino Fundamental e Médio. Em 2008, iniciei meu trabalho como educadora em um presídio feminino, no município de Ribeirão das Neves, Região Metropolitana de Belo Horizonte, onde permaneci até 2010 lecionando Matemática.

O universo prisional conserva particularidades que refletem nas atitudes dos sujeitos ali presentes, sejam funcionários/as ou encarcerados/

as. Uma das características das unidades prisionais é não considerar o/a detento/a como sujeito. Santos (2007) assinala que "em razão de seu fechamento, os encarcerados sofrem uma ruptura de seus direitos e, nesse sentido, há uma deterioração de sua identidade" (SANTOS *apud* GOFFMAN, 2007, p. 94).

Presenciar o cotidiano daquelas mulheres, as histórias, angústias e alegrias, despertou em mim o interesse de buscar compreender melhor as subjetividades presentes na relação educandas-detentas *versus* escola. Por meio de um projeto de intervenção pedagógica, busquei transformar a aula de Matemática em um momento de resgate histórico da vida de cada educanda.

A opção por realizar uma atividade que proporcionasse às discentes relembrar partes de suas vidas, muitas vezes esquecidas, deu-se pelo fato de que, ao chegarem a uma unidade prisional, os(as) privados(as) de liberdade desapropriam-se de seu mundo doméstico, perdendo seu referencial, para adequar-se aos "costumes" do local.

Segundo Onofre (2007, p. 13),

> Evidentemente, o fato de sair de seu mundo doméstico exige uma perda de propriedade, o que é importante, porque as pessoas atribuem sentimentos do eu àquilo que possuem. [...] A chegada do preso ao espaço prisional pressupõe, portanto, processos de admissão e testes de obediência, que podem ser desenvolvidos numa forma de iniciação e têm sido denominados "as boas-vindas", nos quais a equipe dirigente ou os internados, ou os dois grupos, procuram dar ao novato uma noção clara de sua situação.

Entretanto, deixar o/a encarcerado/a livre para expressar um sentimento não é tarefa fácil, pois, no ambiente prisional, prevalecem a ordem e a disciplina, e todas as atividades realizadas nesse local tendem a esses objetivos. Santos (2007, p. 100) já dizia que "dar voz ao detento se configura em uma tarefa desafiadora diante de um ambiente marcado pelo fechamento e isolamento".

Sendo assim, o/a interno/a, para evitar problemas, pode assumir uma nova imagem, que se mostra na capacidade de mentir ou se conter, não deixando explícito o que realmente pensa, mas o que é conveniente para o momento.

Diante dessas particularidades, coloquei em prática o projeto em uma turma de 1º período dos anos finais do Ensino Fundamental (6º ano).

1.1 O decorrer da atividade e a exteriorização dos sentimentos

O local escolhido para a realização da pesquisa foi a escola estadual onde trabalhei até 2010, localizada em um presídio feminino, no município de Ribeirão das Neves. A autorização para minha entrada foi concedida pela Secretaria de Estado de Defesa Social (SEDS). Ao chegar, passei pelo procedimento de revista dos objetos pessoais e corporal e direcionei-me à escola.

Ao chegar à sala de aula, a primeira reação das educandas foi de espanto e curiosidade, pois não sabiam quem eu era. Expliquei, então, o motivo pelo qual estava realizando aquele trabalho e porque escolhi aquela escola como local de estudo. Quando apresentei a proposta, algumas ficaram apreensivas ao saber que teriam de escrever uma história relatando um momento marcante de sua vida e representá-lo em um painel. Mas aceitaram e iniciamos as atividades.

No primeiro dia, construímos o Tangram. Elas tiveram bastante interesse em participar, principalmente quando orientei a montagem o quadrado que deu origem às sete peças do quebra-cabeça. Após a montagem do quadrado, mostrei que era possível fazer outras montagens com as peças do jogo. Como exemplo, montei uma casa – propositalmente, pois eu queria que elas começassem a lembrar de suas histórias, e a "casa" é um local bastante simbólico para os(as) detentos(as) –, e pedi que fossem pensando o que aquela "casa" trazia como lembrança para elas. Em seguida, orientei que montassem outras figuras que representassem momentos marcantes de suas vidas. Ao fim da atividade, solicitei que escrevessem uma história retratando um momento vivido por elas, e que essa história seria representada em um painel utilizando as figuras criadas com as peças do Tangram.

No segundo dia, pedi que trouxessem a história escrita para a confecção do painel. Esse era o momento mais esperado por mim, pois tinha certeza de que as histórias me surpreenderiam. E minha expectativa se cumpriu. Os textos que li traziam relatos marcantes da vida daquelas mulheres, muitas vezes oprimidas pelas circunstâncias em que se encontravam.

Durante a montagem do cartaz, elas permaneceram extremamente concentradas no que estavam fazendo, manipulando os objetos com cautela, como se o que elas representavam no papel se personificasse e, por algum instante, estivesse ali, junto delas para ser preservado ou modificado.

Frente à pergunta escrita: "Vocês gostaram da atividade?", transcrevo algumas respostas, preservando a identidade das educandas:

> Sim, muito. Porque enquanto montava o cartaz parecia que eu estava realmente vendo as cenas se passarem em minha frente e foi como um desabafo, consegui falar de coisas que mexem comigo sem chorar ou ficar triste. (Aluna D)
>
> Sim, porque fico feliz em saber que ainda sou capaz de contar uma nova história, mas lá fora não resumida em um cartaz, mas na sociedade. (Aluna P)

Perguntei, também, como foi para elas escrever sobre suas histórias:

> Mais um aprendizado, pois antes não tinha coragem de falar de minha história, mas hoje depois de tanto tempo não tinha mais problemas com tudo que se passou. (Aluna P)
>
> Foi uma nova experiência, pois contei um pouco de cada sem chorar, sinal que eu amadureci. (Aluna J)
>
> Foi bom, pois lembrei da Gabriela minha neta. (Aluna M)
>
> Foi bom poder compartilhar o meu sofrimento com mais pessoas. (Aluna M. R)

1.2 Escola: espaço de resgate da identidade do/a privado/a de liberdade?

A Educação de Jovens e Adultos (EJA) é uma modalidade que considera as especificidades dos sujeitos envolvidos no processo educacional. A EJA, em presídios, necessita apresentar-se como uma maneira ainda mais específica de se fazer educação, pois os/as adultos/as desse processo são presos que viveram outras formas de aprendizagem que diferem daquelas realizadas no interior das escolas.

Santos (2002) afirma que:

> [...] a escola visto ser apontada como local de comunicação, de interações pessoais, onde o aprisionado pode se mostrar sem máscaras, afigura-se, portanto, como oportunidade de socialização, na medida em que oferece ao aluno outras possibilidades referenciais de construção da sua identidade e de resgate da cidadania perdida. (SANTOS *apud* ONOFRE, 2007, p.107)

Dessa maneira, a escola não deve funcionar nos moldes da unidade prisional, uma vez que se espera dessa instituição, segundo Santos (2007, p. 107), "a valorização da autonomia do interno, a problematização de sua existência e a promoção da dignidade dos que ali comparecem", podendo ser o local de resgate da cidadania perdida com o ingresso no sistema carcerário.

2 Diferença etária e geracional nas turmas da Educação de Jovens e Adultos

Cássia Carine Alves

São vários os desafios enfrentados por educadores e educandos, quando se deparam com adversidades capazes de interferir, de forma positiva e/ou negativa, no processo de ensino-aprendizagem. Não se deve entender a EJA como uma modalidade de ensino como outra qualquer. Muitas mudanças, de ordem curricular e estrutural, precisam acontecer na escola. E o educador, intermediador do processo, precisa estar preparado para "encarar" tal fato – tarefa nada fácil.

Desde a adolescência, algumas pessoas arriscavam-se a dizer que eu "levava jeito" para ser professora porque tinha muita paciência e dialogava muito facilmente, principalmente com crianças. Eu mesma não tinha pensado nessa possibilidade, mas fui crescendo com essa ideia em mente. Não sabia, naquela época, que os desafios da educação eram enormes: seria preciso estudar muito e, sobretudo, ter discernimento para "driblar" certas situações que eu, hoje, reconheço serem corriqueiras na vida de um professor/a.

No Ensino Médio, então, optei pelo magistério, cheia de expectativas e dúvidas, as quais não foram sanadas, uma vez que a educação não é uma coisa pronta e acabada. Tinha muita vontade de lecionar, mas fui percebendo que não era tarefa fácil. Ser um profissional da educação implica estar disposto e preparado a enfrentar desafios diários.

Via a profissão como algo grandioso e que exigia muita responsabilidade. Mas o que era mais evidente para mim era a questão de o/ professor/a assumir diversos papéis em sala de aula. Para se ter uma educação de fato e de qualidade, faz-se necessário levar em conta a vivência do/a educando/a e conhecer sua realidade (só mais tarde percebi que isso era muito importante para, inclusive, criar meu plano de curso).

Trabalhei durante cinco anos na biblioteca de uma escola municipal em Sabará e, então, convidaram-me para ministrar, paralelamente, aulas de Português na Educação de Jovens e Adultos (EJA). No início, fiquei apreensiva, mas aceitei a proposta. Já era mais do que tempo de "sentir o gosto" da profissão. Isso só veio a acontecer em 2007, quase três anos após a graduação. Entrei para a EJA e nunca mais saí. Criei vínculos preciosos com os/a educandos/as, com as escolas por onde passei, houve trocas de experiências e crescimento mútuo.

Uma questão que tem incomodado bastante a mim e aos meus colegas de trabalho, situação que já foi tema de discussões na escola por diversas vezes, são os conflitos oriundos da diversidade etária e geracional. Na escola municipal em Sabará, onde leciono atualmente, sempre tivemos a predominância de adultos/as em nossas salas de aula. Porém, este ano a situação mudou: os jovens chegaram em grande número e já são maioria nessa modalidade de ensino. E, com eles, vieram alguns desafios: os/as educandos/as adultos/as sentem-se intimidados, pois esses jovens são agitados, impacientes com a necessidade de mais atenção que os mais velhos demandam. Muda-se o perfil da EJA e, claro, faz-se necessário mudar toda uma didática de ensino.

Diante desse número cada vez maior de jovens nas salas da EJA e na ausência de estudos sobre a questão, os docentes se veem no desafio de encontrar saídas metodológicas para a situação. Em geral, eles "se viram como podem", adaptando o modelo de ensino regular ao ensino da EJA.

Diante dessa situação, uma proposta de intervenção pedagógica foi pensada, a fim de levar os/as educandos/as a refletirem sobre a importância da diversidade existente em sala de aula para o processo ensino-aprendizagem.

Com o objetivo de minimizar os conflitos oriundos da diferença etária dos/as educandos/as, foi feita a proposta de um passeio pelo centro histórico de Sabará, no intuito de que os/as estudantes interagissem entre si e que, assim, pudessem trocar experiências. Tal proposta foi pensada após ser divulgado o tema da Feira Cultural que aconteceria no mês de setembro de 2011: Sabará – 300 anos de elevação à Vila Real.

Divididos em pequenos grupos, educandos/as e educadores/as puderam, além de conhecer os pontos turísticos, perceber a contribuição de cada um, o que serviu para uma reflexão posterior. E foi justamente o que aconteceu. Após a visita ao centro histórico, partimos para um momento no qual puderam falar acerca não apenas do que haviam fotografado na cidade, mas, principalmente, a respeito das vantagens de se ter em uma mesma sala de aula essa diversidade etária e geracional. Os/as educandos/as ficaram à vontade para elencar pontos positivos (e os negativos também, apesar de não ter tido destaque) dessa sala tão heterogênea, e houve melhora significativa no que diz respeito à postura frente aos colegas e ao respeito às diferenças.

3 Lazer e interação: novos aliados na construção do conhecimento dentro da escola

Cleidinea dos Santos Marques

Em 2007, tive minha primeira experiência docente na modalidade EJA na cidade de Ribeirão das Neves, Região Metropolitana de Belo Horizonte. Sem vivência profissional considerável, o começo foi extremamente difícil e, nos primeiros meses, tive dificuldade para entender as demandas daqueles estudantes e de desenvolver práticas apropriadas para eles.

Ao longo do tempo, foi possível perceber a necessidade de tornar o espaço escolar em um ambiente agradável, motivador e atrativo para os estudantes, de forma tornar o trabalho e o aprendizado mais significativos. Sendo assim, em setembro de 2011, foi desenvolvido um projeto interdisciplinar na escola, com a intenção de romper com as formas tradicionais de aula, utilização dos espaços, divisão do tempo e agrupamento dos estudantes.

O projeto consistiu, basicamente, em uma gincana de perguntas e respostas, sendo que, para a realização desta, os estudantes participaram ativamente de todo o planejamento:

– Escolha do melhor local dentro da escola, dos apresentadores, dos representantes de cada grupo, da trilha sonora.

- Ornamentação do espaço.
- Organização da plateia e formas de participação desta.
- Seleção das perguntas.
- "Auditoria" do processo.
- Preparação das guloseimas servidas no dia.
- Operação do *data show* etc.

Os/as estudantes foram divididos em seis grupos, cada um era acompanhado por um/a professor/a. Esses grupos foram formados a partir da escolha de cada estudante, de acordo com temas previamente escolhido pelos/as professores/as. Nesse processo, foi sugerida, por algumas senhoras, a criação de um grupo cuja incumbência era a de preparar as guloseimas servidas no dia, proposta prontamente atendida. Os grupos foram divididos da seguinte forma: grupo 1. responsável pela seleção musical que compôs a trilha sonora do evento; grupo 2. trabalhou na ornamentação do espaço e na preparação artística das fichas utilizadas na apresentação; grupo 3. teve a incumbência de encerrar o evento com a apresentação de uma peça teatral; grupo 4. responsável por montar e operar o som, o *data show* e registrar todo o processo por meio de fotografias; grupo 5. responsável por selecionar as perguntas a serem feitas e a forma de recuperação do time que estivesse em desvantagem na gincana; grupo 6. responsável pelo jantar da noite e pelas iguarias servidas no evento.

Nos encontros que antecederam o dia da culminância do projeto, os grupos se reuniam para estudar assuntos voltados para o trabalho a ser desenvolvido por eles. Sendo assim, de acordo com o grupo, os estudantes tiveram aulas de: história da música e ritmos musicais, evolução tecnológica, fotografia, higiene dos alimentos, histórias de pratos da culinária mineira, gêneros teatrais, entre outros.

A atividade apresentou dois pontos importantes em relação às práticas normalmente aplicadas dentro da escola: primeiro, quebrou com a lógica que privilegiava o conteúdo pelo conteúdo, e que desconsiderava o interesse, a aptidão e a diferença cultural dos/as estudantes; segundo, ofereceu ao professor novas maneiras de introduzir e sistematizar conceitos, além de promover a interação e o desenvolvimento dos participantes. O projeto mostrou resultado satisfatório, pois o jogo é um artifício para envolver as pessoas numa atividade útil ao seu desenvolvimento físico e mental. Ele é reconhecido como meio de fornecer um ambiente agradável, motivador, planejado, que possibilita a aprendizagem de várias habilidades (CLAPARÈDE, 1950, p. 127).

Por ser uma proposta que rompe com a prática já estabelecida e aceita pelos estudantes, no início do trabalho houve resistência, pois os mais conservadores não entendiam a atividade como aula e reclamavam dizendo: "quem vem à escola para brincar é criança, eu quero aprender". Alguns, inclusive, ameaçavam sair da escola se os/as professores/as não voltassem a dar aulas, mas, com o andamento da proposta e a empolgação daqueles que aceitaram a empreitada, a resistência do primeiro momento foi vencida. Essa resistência evidenciou falhas no projeto, como falta de esclarecimento de seus objetivos e sensibilização dos estudantes para a necessidade de se buscarem outras formas de trabalho que favoreçam o aprendizado.

No desenrolar das atividades, foi possível perceber, dentro dos grupos, tanto atitudes negativas – preconceito, intolerância, falta de respeito – como atitudes positivas – incentivo, intermediação de conflitos, espírito de liderança –, atos que contribuíram para o enriquecimento da atividade, pois permitiam a realização de trabalho em cima daquele problema e o tornava contextualizado com a realidade (FREIRE, 1996).

A vivência de situações inesperadas que provocaram atrasos no cronograma de execução das tarefas levou os/as estudantes a experimentar os efeitos de suas atitudes e a perceberem a importância do planejamento, organização e comunicação.

Tudo isso contribuiu para que eles participassem ativamente da construção de um conhecimento que transcende a simples memorização de conteúdos, pois

> Ao participar de um projeto os alunos estão envolvidos em uma experiência educativa onde o processo de construção do conhecimento está integrado às práticas vividas. Esse aluno deixa de ser nessa perspectiva apenas o aprendiz de uma área do conhecimento. É um ser humano que está desenvolvendo uma atividade complexa e que nesse processo está se apropriando, ao mesmo tempo de um determinado objeto de conhecimento e se formando como sujeito cultural. (ESCOLA PLURAL, 1996, p 74)

Este trabalho possibilitou aos estudantes e professores uma experiência mais rica dentro da escola e redimensionou tal experiência, carregando-a de significado para ambos. Foi possível perceber o envolvimento, a alegria e satisfação dos/as estudantes por estar participando de algo diferente que os possibilitava expressar seus talentos e terem estes reconhecidos. Isso mostra que uma prática voltada para o estudante, e da qual ele participa, pode dar bons resultados.

4 A SÉTIMA ARTE E OS SABERES PARTILHADOS: A DIVERSIDADE ETÁRIA E GERACIONAL DA EJA E OS RELATOS DE UMA EXPERIÊNCIA COLETIVA DO MUNDO DO TRABALHO

Doraci Souza Rodrigues

Minha formação acadêmica ocorreu no curso de graduação em Ciências Sociais, na Universidade Federal de Minas Gerais, no ano de 1997. Ano em que tive meu primeiro contato com a Educação de Jovens e Adultos com o objetivo específico para o Serviço Pastoral e a Obra Missionária Cristã. Entre os anos de 1997 e 2003, atuei como professora na Faculdade Evangélica de Teologia de Belo Horizonte (FATE-BH), na qual lecionei especificamente Antropologia e Sociologia da Religião, História da Igreja e História das Religiões. Em 2003, dei continuidade à minha formação na área de religião e fiz duas Pós-Graduações entre 2003 e 2006, o curso de Especialização e o Mestrado em Ciência da Religião pela Universidade Federal de Juiz de Fora.

Em 2007, tive oportunidade de lecionar Sociologia da Violência para a Formação da Guarda de Contagem. Essa experiência foi muito gratificante e animadora, a ponto de criar em mim o interesse na área da educação pública. Logo a seguir, em 2008, fui efetivada na rede de ensino de Ribeirão das Neves. Simultaneamente, atuei, desde então, nas redes municipais de Contagem, e Ribeirão das Neves e, em 2011, dei início, na rede estadual de Minas Gerais, em turmas da EJA, com uma maioria de jovens e adultos/as.

Considero um desvio de percurso minha trajetória na escola pública, tanto no ensino regular como na EJA, pela falta de projeto específico nessa área. Desvio marcado por sentimentos de perdas e ganhos. Como perda, o sentimento de impotência ao compreender um pouco melhor sua problemática legal, jurídica, administrativa e pedagógica diante da realidade e possibilidade estrutural, para desenvolver, com maior eficiência e eficácia, um trabalho de maior qualidade. Nela, observa-se, com maior precisão, a distância entre o discurso governamental e as possibilidades de realização de fato da prática pedagógica.

Entre os ganhos, que são muitos, a EJA surge como uma das experiências mais ricas e profundas para pensar a prática social como um todo e sua especificidade na área da educação popular. Nela, percebe-se, de fato, que as relações reais deve contar mais do que as propostas pensadas e executadas alheias ao cotidiano da sala de aula, com as contradições e possibilidades pedagógicas da EJA.

Em 2009 e 2010, tive algumas experiências com a EJA, em Ribeirão das Neves, bem específicas quanto à questão de faixa etária e diversidade geracional. Em ambas as escolas, a da Shirley Regina Malta das Chagas e a da Maria Vieira Barbosa, no CAIC, percebeu-se, já de início, um conflito na convivência entre os/as educandos/as mais jovens e aqueles de mais idade. A diversidade etária desses/as educandos/as também provocava incômodo na maioria dos/as educadores/as. Num tom queixoso, apresentavam-se, na maioria das vezes, "com raiva" ou "aborrecidos" com os jovens de 15 a 29 anos.

Em 2011, novamente essa realidade repetiu-se, com maior evidência, na escola da rede pública estadual de ensino, na zona leste de Belo Horizonte, onde leciono Sociologia para três turmas da EJA, no Ensino Médio. Meu público, em sua maioria 60%, aproximadamente, compõe-se de jovens entre os 18 e 29 anos. Tenho cerca de 150 estudantes. Essa experiência provocou, nos/nas educadores/as e nos/nas educandos/as, algumas mudanças, a começar com uma conversa "sem rodeios" de como construir novas alternativas de convivência nas dimensões humana e pedagógica.

Com o apoio da administração, combinamos uma intervenção pedagógica como marca e possibilidade para a nova realidade na educação pública da EJA. Sabedores de que o reparo de uma dívida social para com os que não tiveram acesso escolar na idade regular e de que as nossas práticas pedagógicas deveriam ser fundamentadas no cotidiano de cada sujeito educando/a (o/a estudante aprende quando vivencia), propôs a mim e aos demais colegas de trabalho, junto aos/às educandos/as, um lugar de ENCONTRO na busca de melhores condições para o aprendizado da sociologia do trabalho.

Alcançar esse desafio com a Sociologia com ênfase no trabalho em um ambiente escolar, com contradições tão acentuadas entre as gerações presentes, exigiu de nós profissionais e dos vários saberes mudança metodológica e olhar clínico do contexto histórico-social considerável para alcançar o objetivo proposto: jovens, adultos/as e idosos/as, com suas diferenças etárias e geracionais, na construção de relatos e experiências comuns, no mundo do trabalho, a partir de suportes metodológicos variados. Combinamos assim com os/as educandos/as sobre as atividades que realizaríamos.

Tratar o tema da sociologia do trabalho nas turmas da EJA, com os limites e possibilidades de letramento do grupo, do tempo, do espaço físico, da estrutura escolar e pedagógica, com o tempo de aula de 30 minutos por dia não seria adequado. Por isso, combinamos um trabalho coletivo e todos os profissionais participaram de acordo com as suas especificidades.

Para refletirmos sobre a realidade do mundo do trabalho, utilizamos, como portadores de textos, o filme "O homem que virou suco"; um texto do jornal *Mundo Jovem*: A publicidade e a crença no ter; as músicas de Zé Ramalho, "Admirável gado novo", e da cantora de Rock Pitty, "Admirável chip novo"; e a Carteira de Trabalho e Previdência Social (CTPS).

Cada profissional utilizaria o suporte para tratar dos devidos conceitos da sua disciplina, com o enfoque da partilha socializada do mundo do trabalho.

A utilização de suportes ou materiais pedagógicos diferenciados, pensados de acordo com a diversidade do público, facilitou os relatos e a experiência vivida de cada um, a abstração e a compreensão de seus conceitos básicos da sociologia do trabalho.

Foi assim que se pensou em um filme, numa música, num texto e na carteira de trabalho. Estas considerações sobre o suporte foram necessárias, pois, quanto ao trato da sociologia como ciência, seus conceitos e a sua prática, especificamente a do trabalho, é um tema muito complexo, de compreensão teórica e prática, tanto para os especialistas da sociedade bem como para os acadêmicos de áreas afins e, muito mais ainda, para o senso comum.

Portanto, o objetivo da intervenção pedagógica surpreendeu a todos os participantes, possibilitando a "quebra" de algumas barreiras relacionais e criando um respeito maior de todos os envolvidos, a ponto de ouvirmos que assim vale a pena ir para a escola, que as pessoas entendem mais o outro e a aula também.

Pensar numa aula diferenciada, numa proposta de intervenção, parece ser uma das saídas mais afirmativas para a EJA, mas exige uma estrutura administrativa e pedagógica coerente com um projeto pedagógico de cada realidade social.

5 Um modelo a ser seguido: EJA no presídio de Vespasiano

Fabiano Amaral de Souza

Comecei na educação em 1995, quando ainda era estudante do Ensino Médio noturno e havia alguns professores amigos que faziam faculdade na cidade de Formiga/MG. Quando tinham que viajar para assistir às aulas presenciais durante a semana, pelo menos uma vez por mês, me pediam para substituí-los em escolas estaduais de Ribeirão das Neves, cidade da Região Metropolitana de Belo Horizonte, que fica a 30km da capital. Por meio desse contato, decidi fazer faculdade de Matemática.

Desde então, passei por muitas escolas públicas, dando aulas para ensino regular e em projetos de correção de fluxo, voltados para jovens e adultos, ofertados pelo governo estadual, até chegar aonde trabalho hoje, desde 2006, na Escola Municipal Sebastião Gomes, na periferia de Ribeirão das Neves, com a modalidade da EJA.

Nesse mesmo período, pessoas de contato próximo começaram a lecionar para a EJA prisional. A forma como é tratada a educação prisional chamou-me muito a atenção devido à falta de respeito aos direitos dos cidadãos privados de liberdade e também privados de dignidade, educação, perspectiva de um futuro melhor, ressocialização, dentre outros. Interessei-me bastante pelas questões referentes aos educandos e educandas da EJA dentro dos presídios como oferta de escola, emprego, remissão de pena por estudos, interesses reais por parte dos detentos, critérios para ser estudante, forma de se lecionar, segurança nas salas de aula, porque esses estudantes apenados demonstram tanto respeito aos professores e professoras, já que do lado de fora não demonstravam isso.

Enfim, acabei descobrindo que tenho grande interesse e apreço pela questão da educação prisional, o que me fez perceber que tenho contato com presídios desde a minha infância. Meu pai era policial nos presídios em Ribeirão das Neves, cidade em que nasci e que é considerada um complexo prisional, na qual o primeiro presídio foi instalado em 1927. Hoje, são cinco instituições que abrigam mais de cinco mil detentos/as.

5.1 Forma de trabalho na escola do presídio de Vespasiano

Após análise e conversas com os detentos, por meio de questionário, e com a Secretaria de Defesa Social, juntamente com a Secretaria de Educação, representadas pelas pedagogas de ambas as secretarias, foi relatado que tão logo o detento chega ao presídio é feito um diagnóstico, por intermédio de conversas, de como é seu histórico de vida com relação a diferentes aspectos, como família, escola, trabalho, criminalidade etc., tudo relatado à pedagoga, de forma que esse sujeito tenha a iniciativa de se matricular na escola, conscientizando-o de que por meio da escola, ele terá mais chances de transformar sua realidade, visando a um futuro diferente.

De acordo com o diagnóstico, também se pode montar um plano de ação, utilizando projetos interdisciplinares, de forma que toda a equipe atue em prol dos estudantes,

> como uma equipe multifuncional, tentar viver a interdisciplinaridade como postura, intenção e ao mesmo tempo desafio, procurar refletir sobre a pedagogia e a psicologia como conhecimentos que contribuem para a práxis humanizada, humanizante, humanizadora. (INFANTE, 1991, p. 287)

Para aqueles que dizem não gostar de escola, observa-se o fato do fracasso escolar, enquanto sujeito e também testemunha dos próprios familiares, que não obtiveram êxito nos caminhos trilhados na educação, não concluíram seus estudos por **n** fatores e continuam fora da escola.

A educação, por um lado, é vista com bons olhos pelos detentos como forma de remissão da pena por meio dos estudos, e pelo lado da diretoria como uma importante forma de ressocialização. Segundo Julião (2006 p. 79), no que concerne à ressocialização,

A educação pode preponderantemente assumir papel de destaque, pois, além dos benefícios da instrução escolar e de formação social, o preso pode vir a participar de um processo de modificação de sua visão de mundo, contribuindo para a formação de senso critico, melhorando o seu comportamento na vida carcerária.

Os trabalhos, em forma de projetos interdisciplinares, são uma importante ferramenta para convencer aqueles que não querem se matricular. Sempre são promovidos e evidenciados onde todos os estudantes, em cada culminância de projetos, participam e são observados pelos detentos que não estudam, destacando-se a elevação da autoestima de cada um e, principalmente, o êxito na escola.

Segundo Moura e Barbosa (2006 p. 29),

> Através da execução de um projeto, todos os envolvidos se enriquecem com as experiências vividas, obtendo novos conhecimentos e novas habilidades. Essa característica faz dos projetos uma alternativa importante a ser considerada em sistemas educacionais, seja como solução para vários problemas, seja como forma de introdução de inovações.

Para aqueles que ainda não se convencem, são chamados mais vezes e é mostrado a eles que a escola pode contribuir muito no seu crescimento imediato, e que, naquele momento, a escola pode significar sucesso e ter diferentes significados ligados à satisfação, motivação e sucesso, diferentemente de quando frequentavam lá fora, contribuindo com uma possível transformação também de familiares à sua volta. A educação na prisão não é apenas conhecimento básico. Para Maeyer (2006 p. 53),

> a educação carcerária deve ser primordialmente uma oportunidade para que os internos decodifiquem sua realidade e entendam as causas e conseqüências dos atos que os levaram as prisões. Ou seja, a educação na prisão seria o caminho para a compreensão de tudo e para a descoberta lógica, a desconstrução/reconstrução de ações e comportamentos.

Quando foi inaugurada, em 2006, a escola não funcionava nesse formato. Os trabalhos da equipe eram parecidos com os da escola regular, com conteúdos compartimentados e sem significação para os estudantes. Após o período de adaptação dos profissionais da educação, dos detentos em sala, a forma como eram ministradas as aulas, começaram os projetos. Os projetos interdisciplinares começaram por volta do ano seguinte, após a reclassificação e enturmação correta dos/as educandos/as, conseguindo chegar ao modelo de aulas de hoje, que são de forma mais harmoniosa, atendendo mais suas ansiedades, expectativas e necessidades de aprendizagem.

O presídio de Vespasiano deu um grande passo para garantir oportunidades de acesso à educação a pessoas que, em geral, não tiveram a oportunidade e nenhum tipo de estudo, visto que a maioria desses sujeitos não possui boas recordações da escola, pois no passado ela representou fracasso e frustração não só para o detento, mas para sua família e pessoas mais próximas. Ficou constatado, também, que pode haver articulação e respeito entre as duas secretarias que atuam dentro do presídio, a Secretaria de Defesa Social e a Secretaria de Educação, de maneira que demonstram ações concretas de ressocialização e crescimento dos indivíduos.

Na escola, pela forma como são ministradas as aulas, o/a educando/a contextualiza sua aprendizagem. Há, na prática dos educadores, o trato da educação como uma questão, acima de tudo, social. Os/as educandos/as têm a oportunidade de confrontar os conteúdos estudados em sala com conhecimentos prévios, a vivência dos fatos e a significação dos saberes incorporados.

De fato, existem menos resultados concretos do que se pretende alcançar por essa equipe que atua no presídio, devido a diversos fatores que não dependem somente da equipe, como capital para comprar materiais e poder diversificar o aparato dos profissionais de sala; falta de um espaço físico, com segurança adequada, para eventos maiores e com mais educandos/as ao mesmo tempo, como a presença de palestrantes, que esbarra na burocracia e na incapacidade de movimentação de muitos detentos, por questões de segurança deles próprios e dos profissionais. Estes são alguns dos fatores que, isolados ou em conjunto, acabam limitando o sucesso dos projetos e do modelo que esse presídio se tornou.

6 Atividade interdisciplinar

Grácia Maria de Oliveira

Durante muito tempo, vários episódios marcaram minha trajetória e, de repente, transformei-me em mais uma trabalhadora inserida em um mundo contemporâneo e globalizado que busca, cada vez mais, profissionais empreendedores e com visão de mundo ampliada e futurista.

Até chegar aqui, tive uma infância difícil, seguida de uma juventude ainda mais complexa que passou à fase adulta com uma velocidade abrupta, e posso até afirmar que, durante o processo, houve "queima de etapas". Parei com os estudos durante muito tempo, encantada com o sonho do matrimônio e a possibilidade de constituir e criar uma família, conforme o desejo da maioria das moças da minha idade. Diga-se de passagem, nasci no ano de 1949. Após essa realização, percebi que havia deixado para trás um sonho ainda maior, que apenas havia adormecido enquanto era alimentado pela felicidade que vivi naqueles anos, por isso voltei aos estudos e ao magistério. Apesar das idas e vindas, concluí o curso e retornei à profissão.

Depois de muitas experiências em novas escolas, iniciei um trabalho na direção da Escola Municipal Sebastião Gomes (EMSG). Nessa escola, o público assistido é composto por estudantes da educação infantil, Ensino Fundamental (primeiro e segundo ciclos – crianças de seis a onze anos de idade) e Educação de Jovens e Adultos, que compreende jovens de 15 anos e adultos/as de toda faixa etária. A EJA da EMSG é composta por duas modalidades de ensino, sendo o primeiro segmento envolvendo os quatro primeiros anos do ensino fundamental, que abarca principalmente a alfabetização, em função da demanda dos/as adultos/as que pleiteiam uma vaga, e o segundo segmento, envolvendo adolescentes e adultos/as que buscam escolarização do sexto ao nono ano do Ensino Fundamental. Inserida nesse contexto, fui percebendo a necessidade desse público e esse foi o elemento motivador para minha inserção nessa especialização.

A partir de reflexões acerca do pensamento do grande educador Paulo Freire, entende-se a necessidade de promover a discussão entre os docentes e os escolares acerca de uma nova proposta curricular que seja coerente com os/as estudantes da EJA, reconhecendo-os/as como sujeitos sociais e culturais, jovens e adultos, com especificidades compatíveis ao lugar social que ocupam.

Com base nessa reflexão, propus ao grupo um trabalho diferenciado e que ofereceria aos estudantes e às estudantes da EMSG uma intervenção que se encaixaria com a visão ampliada de trabalho com a EJA, respeitando-os e valorizando-os a partir da bagagem que traziam consigo, sempre resgatando visões como a de Miguel Arroyo que descreve, no artigo "A

Educação de Jovens e Adultos em tempos de exclusão", que a Educação de Jovens e Adultos constitui uma história, bem mais melindrosa, polêmica e difícil de ser formatada do que outras modalidades de ensino (ARROYO, 2001). A proposta feita e aceita de imediato foi uma intervenção pedagógica interdisciplinar que, além de atender às demandas de todas as disciplinas, proporcionaria aos escolares ampliarem sua visão social e cultural. Para tanto, foi organizada uma excursão para a cidade de Ouro Preto, uma das cidades históricas mais famosas de Minas Gerais, e que possibilitaria efetivar, com louvor, a proposta de trabalho para o grupo.

Agendada a visita e organizado todo o processo da viagem, foi feita uma sessão de vídeo na qual foi apresentado aos educandos e educandas um curta-metragem contendo a história da cidade, bem como seus caminhos e sua cultura tão presentes em cada canto percorrido. Assim, possibilitou-se aos estudantes que não conheciam Ouro Preto, diga-se de passagem, era a maioria, obterem uma visão prévia da cidade, bem como traçar objetivos e expectativas para o percurso.

Nessa viagem, foi possível trabalhar a história de Ouro Preto, de Minas e do Brasil, as particularidades que a cidade apresenta a partir de toda a história vivida pelo país. Suas especificidades e a de seus habitantes, bem como a trajetória percorrida até o momento, que o município vive hoje de tombamento, de preservação e de cuidado, tanto pelo poder público quanto por seus moradores que cuidam e preservam suas riquezas culturais, que também servem de sustento para a população, uma vez que o maior lucro da cidade é com o turismo, que não escolhe hora, dia e nem mês. A cidade sempre está repleta de pessoas que vêm admirar sua beleza e riqueza tão explícitas.

A arte também é objeto de muito estudo, quando se trata de estudar Ouro Preto. Além das maravilhosas igrejas, repletas com suas belezas exuberantes e de valor incalculável, há ainda as casas, os sobrados, as repúblicas, as praças, que, surgindo num momento em que o Brasil ainda era colônia de Portugal, carrega consigo toda a riqueza da monarquia portuguesa que se encontra presente e de forma demasiado marcante nesse "pedacinho" da república brasileira.

Outro aspecto importante a ser lembrado e estudado pela disciplina de Arte são as obras artísticas, bem como seus criadores. Nesse momento, Aleijadinho é figura *sine qua non* desse cenário. Não se pode deixar de abordar um dos maiores artistas mineiros, conhecido pelo seu talento grandioso e pela feitura de obras que marcaram tanto a cidade de Ouro Preto bem como tantas outras culturas, que desejaram e aceitaram obras desse artista tão genial. Há, também, a literatura de poetas como Guignard que, com obras poéticas singulares, marcou mais um capítulo da Arte na cidade.

Geograficamente, Ouro Preto tem assunto para ser tratado na escola durante um ano inteiro, ou até mais. Suas montanhas, relevos e clima permitem àquele que se propõe estudá-los um emaranhado de conceitos, sem contar a beleza que é ver de perto um paraíso de matas verdes e águas limpas ao longo do percurso. Em Ciências, também não fica difícil ter assunto, pois o patrimônio natural que há na cidade permite um trabalho rico, a partir do estudo do relevo, do clima, das águas, matas, minerais, bem como da fauna e da flora existentes no local.

Trabalhar a religiosidade de Ouro Preto também possibilita fazer com que os/as educandos/as conheçam diversas formas de religião existentes, a partir da miscigenação que formou a raça brasileira. Há intrínseco nessa cultura e de forma marcante a preservação da cultura africana, trazida pelos escravos na época do Brasil Colônia, bem como a superioridade da religião católica, que, desde milhares de anos, constrói sua doutrina, cada vez mais forte e mais significativa. Não há como deixar de lado outras religiões que foram surgindo ao longo dos tempos e que contribuíram para formatar a identidade cultural de Ouro Preto. Enfim, em todas as disciplinas havia assuntos importantes para planejar e executar trabalhos e atividades que podiam contribuir para o crescimento intelectual dos/as estudantes.

Para tanto, após um período de estudos, debates e atividades acerca de tudo que foi visto e ouvido sobre a cidade, foi proposta a realização de uma mostra de trabalhos realizados a partir daquilo que foi apreendido pelos escolares. A culminância deu-se com a exposição dos trabalhos, comidas típicas da região, feitas pelos/as educandos/as, apresentações artísticas com coreografias criadas por eles, muita música e alegria. "É fundamental que percebam o respeito e a lealdade com que um professor analisa e critica as posturas dos outros" (FREIRE, 1996).

Portanto, pode-se concluir que o trabalho não só contribuiu para o letramento e a apropriação de conceitos por parte dos/as educandos/as como também para a integração, aproximação e coletividade deles próprios. O grande diferencial e um dos maiores objetivos do/a professor/a da EJA é promover a aceitação e o entrosamento entre os/as educandos/as, compreendendo e aceitando as diferenças e os diferentes.

7 A interação entre sujeitos educandos/as jovens e adultos na EJA

Márcia Fernanda José

> *Ensinar exige saber escutar.*
> (Paulo Freire)

Minha formação acadêmica foi feita no curso de graduação Normal Superior nas Faculdades Integradas Doutor Pedro Leopoldo, no ano de 2004. Em 2006, ingressei na Prefeitura de Ribeirão das Neves por meio do concurso público para o cargo de Professor de nível I e fui nomeada para trabalhar na Escola Municipal do Bairro Flamengo em Ribeirão das Neves. Comecei a trabalhar com uma turma de 3ª série do Ensino Fundamental (atual 4º ano/9).

Em 2007, aconteceu meu primeiro contato com uma turma de alfabetização de jovens e adultos/as na EJA. Era tudo muito novo e de repente vi-me diante de uma realidade na educação – cujas práticas pedagógicas devem ser fundamentadas no cotidiano dos/as educandos/as (o/a educando/a aprende quando vivencia) – que tem como objetivo reparar uma dívida social para com os que não tiveram acesso escolar quando crianças e adolescentes.

As histórias e especificidades dos/as jovens e adultos/as da EJA são o diferencial nessa modalidade de ensino. Educar para a vida vai muito além das propostas pedagógicas prontas que não levam em conta a multiplicidade dos sujeitos jovens (sujeitos pensantes, que amam, sofrem, criam e trabalham).

A diferença da idade cronológica entre os sujeitos da EJA, para uma convivência saudável, exige um olhar, uma escuta aguçada, uma atenção especial do/a educador/a para, assim, construir o conhecimento por intermédio da trajetória de vida desses/as educandos/as.

Durante a minha prática escolar, percebi que os conflitos entre jovens e adultos/as estavam presentes no cotidiano escolar e que esses conflitos geravam inimizades e, às vezes, até agressão verbal e física por parte dos jovens. Essas situações contribuíram para a evasão escolar dos/as adultos/as que, muitas vezes, humilhados/as, abandonavam os estudos.

> A convivência entre as pessoas nunca foi coisa fácil. Ao longo da história, tribos, etnias, pessoas, homens, mulheres, países, nações criaram mecanismos de aproximação, de integração, de defesa e de ataque. A coexistência e o confronto sempre foram desafios postos quotidianamente no encontro com o outro, um que, sobretudo, me diz do que não somos – não queremos ser – e obriga ao descentramento. Ora, esse movimento não é fácil e deve ser vivido. Por ninguém, sobretudo por aqueles e aquelas que se julgam, e as construções culturais reforçam no centro do mundo. Os que empurrados para fora desse "centro" cada vez mais e de formas cada vez mais diferentes se declaram publicamente: gritam, escrevem, gravam, se fazem belos e belas, choram. Impossível desconhecê-los; impossível ignorá-los. (LOPES apud GONÇALVES; SILVA, 2006, 67)

A princípio, fiquei indignada. Eu estava no meio de uma "pequena guerra" e precisava vencê-la e reconstruir com os educandos/educadores um novo "templo do saber". Comecei a pesquisar sobre como conviver com as diferentes idades dos/as educandos/as jovens e adultos/as no mesmo espaço escolar e, por meio de um projeto de intervenção com base na escuta e no diálogo entre educadores/os da EJA, procurei abrandar os conflitos interpessoais existentes entre eles, favorecendo, assim, a convivência harmoniosa.

Realizei um questionário e, através das respostas dadas pelos/as educandos/as, verificou-se que o espaço escolar, para muitos, é o lugar de buscar o conhecimento. Para eles/as, aprender a ler é a meta principal. Gostam de conviver com outros/as educandos/as de faixa etária diferente, mas, no caso dos/as mais velhos/as, o barulho dos/as jovens incomoda. Os jovens são a minoria, e o acesso deles à escola deu-se de forma voluntária. Para amenizar as divergências, eles sugeriram atividades como: jogos, brincadeiras, passeios e aula de educação física. Uma maneira de oportunizar esse contato direto com o outro, desenvolvendo vínculos afetivos.

Com essas sugestões dos/as educandos/as em mãos, convoquei uma reunião com todos os educadores e mostrei que precisávamos tornar o espaço escolar um local agradável, com atividades prazerosas que envolvessem todo o ensino fundamental de 1ª a 4ª séries e de 5ª a 8ª séries. Após algumas considerações e manifestações contrárias e a favor, todos aderiram ao projeto de intervenção. Realizamos gincanas, excursões, sessões de cinema, oficinas de chinelos, lanches coletivos, feira de cultura (tema Folclore), jogos, e está em andamento a oficina de pizza.

Para Paulo Freire, o

> homem e a mulher são os únicos seres capazes de aprender com alegria e esperança, na convicção de que a mudança é possível. Aprender é uma descoberta criadora, com a aventura de ser, pois ensinando se aprende e aprendendo se ensina. (FREIRE, 1997, p.51)

A presente intervenção vem oportunizando uma aproximação entre os educandos/educadores. A cada evento realizado, eles mesmos elogiam e demonstram alegria, respeito e muita satisfação de estar ao lado do outro. Corroborando estudos que explicam o desenvolvimento afetivo sob um ponto de vista sócio-histórico-cultural, essa experiência nos dá condições para apreciarmos a afetividade relacionada à educação da EJA, partindo da ideia de que a aquisição de conhecimento e de sentimentos dá-se pela interação do sujeito com o meio escolar.

Importante destacar que isto só está sendo possível porque, após a escuta dos meus/minhas educandos/as, propus uma aproximação com os demais sujeitos da EJA da Escola Municipal do Bairro Flamengo. Ou seja, por causa do envolvimento de todo o grupo de profissionais e estudantes.

8 Projeto de intervenção: o diálogo na EJA

Marta Ermelinda Braga

Em 1991, concluí o magistério na Escola Estadual Doutor Antônio da Cunha Pereira, em Peçanha/MG, onde iniciei minha trajetória como professora dos anos iniciais do ensino fundamental na zona rural, em uma sala multisseriada. Em 1994, consegui uma vaga na zona urbana, onde trabalhei como educadora infantil. Em 1996, mudei-me para a cidade de Ribeirão das Neves/MG. Em 2002, ingressei na Universidade Presidente

Antônio Carlos (UNIPAC), no curso Normal Superior, concluindo-o em 2005. Nesse mesmo ano, fui efetivada na rede municipal de Belo Horizonte como Educadora Infantil e, posteriormente, contratada na rede municipal de Ribeirão das Neves como professora dos anos iniciais do fundamental, sendo efetivada em 2007 através de concurso público.

Em 2009, fui convidada a assumir a direção da escola municipal do Bairro Florença, em Ribeirão das Neves. O maior desafio dessa gestão foi os dois polos da EJA, que fazem parte da escola em prédios distintos: um prédio emprestado da rede estadual no próprio bairro, com 192 estudantes distribuídos nas primeiras séries dos anos fundamentais, módulos I e II, composto de 40 jovens entre 15 e 18 anos. E outro no condomínio no bairro Vale das Acácias, composto por 80 estudantes em séries distintas.

No início, a preocupação foi grande, pois dar atenção a três escolas parecia-me impossível. O contato com os/as estudantes e professores/as da EJA fez com que a preocupação desse lugar a uma enorme vontade de reconstruir com os/as educandos/as e docentes um novo tempo. Tempo de aprendizado e de conquista. Os processos de aprendizagem sobre a EJA, vivenciados por mim a partir de outubro de 2010 no curso de especialização "Juventudes Presentes na EJA", contribuíram muito para o meu processo de apropriação das especificidades dos/as educandos/as dessa modalidade educativa. Como o curso objetiva uma interlocução direta com a prática profissional, tive a oportunidade de pesquisar sobre os desafios nas relações interpessoais entre docentes e os/as estudantes jovens e adultos/as na sala de aula da EJA.

Posteriormente, propus ao coletivo de profissionais da EJA um projeto de intervenção no qual, por intermédio do diálogo entre discentes e docentes da EJA, buscaríamos amenizar os conflitos interpessoais existentes, a fim de favorecer um aprendizado mais prazeroso e, dessa forma, contribuir para o desenvolvimento de um trabalho que possibilitasse aos docentes interagir com educandos/as de diferentes faixas etárias, valorizando, assim, a diversidade.

Iniciamos a intervenção realizando uma pesquisa bibliográfica. No segundo momento, a partir do mês de setembro, a intervenção foi colocada em prática com a realização de uma reunião entre docentes e discentes da EJA. Nessa ocasião, foram pontuadas as particularidades dos/as educandos/as e suas distintas realidades socioculturais e diversidade de faixas etárias. Os/as discentes especificaram que a falta de aulas diversificadas e estimulantes; o desrespeito entre colegas; a falta de conversa em sala de aula por parte dos/as docentes; eram os principais fatores que levaram a tantos conflitos nas salas de aula da EJA.

De acordo com Oliveira e Paiva (2004 p. 136), "A educação de jovens e adultos tem sido, no Brasil, um tema polêmico e contravertido desde os primeiros momentos em que começou a ser pensada em suas especificidades com relação ao ensino regular". Assim, conforme a pedagogia difundida por Paulo Freire, é necessário desenvolver trabalhos de alfabetização, fundamentados em métodos e objetivos que busquem adequar o trabalho e a especificidade dos/as esudantes, um trabalho diferente daquele destinado às crianças.

Os educadores propuseram que, antes do início das aulas, fosse criado um momento de reflexão, que alguns minutos fossem destinados ao diálogo e à melhora do relacionamento estudante-estudante, estudante-professor/a. Quanto às aulas diversificadas, os/as docentes elaboraram, com os/as educandos/as, mais atividades práticas ao longo dos conteúdos estudados.

Assim, percebeu-se que, através de tal reunião, o relacionamento entre os discentes e docentes tendeu a melhorar.

> É pela educação que temos a possibilidade de auxiliar os outros a melhorarem seus comportamentos, a estabelecerem novos ou renovados níveis de potencialidades ou a satisfação de nossas necessidades. (MOSQUEIRA, 1989 p. 56)

> Os sucessivos programas de alfabetização de adultos propostos pelos governos militares, e mesmo pelos que lhes sucederam a partir de 1985, além das dificuldades que apresentaram na adequação das propostas curriculares e metodológicas á faixa etária e ao perfil socioeconômico – cultural dos educandos, tenderam quase sempre á apresentação de propostas únicas para todo o país, desconsiderando as nossas múltiplas especificidades regionais. (OLIVEIRA, 2003 p. 173)

A presente intervenção permitiu perceber que o diálogo é o elo na relação de interação docente-discente na mediação dos conhecimentos, viabilizando o processo de aprendizagem e tornando interessante o momento de ensino-aprendizagem.

> Com as mudanças na Constituição de 1988, que legitimam o direito à Educação Básica para os indivíduos em qualquer idade, e com a Lei de Diretrizes e Bases da Educação Nacional, que, em 1996, passa a assegurar o direito a uma educação plena aos jovens e adultos, o ensino nas disciplinas passa a demandar a elaboração de projetos pedagógicos que atendam às especificidades dos estudantes da EJA. (SOARES, 2002 p.121)

Assim, a educação, desde a mais tenra idade, precisa atender a tantas adversidades sociais, devendo as práticas pedagógicas estar alicerçadas em concepções mais humanistas, existenciais, de respeito às vivências de cada estudante e de entendimento específico em cada fase de sua vida – e entende-se que isso só é possível quando prevalece o diálogo.

9 Relato da experiência com os/as educandos/as da EJA de Nova Lima

Nilson Otoni Souza

> *Como em qualquer outra coisa, também para uma teoria matemática: a beleza pode ser percebida, mas não explicada.*
>
> (Arthur Cayley)

A sistematização proposta prevê a descrição dos trabalhos realizados com educandos/as de 5ª a 8ª séries, em uma escola da rede municipal de ensino de Nova Lima, no período noturno. Por meio dessa descrição, pretendemos analisar como o processo de ensino-aprendizagem da Matemática ali se configura, no sentido de compreender que as condições de contextualização são favoráveis à aprendizagem dessa disciplina.

O ensino de Matemática na EJA, segundo Ribeiro (1997) e Brasil (2002), deve incorporar à prática pedagógica os conceitos, procedimentos e atitudes matemáticos desenvolvidos em meio às vivências dos/as educandos/as, os quais emergem em suas interações sociais, experiências pessoais e profissionais e integram sua bagagem cultural. Esses conceitos, procedimentos e atitudes se desenvolvem e constituem as suas práticas sociais com a matemática que, por sua vez, estão inseridas em práticas de leitura e escrita demandadas por nossa sociedade grafocêntrica (FONSECA, 2002, 2004, 2005).

Oscar Jara Holliday afirma que sistematização é aquela interpretação crítica de uma ou várias experiências que, a partir de seu ordenamento e reconstrução, descobre ou explicita a lógica do processo vivido, os fatores que intervieram no dito processo, como se relacionaram entre si e porque o fizeram desse modo.

Para Carlos Sanchez Milani, sistematizar é construir a memória de uma experiência de desenvolvimento local, divulgar saberes relacionados a práticas (lições e ensinamentos), estimular o intercâmbio e a confrontação de ideias, bem como contribuir para reconstituir visões integradas dos processos de intervenção social. Ou seja, sistematizar é contar o que se faz na prática para aprender com seus próprios processos. A intervenção que será sistematizada a seguir é o que espero e proponho com esses escritos, que buscou tornar o estudo da Matemática mais próxima possível do cotidiano dos/as educandos/as jovens e adultos/as da EJA, possibilitando a estes habitar o processo de aprendizagem e significação dos conteúdos.

Nas realizações das atividades de minissupermercado, farmácia, trânsito, entre outras, com educandos/as das séries finais do Ensino Fundamental, consideraram-se fatores como comportamento e conhecimentos prévios desses/as educandos/as, de modo que as ações foram o menos artificial possível, buscando minimizar a resistência ou, até mesmo, a ausência da relação entre conhecimento cotidiano e conhecimento escolar. Destacou-se, também, neste trabalho, a preocupação com o cálculo mental, bastante utilizado nas atividades.

Na maioria das vezes, o espírito de grupo permitiu que as atividades se desenrolassem de forma harmônica, por terem trabalhado de maneira diferente a Matemática, com algo que faz parte do cotidiano. Nessa etapa das atividades, o envolvimento foi total. Contudo, surgiram outras dificuldades a serem observadas, por exemplo: a dificuldade nas quatro operações básicas, o pouco conhecimento sobre unidades de medidas, dificuldade nos fatos fundamentais, entre outras.

Nesse momento, levei para a sala uma reflexão e sistematização da soma, da multiplicação, dos números decimais, das grandezas e medidas e da decomposição dos números, o que mostra que, quase sempre, os/as educandos/as da EJA sabem pensar o conteúdo, mesmo demonstrando determinada dificuldade em realizar alguns cálculos.

Na atividade do minissupermercado, por exemplo, os/as educandos/as foram orientados para que realizassem uma relação de produtos a serem vendidos e coletassem dados no comércio próximo à escola ou de suas casas, para se informarem sobre os preços desses vários produtos. As embalagens vazias dos produtos, cujos preços foram consultados, também foram usadas na atividade, como: sabão em pó, manteiga, margarina, detergente, desinfetante, leite, refrigerante, entre vários outros produtos, sendo a moeda (tampinha de cerveja) confeccionada pelos/as próprios/as educandos/as, que puderam tirar dúvidas, aprender a conferir se o troco estava certo, usar a calculadora, aprender sobre o sistema monetário, etc.

> – Educador: Se você tem R$3,75 para comprar uma manteiga que custa R$1,20 mais uma caixa de leite que custa R$2,10, quanto lhe sobrará?
>
> – Educando Alysson: Eu tenho que tirar não é isso?
>
> – Educador: Isso mesmo!
>
> – Educando Alysson: Ainda tenho... quarenta e cinco centavos.

Observando o diálogo, o educando conseguiu, verbalmente, expressar o significado da operação realizada por ele mentalmente, mas não conseguiu dar esse sentido realizar a operação na máquina calculadora.

Fica comprovado que o lúdico contribui para a significação dos conteúdos de Matemática e que o processo didático na Educação de Jovens e Adultos, com os pés na realidade concreta, abrem caminhos para o pensamento teórico, no qual os conceitos vão se desenhando, ganhando amplitude e consistência. Acredito que o saber enraizado na prática real eleva essa compreensão até novas práticas, facilitando o processo de aprendizagem e a significação dos conteúdos de Matemática aos educandos e educandas da EJA.

Imprescindível destacar que, nessas atividades, também surgiram novos pontos de deficiência de aprendizagem dos/as educandos/as, que ainda não haviam sido identificados, em outros momentos, em salas de aula. Tanto que se apresenta como possibilidade de futura pesquisa na área, pois, não envolve somente o/a educando/a de forma geral, mas é específico àquele que apresenta comportamento mediano. Não seria o caso de o/a educador/a de Matemática que leciona na EJA voltar-se especialmente àqueles/as educandos/as que têm a perspectiva de que sua autoestima seja alimentada pela vontade de querer, de adquirir, de aumentar e completar o que lhe "falta"?

Acredito que, mais do que "ensinar Matemática", o/ educador/a da EJA deveria aproveitar a rica experiência "extraescolar" trazida por cada trabalhador-educando e deveria, antes de tudo, pesquisar, com eles, qual Matemática não escolarizada é utilizada por eles em suas atividades cotidianas. Constatou-se que, muitas das vezes, esses/as estudantes não são cientes desse saber matemático e precisam ser provocados/as com questões adequadas.

Assim, analisando e considerando os aspectos encontrados, o ensino da Matemática na Educação de Jovens e Adultos terá um resultado satisfatório, contribuindo para a formação de cidadãos/ãs dinâmicos/as, além de propiciar situações em que haja uma interação maior entre os/as educandos/as e o educador/a, numa aula diferente e criativa, sem ser rotineira.

Conclusão

Conforme dito antes, a Educação de Jovens e Adultos é um campo em formação. Ainda que relevantes, são poucos os estudos que tratam da questão de aprendizagem desse público, bem como ainda são insuficientes as políticas públicas voltadas para a EJA.

Verificamos, através das intervenções realizadas, que as atuais ações que buscam garantir o direito à educação e ampliar o nível de escolaridade dos/as jovens e adultos/as; as desigualdades provocadas pela não acolhida das especificidades destes; bem como os estudos e pesquisas que proponham indagar as causas das ausências dessas temáticas precisam ser requalificadas para atender a diversidade do público da EJA.

Ao concluir este curso, importante explicitar que ele cumpriu seu objetivo de capacitar profissionais para atuarem na EJA, com ênfase em juventudes – graças a seu currículo bem-estruturado que contemplou várias dimensões da educação em seus aspectos históricos, legal, político e pedagógico, com conteúdos que privilegiaram a discussão e a reflexão sobre a realidade atual das juventudes presentes na EJA.

Entre os ganhos mais significativos estão a crença em nosso potencial e, independente das limitações postas com o tempo, os desgastes físicos ou intelectuais, a certeza de que o ideal foi atingido: a crença na capacidade de mudanças reais, a começar com a nossa prática pedagógica.

Os/as profissionais, professores/as e "oficineiros/as", em suas diversas competências, atuaram de forma provocativa, aliando teoria e prática, dialogicamente, o que nos permitiu repensar o nosso fazer pedagógico por meio da práxis.

Referências

ARROYO, Miguel. A educação de jovens em tempos de exclusão. *Alfabetização e Cidadania – Revista de Educação de Jovens e Adultos*, Belo Horizonte, n. 11, p. 9-20, abr. 2001.

BELO HORIZONTE. Prefeitura Municipal. Secretaria Municipal de Educação. Reflexões sobre a prática pedagógica na escola plural. *In*: BELO HORIZONTE. Prefeitura Municipal. Secretaria Municipal de Educação. *Os projetos de trabalho*. Belo Horizonte: SMED, 1995-1996.

BRASIL. Ministério da Educação e do Desporto. *Proposta curricular para a educação de jovens e adultos*: segundo segmento do ensino fundamental: 5ª a 8ª série. Brasília: Secretaria de Educação Fundamental, 2002. v. 3.

CLAPARÈDE, Edouard. *A educação funcional*. 3. ed. rev. pelo tradutor. São Paulo: Companhia Ed. Nacional, 1950. 314p.

DAYRELL, Juarez (Org.). *Múltiplos olhares sobre educação e cultura*. Belo Horizonte: Ed. UFMG, 1996.

DAYRELL, Juarez T. A educação do aluno trabalhador: uma abordagem alternativa. *Educação em Revista*, Belo Horizonte, n. 15, p. 21-29, jun. 1992.

ESCOLA PLURAL. *Proposta políticO-pedagógica da Rede Municipal de Educação*. Belo Horizonte: Secretaria Municipal de Educação de Belo Horizonte, 1996.

FONSECA, Maria da Conceição F. R. *Educação matemática de jovens e adultos*: especificidades, desafios e contribuições. Belo Horizonte: Autêntica, 2002.

FREIRE, Paulo. *Educação de jovens e adultos*: teoria, prática e proposta. São Paulo: Cortez, 2000.

FREIRE, Paulo. *Pedagogia da autonomia*: saberes necessários à prática educativa. 35. ed. São Paulo: Paz e Terra, 1996.

FREIRE, Paulo. *Pedagogia do oprimido*. 17. ed. Rio de Janeiro: Paz e Terra, 1989.

GEERTZ, Clifford. *A interpretação das culturas*. Rio de Janeiro: Zahar, 1973.

HADDAD, Sérgio. *Novos caminhos em educação de jovens e adultos*: EJA. São Paulo: Global, 2007.

INFANTE, Maria Clara. *Revista de Ciência da Educação*: Educação e Sociedade, São Paulo, ago. 1991.

JARA, Oscar Holliday. *Para sistematizar experiências*. Ministério do Meio Ambiente: Brasília, 2006.

JULIÃO, Elionaldo Fernandes. Educação e trabalho como propostas políticas de execução penal. *Revista de Educação de Jovens e Adultos*: Alfabetização e Cidadania, Brasília, RAAB; UNESCO; Governo Japonês, 2006.

LARAIA, Roque de Barros. *Cultura*: um conceito antropológico. Rio de Janeiro: Zahar, 1986.

LOPES, Eliane Marta. *In*: GONÇALVES, Luiz Alberto Oliveira; SILVA, Petronilha B. Gonçalves. *O jogo da diferença*: o multiculturalismo e seus contextos. Belo Horizonte: Autêntica, 2006.

MAEYER, Marc de. Na prisão existe a perspectiva da educação ao longo da vida? *Revista de Educação de Jovens e Adultos*: Alfabetização e Cidadania, Brasília, RAAB; UNESCO; Governo Japonês, 2006.

MAHER, Tereza Machado. *No mundo sem escrita*: leitura teoria e prática. MEC, n. 12, 1997.

MOSQUEIRA, A. *Que fazer*: teoria e prática em educação popular. Petrópolis: Vozes, 1989.

MOURA, Dacio Guimarães de; BARBOSA, Eduardo F. *Trabalhando com projetos*: planejamento e gestão de projetos educacionais. Petrópolis: Vozes, 2006.

OLIVEIRA, I. B. de. *Currículos praticados*: entre a regulação e a emancipação. Rio de Janeiro: DPSA, 2003.

OLIVEIRA, I. B. de; PAIVA, J. *Educação de jovens e adultos*. Rio de Janeiro: DPSA, 2004.

OLIVEIRA, M. K. Jovens e adultos como sujeitos de conhecimento e aprendizagem. *Revista Brasileira de Educação*, São Paulo, v. 12, p. 59-73, 1999.

ONOFRE, Elenice Maria Cammarosano. *Escola da prisão*: espaço de construção da identidade do homem aprisionado? Educação entre as grades. São Carlos: Edufscar, 2007.

RIBEIRO, Vera Masagão (Coord.). *Educação de Jovens e Adultos*: proposta curricular para o primeiro segmento do ensino fundamental. São Paulo: Ação Educativa, [s.d.].

RIBEIRO, Vera Mazagão. As estatísticas da alfabetização. *REVEJA*: Revista de Educação de Jovens e Adultos, v. 1, p. 1-108, ago. 2007.

ROJO, Roxane. Letramento escolar, resultados e problemas: o insucesso escolar no Brasil do século XXI. *In*: *Letramentos múltiplos, escola e inclusão social*. São Paulo: Ed. Libre, 2009. p. 26-39.

SANCHEZ, Carlos Milani. *Roteiro de sistematização de práticas de desenvolvimento local*. Bahia: UFBA, Escola de Administração – Centro Interdisciplinar de Desenvolvimento e Gestão, 2005.

SANTOS, Silvio dos. *Educação escolar na prisão sob a ótica de detentos*: educação entre as grades. São Carlos: Edufscar, 2007.

SIGNORINI, Inês. Esclarecer o ignorante: a concepção escolarizada do acesso ao mundo da escrita. *The Especialist*, v. 15, n. 1, 2, p. 163-171, 1994.

SILVA, Jerry Adriani da. *Um estudo sobre as especificidades dos/as educandos/as nas propostas pedagógicas de educação de jovens e adultos – EJA*: tudo junto e misturado!. 191p. Dissertação (Mestrado) – Faculdade de Educação, Universidade Federal de Minas Gerais, 2010.

SOARES, Leôncio (Org.). *Aprendendo com a diferença*: estudos e pesquisas em Educação de Jovens e Adultos. Belo Horizonte: Autêntica, 2003. p. 39-63.

SOARES, Leôncio. *O contexto em que surgem as Diretrizes Curriculares Nacionais para a EJA*. Diretrizes Curriculares Nacionais – Educação de jovens e adultos. Rio de Janeiro: DP&A, 2002. p. 7-24.

SPOSITO, Marília Pontes. Juventude: crise, identidade e escola. *In*: DAYRELL, Juarez (Org.). *Múltiplos olhares sobre educação e cultura*. Belo Horizonte: Ed. UFMG, 1996.

VYGOTSKY, Lev S. *A formação social da mente*. São Paulo: Martins Fontes, 1998

Letramento literário na EJA: impactos na formação de neoleitores

Adelma Maria da Silva
Aleandra Lúcia Félix
Andréa Cristina Sanches Silva Galdino
Cláudio Gonçalves Guadalupe
Daniela Freitas Brito Montuani
Elite Rosa Damasceno
Maria Helena Ferreira Machado
Tatiana Louise Nunes Dornelas

Poeta, cantô de rua,
Que na cidade nasceu,
Cante a cidade que é sua,
Que eu canto o sertão que é meu
[...]
Sua rima, inda que seja
Bordada de prata e de ôro,
Para a gente sertaneja
É perdido este tesôro.
Com o seu verso bem feito,
Não canta o sertão dereito,
Porque você não conhece
Nossa vida aperreada.
E a dô só é bem cantada,
Cantada por quem padece.
[...]
(ASSARÉ, Patativa do. *Cante lá, que eu canto cá*)

Introdução

Este trabalho é o resultado das análises e práticas de um grupo de educadores da modalidade de Educação de Jovens e Adultos, a partir da aplicação de um projeto de intervenção pedagógica para o letramento literário em turmas de EJA, como atividade acadêmica do Curso de Pós-Graduação Especialização *Lato sensu* em docência da EJA na Educação Básica: Juventudes Presentes na EJA - ESPECEJJA, da Faculdade de Educação da UFMG. O projeto de intervenção pedagógica ocorreu em escolas com a Educação de Jovens e Adultos (EJA) nos seguintes municípios: Coronel Fabriciano, Divinópolis, Nova Lima, Ribeirão das Neves e Santa Luzia, no ano de 2011, com o objetivo de formação de leitores na EJA.

Ao iniciar os trabalhos, o grupo de educadores pesquisou, em seus municípios de origem, a existência ou não de bibliotecas nas escolas, a organização destas e o acervo disponível nelas que contemplasse os alunos da EJA. Os resultados da pesquisa não se distanciam nem contradizem os estudos sobre as bibliotecas públicas no País e as bibliotecas escolares, apresentando uma situação de precariedade do acervo bibliográfico e no atendimento aos educandos da EJA. Ao analisarmos tal situação, percebeu-se que a biblioteca, apesar de ser considerado um espaço indispensável no ambiente escolar, nos municípios pesquisados ela é apenas um espaço depositário de livros. Para Vieira e Fernandes (2007), a biblioteca escolar deveria ser concebida como um centro cultural, um espaço dinâmico ao qual a comunidade escolar tivesse acesso. Quanto mais significativo fosse esse espaço maior seria o gosto pela leitura.

A biblioteca escolar deveria ser concebida como um lugar do conhecimento, onde se poderiam criar oportunidades para que jovens, adultos e idosos se encontrassem com a leitura, interagindo, construindo ou ampliando universos. Silva (2009) avalia este espaço como imprescindível na formação leitora, pois:

> Na biblioteca existem informações de todas as áreas do conhecimento. Cada livro condensa em si mesmo a essência humana, suas contradições, anseios, experiências e descobertas de todas as épocas, bem sucedidas ou não, enfim, é a vida transmutada em palavras. (SILVA, 2009, p. 116)

Sabe-se que, na realidade, milhares de brasileiros só têm acesso a livros na escola. Vive-se um quadro negativo, tanto para a aquisição de livros quanto para o acesso aos espaços públicos. Segundo Soares (2004, p. 23), "este é um país de livros caros para uma população em sua maioria pobre". Nesse contexto, a escola tem o papel significativo de garantir o acesso ao livro.

A formação de leitores, na escola, pressupõe que práticas educativas devam ser implementadas no sentido não só da apropriação da leitura, mas também do uso que se faz dela nos contextos sociais, as denominadas práticas de letramento. De maneira sintética, podemos dizer que os letramentos são as competências e habilidades que os indivíduos têm de utilizar os recursos da leitura e da escrita para viverem em sociedade. Assim sendo, o letramento está relacionado às habilidades de uso que os indivíduos fazem da leitura e da escrita no seu cotidiano.

Com essas constatações é que os projetos de intervenção pedagógica nos diversos municípios realizaram propostas de fomento da leitura e mobilização das diversas linguagens para a compreensão dos textos literários, estando em pauta algumas questões centrais como: o reconhecimento das especificidades dos sujeitos da EJA e suas realidades socioculturais; o processo de letramento literário que permitisse a observação, pelos educadores, da apropriação daqueles textos literários pelos jovens, adultos e idosos, a partir de suas vivências; e, por fim, a garantia do acesso dos educandos às bibliotecas escolares.

Para desenvolver as intervenções pedagógicas nas escolas e as reflexões sobre o letramento literário na EJA, os educadores e educadoras se fundamentaram em artigos científicos sobre as especificidades dos sujeitos da EJA, nos aprofundamentos teóricos de Arroyo (2005), Carvalho e Mendonça (2006), e de materiais do Ministério da Educação (2006). Quanto ao letramento literário na EJA, apoiaram-se em autores como Barbosa (1994), Campello *et al.* (2005), Álvares (2010), Cosson (2007), Kleiman (1996), Martins (2004), Montuani e Paiva (2010), Paiva (2005), Rezende, Machado e Frederico (2006), Rojo (2009), Simões e Fonseca (2010), Silva (2009), Soares (2003, 2004), Verbana (2006), Vóvio (2007) e, por fim, na discussão sobre as bibliotecas escolares e a EJA, nas contribuições de Vieira e Fernandes (2007) e Paulino (2001).

Esses autores nos auxiliaram a refletir sobre a identidade do aluno da EJA e as possibilidades de letramento literário nesse segmento de ensino, questões fundamentais que nortearam nossas análises e projetos de intervenção.

1 Quem são os leitores na EJA?

Desde o Parecer nº 11/2000 do Conselho Nacional de Educação, que estabeleceu as diretrizes curriculares para a EJA, tornou-se ponto pacífico entre os educadores e nos fóruns da EJA a defesa de um modelo pedagógico próprio para esta, em conformidade com as especificidades dos educandos jovens e adultos nela presentes. Neste parecer, observou que esse modelo pedagógico próprio faz com que a EJA tenha as funções reparadora, equalizadora e qualificadora:

> Não se pode considerar a EJA e o novo conceito que a orienta apenas como um processo inicial de alfabetização. A EJA busca formar e incentivar o leitor de livros e das múltiplas linguagens visuais juntamente com as dimensões do trabalho e da cidadania. Ora, isto requer algo mais desta modalidade que tem diante de si pessoas maduras e talhadas por experiências mais longas de vida e de trabalho. Pode-se dizer que estamos diante da função equalizadora da EJA. A eqüidade é a forma pela qual se distribuem os bens sociais de modo a garantir uma redistribuição e alocação em vista de mais igualdade, consideradas as situações específicas. (Parecer CNE Nº 11/2000, p. 653)

Portanto, as experiências pedagógicas na Educação de Jovens e Adultos reafirmam a necessidade de se considerarem os sujeitos da EJA como sujeitos socioculturais, com uma diversidade de experiências e protagonismos na sociedade atual. Arroyo (2005), ao discutir as relações conflituosas e cheias de possibilidades entre a educação popular e a EJA, como experiência escolar, alerta-nos para a necessidade de um outro olhar sobre os educandos da EJA, que passe a considerar esses sujeitos não só como excluídos ou de trajetórias truncadas no sistema escolar, mas como sujeitos de um tempo presente, protagonistas de uma época e nas lutas por seus direitos básicos:

> A EJA somente será reconfigurada se esse olhar for revisto. Se o direito à educação ultrapassar a oferta de uma segunda oportunidade de escolarização, ou na medida em que esses milhões de jovens - adultos forem vistos para além dessas carências. Um novo olhar deverá ser construído, que os reconheça como jovens e adultos em tempos e percursos de jovens e adultos. Percursos sociais onde se revelam os limites e possibilidades de ser reconhecidos como sujeitos dos direitos humanos. Vistos nessa pluralidade de direitos, se destacam ainda mais as possibilidades e limites da garantia de seu direito à educação. (ARROYO, 2005, p. 23)

No mesmo sentido, o Ministério da Educação – nas publicações de formação da Secretaria de Educação Continuada, Alfabetização, Diversidade e Inclusão (SECADI) –, aponta para a mesma direção, na qual os educandos da EJA devem ser percebidos como sujeitos com uma ampla diversidade cultural e experiências:

> Os alunos e alunas de EJA trazem consigo uma visão de mundo influenciada por seus traços culturais de origem e por sua vivência social, familiar e profissional. Podemos dizer que eles trazem uma noção de mundo mais relacionada ao *ver* e ao *fazer*, uma visão de mundo apoiada numa adesão espontânea e imediata às coisas que vê. Ao escolher o caminho da escola, a interrogação passa a acompanhar o *ver* desse aluno, deixando-o preparado para *olhar*. Aberto à aprendizagem, eles vêm para a sala de aula com um olhar que é, por um lado, um olhar receptivo, sensível, e, por outro, é um olhar ativo: olhar curioso, explorador, olhar que investiga, olhar que pensa. (Trabalhando com a Educação de Jovens e Adultos, Ministério da Educação, Brasília, 2006).

São, assim, diversos os saberes e conhecimentos construídos nas aproximações com o mundo, que os educandos – jovens, adultos e idosos – podem intercambiar nas salas de aula da EJA. São saberes sensíveis, frutos de experiências que podem muito bem se entrelaçar com o conhecimento acadêmico desenvolvido no sistema escolar.

2 As possibilidades do letramento literário na EJA

Com essas especificidades, os educandos e educandas da EJA trazem experiências de letramento e podem apresentar formas diferentes de apropriações dos textos trabalhados nas escolas. Trazem práticas letradas de suas comunidades que podem ser o ponto de partida para um processo rico de letramento literário. Discursos, expressões musicais, poéticas, contextualização, diálogo com os textos e a sua compreensão estarão presentes nas mais diversas ações dos neoleitores.

O fazer uso da leitura e da escrita vai além do domínio da decifração do código linguístico que permite aos indivíduos relacionar grafemas e fonemas (letras e sons), decifrando palavras e frases, o que, para alguns autores, lhes asseguram a condição de alfabetizados. Soares (2001), distinguindo esses dois processos, diz que a alfabetização é o domínio da tecnologia da leitura e da escrita, mas que o fato de decifrarem o código linguístico relacionando os grafemas e fonemas (letras e sons) não garante que os sujeitos sejam letrados. A autora afirma que pessoas analfabetas podem ser consideradas letradas quando fazem uso da tecnologia da leitura e da escrita, mesmo que, para isso, precisem recorrer a outras pessoas. Nessa discussão, a autora destaca duas categorias de letramento, sendo uma individual e a outra social. Em relação à categoria individual, a autora diz:

> Estende-se da habilidade de traduzirem sons silabas sem sentido a habilidades cognitivas e metacognitivas; inclui entre outras a habilidade de decodificar símbolos escritos; a habilidade de captar significados; a capacidade de interpretar sequências de idéias ou eventos, analogias, comparações, linguagem figurada, relações complexas, anáforas, e ainda, a habilidade de fazer previsões inicial sobre o sentido do texto, de construir significados combinando conhecimentos prévios e informação textual, de monitorar a compreensão e modificar o significado do que foi lido, tirando conclusões e fazendo julgamento sobre o conteúdo. (SOARES, 2001, p. 69)

Percebe-se a possibilidade dos vários tipos de letramentos, e as suas práticas na escola apontam para a necessidade de se trabalharem os diversos tipos de textos que circulam na sociedade, e, entre eles, sem dúvida nenhuma, está o texto literário. Nesse sentido, o termo letramento literário, nas palavras de Paulino (2001), é utilizado:

> Para designar parte do letramento como um todo, fato social caracterizado por Magda Soares como inserção do sujeito no universo da escrita, através de práticas de recepção/produção dos diversos tipos de textos escritos que circulam em sociedades letradas como a nossa. Sendo um

> desses tipos de textos, o literário, relacionado ao trabalho estético da língua, à proposta de pacto ficcional e à recepção não-pragmática, um cidadão literariamente letrado seria aquele que cultivasse e assumisse como parte de sua vida a leitura desses textos, preservando seu caráter estético, aceitando o pacto proposto e resgatando objetivos culturais em sentido mais amplo, e não objetivos funcionais ou imediatos para seu ato de ler. (PAULINO, 2001, p. 127)

Retomar a definição de Soares (2001) de que o letramento literário é parte de um todo, leva a entender que realizá-lo deixa de ser uma opção e torna-se uma responsabilidade das escolas, pois, para Paulino (2001), reduzir o letramento da maioria dos brasileiros ao nível funcional é expropriá-los de vivências textuais. Portanto, nos projetos de intervenção aqui descritos, buscou-se, como uma das ações, a conquista e a consolidação do uso do espaço da biblioteca escolar, como um dos espaços altamente significativos para o processo de letramento literário, uma vez que este é ainda um espaço negado aos sujeitos da EJA.

Tendo em vista esses apontamentos, reitera-se que o objetivo deste estudo é analisar as repercussões dos projetos de intervenção na formação dos leitores da EJA. Para tanto, o desenvolvimento do artigo está dividido em três tópicos de análise: "O letramento literário e os projetos de intervenção"; "A biblioteca escolar: espaço e significações para o aluno da EJA" e "As apropriações dos educandos no contato com a literatura".

3 O letramento literário e os projetos de intervenção

O projeto de intervenção "Literatura e Juventude", na EJA de Coronel Fabriciano, foi desenvolvido em uma escola do município, em 2011, em turmas de 1ª e 2ª séries do ensino fundamental. Foram trabalhados livros do gênero fábulas, sendo essa escolha feita devido à proximidade da moral encontrada nesse gênero literário com as vivências dos indivíduos, permitindo, assim, conduzir os alunos a uma reflexão sobre a vida real e o tratamento dado a essa "realidade" no mundo imaginário.

O projeto de letramento literário iniciou-se com um diagnóstico no qual se pesquisou a existência ou não de biblioteca na escola, sua organização, acervo de livros para a EJA e as possibilidades da utilização do espaço da biblioteca. Após esse diagnóstico, o trabalho foi desenvolvido com as seguintes atividades: visita à Biblioteca Municipal de Coronel Fabriciano; dinâmicas, como a tempestade de ideias sobre o significado das fábulas; estudo das biografias dos autores pesquisados; montagem de um canto de leitura, o reconto, confecção de cartazes; desenhos relacionados com as fábulas trabalhadas; dramatizações; montagem de um mural e na socialização dos trabalhos; e participação de uma contadora de história, com o conto "O rei que ficou cego". Apesar das diversas limitações encontradas quanto ao uso do espaço, quase todas as atividades foram desenvolvidas na biblioteca.

No município de Santa Luzia, a proposta de intervenção se deu a partir de leituras de fábulas e contos de livros do Programa Nacional Biblioteca da Escola (PNBE) direcionados à EJA. Foram utilizados para as atividades os livros: *Desvendérios* e *Contos populares*, selecionados na biblioteca escolar por serem textos criativos e estarem relacionados às vivências dos alunos. Como a turma ainda está no processo inicial de alfabetização, utilizou-se da leitura e "contação" de histórias com a participação de professores e educandos de outras turmas.

As atividades aconteceram em oito encontros, na Escola Municipal Marina Vianna de Castilho, sendo os encontros de leitura e o "Chá literário" na biblioteca e o dia de "contação" de história, por uma professora, no espaço da cantina. Para motivar os alunos, os mediadores faziam a apresentação dos livros ou iniciavam com um diálogo voltado para a história que iriam escutar. Foi utilizado, também, o recurso da pausa protocolada. Após a leitura, os educandos eram instigados a recontar a história, dizendo a parte que mais gostou e a contar outra historia. O projeto possibilitou a mediação de alunos de outras turmas na leitura de histórias.

O projeto de intervenção pedagógica, em Divinópolis, ocorreu na Escola Municipal Professor Darcy Ribeiro, e teve como objetivo maior o aprofundamento da discussão e das práticas de letramento literário no Projeto Experimental da EJA de Divinópolis, decorrente do projeto "Minha Cidade Lê", da Secretaria Municipal de Educação (SEMED), que, desde o ano de 2009, entrega anualmente mais de 16 mil livros para os educandos de toda a rede municipal de ensino e realiza os encontros regionais (pelos bairros) e municipais (centro da cidade) de literatura, envolvendo toda a comunidade escolar em leituras, declamações de poesias, representações teatrais, recontos, produções de textos e apresentações culturais.

Em planejamento coletivo dos educadores, desde agosto de 2011, os educandos da EJA constroem os momentos livres de literatura na sala de aula, as visitas à Biblioteca Pública "Ataliba Lago", o estudo de gêneros literários, a realização do "Chá Literário" e, a partir de outubro, os estudos em sequência expandida com três livros do "Projeto Minha Cidade Lê". O livro *Vivo ou morto*, do escritor Luiz Antônio Aguiar (São Paulo: FTD, 2004), dirige-se ao grupo de jovens, pois permite uma leitura sob o olhar da juventude dos problemas da violência, tráfico de drogas e conflitos existenciais da juventude; o livro *Uma cidade de carne e osso*, de Maria José Silveira (São Paulo: FTD, 2004), que é um conjunto de contos ou "causos" em uma cidade interiorana, realidade muito próxima das origens sociais e espaciais dos educandos da EJA); e o livro *Guardião da Folia*, de Rogério Andrade Barbosa (São Paulo: FTD, 2007), que trata da expressão cultural das classes populares, no caso, a folia e o congado, que marcam a trajetória social de muitos dos educandos da EJA.

No município de Ribeirão das Neves, a proposta de letramento literário foi implementada na Escola Municipal Angelita Guimarães Ventura, tendo como público-alvo os alunos do segundo segmento da Educação de Jovens e Adultos (EJA). Os mediadores da proposta orientaram-se, através de coleta de dados, sobre o espaço e o acervo da biblioteca, e a aplicação de questionário aos alunos, com o objetivo de mensurar os objetos e o espaço de leitura dos mesmos, dentro e fora da escola, assim como as expectativas e concepções que os alunos tinham em relação à necessidade de uso do espaço da biblioteca para a EJA. A mensuração dos dados obtidos por meio dos questionários norteou o projeto, permitindo que os objetivos fossem definidos e as ações da Semana Literária, primeiro evento da proposta literária para essa escola, fossem organizadas, possibilitando definir para esse evento as seguintes ações: carta de reivindicação de acesso ao espaço e acervo da biblioteca; provocação para leitura de poemas; caracterização do espaço escolar; palestra com o escritor regional Antônio Calazans e culminância do evento com o "Chá Literário".

Em Nova Lima, o projeto de intervenção, com letramento literário, contribuiu para iniciar a formação dos alunos jovens e adultos, do ponto de vista de sua atividade de leitor, especificamente, como leitores de literatura. As atividades interventoras foram desenvolvidas com alunos do primeiro segmento, na Escola Municipal José Brasil Dias, através da Literatura de Cordel, possibilitando trabalhar, também, a consciência fonológica dos alunos, onde foram realizadas algumas atividades em sala de aula e outras na biblioteca. A Literatura de Cordel foi apresentada aos alunos por meio de quatro programas dos vídeos-documentários "Poetas do Repente" da TV Escola (MEC), sendo trabalhadas as origens históricas e geográficas da Cantoria de Viola, a expansão do repente para os grandes centros urbanos; e relacionou as modernas formas urbanas de improviso, como o *rap*, procurando ver suas possíveis ligações com a poesia popular nordestina. Também foi realizado o Chá literário, com leituras feitas por alunos e professora das histórias do livro *Cordel de Trancoso*, sendo feitos comentários após cada história lida. Aconteceu, também, a oficina de xilogravuras, ilustrando uma das histórias lidas durante o Chá literário. As atividades interventoras proporcionaram aos alunos momentos de descontração, despertando-lhes a curiosidade, imaginação, sensibilidade e gosto pelas obras literárias, mantendo-os envolvidos durante as atividades literárias.

3.1 A biblioteca escolar: espaço e significações para o aluno da EJA

A biblioteca é, sem dúvida, um espaço indispensável ao ambiente escolar. Como afirmamos anteriormente, ela não pode ser um espaço depositário de livros permanentemente mergulhados na inércia das prateleiras. A biblioteca escolar deveria ser muito mais que isso, pois é a memória viva das gerações passadas e futuras. E, para que ela realize as sinapses com o leitor, é necessário que ganhe vida, que seja estimulante e atraente, convidando o aluno para viagens inesquecíveis no tempo e no espaço. Segundo Campello *et al.* (2005, p. 15):

> A biblioteca é uma instituição milenar que garantiu a sobrevivência dos registros do conhecimento humano e agora, tem seu potencial reconhecido como partícipe fundamental do complexo processo educacional. E para os mesmos autores a biblioteca faz a diferença na preparação das crianças e jovens no mundo contemporâneo, em que a informação e conhecimento assumem destaque central.

Apesar de os estudos teóricos apontarem para o fato de a biblioteca escolar ser fundamental no processo de formação de leitores críticos, constatou-se que uma grande parte dos educandos da EJA, nos cinco municípios pesquisados, desconhecia a existência desta no espaço escolar, ou não sabia qual era sua verdadeira finalidade.

Em Santa Luzia, ao visitarem a biblioteca escolar pela primeira vez para fins de leitura, já que os educandos haviam entrado na biblioteca apenas para buscarem o material escolar, eles demonstraram imediato interesse em conhecer o espaço. Ao chegarem à biblioteca, ficaram surpresos; foram se sentando e alguns começaram a manusear os livros. Uma aluna mais jovem abriu um livro e começou a lê-lo. A leitura ainda não era fluente, mas se percebia o interesse dela em pronunciar as palavras. Iniciou-se, então, um diálogo informal com os alunos sobre o espaço, sobre o significado da palavra biblioteca e para que serve. E os educandos declararam:

> "Nunca entrei numa biblioteca".
>
> "Não sei para que serve uma biblioteca".
>
> "Só entrei aqui uma vez para receber o material escolar".
>
> "Já entrei para fazer pesquisas com meu filho".
>
> "Eu não sabia que a gente podia estudar aqui".

Diante desses relatos, percebeu-se que a biblioteca escolar era um espaço inacessível e desconhecido pelos alunos. E, ao se apropriarem do espaço, eles reconheceram-na como um espaço importante para a construção e a ampliação do universo da leitura.

Em Ribeirão das Neves, os resultados obtidos no processo de elaboração e aplicação do projeto, semana literária na escola, permitiram aos professores responsáveis algumas considerações, e uma breve análise da concepção e significação do espaço da biblioteca escolar para esses alunos. Consideraram, para essa análise, os dados mensurados através do questionário aplicado aos alunos, tendo em vista que 99% dos alunos indagados sobre a necessidade de uso desse espaço afirmaram que consideravam muito importante que a biblioteca da escola atendesse aos alunos da EJA, e justificaram tal necessidade de acesso argumentando que não havia espaço para pesquisa na escola e que, muitos deles, não têm oportunidade de frequentar esse espaço durante o período diurno. Disseram, ainda, que precisavam de um espaço onde pudessem fazer exercícios, pois nem sempre é possível fazê-los em sala de aula, e, em casa, eles não dispunham de tempo ou suporte para realizá-los. Embora a quase totalidade argumentasse a favor da utilização desse espaço, poucos foram os que relacionaram o espaço da biblioteca à leitura de textos literários, ou a qualquer outra atividade cultural.

A constatação desse fato alertou os educadores para a necessidade de ampliarem, através de ações efetivas, a concepção do espaço da biblioteca junto aos alunos. Buscou-se, então, através da elaboração coletiva de uma carta, pelos alunos e professores, reivindicar, à direção da escola, o acesso ao espaço e ao acervo da biblioteca. E, mediante conquista e uso do espaço para leitura, buscaram ampliar a concepção dos educandos sobre o espaço da biblioteca, no sentido de Silva (2009), que permite conceber a biblioteca escolar como lugar do conhecimento, onde se podem criar oportunidades para que jovens, adultos e idosos se encontrem com a leitura, interagindo, construindo ou ampliando universos. O autor avalia esse espaço como imprescindível na formação leitora, quando afirma que:

> Na biblioteca existem informações de todas as áreas do conhecimento. Cada livro condensa em si mesmo a essência humana, suas contradições, anseios, experiências e descobertas de todas as épocas, bem sucedidas ou não, enfim e a vida transmutada em palavras. (SILVA, 2009, p. 116)

Já no município de Nova Lima, por intermédio do projeto de intervenção feito na escola, os educandos da EJA, passaram a reconhecer e a compreender melhor o espaço e importância que a biblioteca ocupa na escola, oportunizando a eles maior interação com obras literárias, incentivando e proporcionando, assim, o uso mais frequente da biblioteca escolar em momentos descontraídos, no contato direto com a literatura. Durante a visita, os alunos manifestaram-se satisfeitos com as novas possibilidades de leitura:

> "Pensava que só poderia frequentar a biblioteca os alunos que sabem ler e escrever, porque eu achava que a biblioteca servia mais era para fazer pesquisas".
>
> "Além das atividades na biblioteca serem mais descontraídas, vai ajudar muito a gente aprender a ler e escrever".

Em Coronel Fabriciano, os trabalhos iniciaram-se com a visita à Biblioteca Municipal, que, após a solicitação da educadora, abriu suas portas no horário noturno para uma visita orientada aos educandos da EJA. A visita foi a motivação do trabalho e uma experiência enriquecedora para formar as novas posturas dos educandos quanto à importância do espaço na formação de leitores. Vale ressaltar que, apesar de a escola ter uma biblioteca, ela não atende aos alunos da EJA, pois, além de não disponibilizar de uma bibliotecária para o período noturno, é utilizada como depósito e os livros ficam distribuídos, aleatoriamente, em cima de mesas. Durante o dia, ela funciona como sala de aula e, devido a reformas por que a escola está passando, a biblioteca está sem prateleiras. Todavia, nenhum desses fatores constituiu-se em obstáculos para a mobilização dos alunos da EJA na apropriação de tal espaço para a execução do projeto, pois a maioria das aulas de leitura foi realizada na biblioteca, somente as duas últimas aulas foram realizadas na sala de aula, devido ao fato de o espaço da biblioteca ter sido ocupado para guardar carteiras novas que chegaram à escola.

Os resultados do projeto foram animadores e repercutiram positivamente, pois despertaram o interesse e a curiosidade dos demais alunos e professores da escola, o que vai ao encontro aos apontamentos de Furtado (2000, p. 8) que afirma que "a comunidade deve perceber a biblioteca como um centro Educacional e cultural, isto é, como um espaço que oferece serviços para todos". E isso teve grandes significações para os educandos envolvidos, tendo em vista que puderam perceber que a leitura proporciona prazer e oferece subsídios para a realização de uma diversidade de atividades educacionais e culturais.

Em Divinópolis, as atividades do projeto foram desenvolvidas em sala de aula, visto que a EJA funciona em uma escola estadual, com salas emprestadas, por isso, sem acesso à biblioteca. Portanto, foi necessário levar para a escola um acervo literário para cada sala de aula, minimizando os prejuízos em relação às práticas de letramento literário na escola. Foi desenvolvido, então, a partir do mês de agosto, um cronograma de atividades com os educandos(as) no sentido de abrir caminhos para um processo de letramento literário. Questionados sobre a situação em que se encontrava a biblioteca e a importância de seu contato com o livro literário, vários deles demonstraram ter interesse em frequentar uma biblioteca, mas não tiveram oportunidade:

> "É muito difícil, pra gente que trabalha o dia inteiro, frequentar a biblioteca Pública no centro da cidade, nós precisamos pegar os livros é na escola mesmo".

> "Eu acho difícil ler porque não tenho tempo, mas acho importante a leitura e gostaria de levar livros para casa nos finais de semana".
>
> "Eu sinto muita falta de uma biblioteca aqui dentro. Podíamos fazer uma aula lá toda semana, seria muito bom pra todos os alunos".

Como nossos estudos apontam, a importância da biblioteca no ambiente escolar e o acesso a ela é ainda uma questão em aberto. De acordo com Rosa e Oddone (2006, p. 183),

> o baixo índice de leitura de sua população talvez seja o obstáculo mais comprometedor para a superação das dificuldades e é uma consequência das condições socioeconômicas e educacionais da população do país.

Além de outros obstáculos de natureza estrutural das instituições, que foram apontados como limitadores de ações, em prol da leitura literária e do acesso à biblioteca escolar. Daí a importância de se investir mais arduamente em projetos voltados para o incentivo à leitura e o uso da biblioteca, especialmente para os alunos da EJA, modalidade voltada para a formação pessoal, social e cultural dos neoleitores.

3.2 As apropriações dos educandos no contato com a literatura

Quando se pensa a leitura na escola, usualmente nos remetemos à praticidade da leitura nos exercícios didáticos. A preocupação entre a maioria dos educadores é o favorecimento de um letramento utilitário, muitas vezes se esquivando dos inúmeros sentidos que se podem dar à leitura. Nessa perspectiva, as apropriações percebidas nas intervenções apontaram-nos para a importância de um letramento literário para os alunos jovens, adultos e idosos. Negar-lhes o direito a essa face do letramento é retroceder no direito à educação e ao acesso à leitura.

Segundo Paiva (2005), tão difícil quanto atender esses sujeitos, que foram privados na época própria do direito à escolarização, é discutir as questões pedagógicas desses grupos, as suas necessidades e privações. Ela afirma, ainda, que a condição de não leitores afeta a maioria daqueles que frequentam a modalidade da EJA e que isto exige reflexão e atenção por parte dos educadores, requerendo melhor conhecê-los para melhor trabalhar, ajudando-os no processo de apreensão no domínio da escrita e da leitura. Observa, ainda, que, na EJA, não se pode dissociar a aprendizagem do código da vivência, da linguagem nas diferentes formas e suportes que permitem diversas leituras, afirmando que essa experiência determinará a formação de neoleitores, atribuidores de sentido e com senso crítico inerente à forma de compreender o ato de ler.

Analisando os projetos de intervenção pedagógica dos municípios, foi possível verificar e discutir elementos significativos referentes às reações e apropriações dos alunos em relação aos textos literários e as intervenções que buscaram garantir a aproximação destes com a literatura. Acredita-se que seja importante ressaltar que, em alguns municípios, o público-alvo era os educandos do primeiro segmento, e, em outros, envolvia os dois segmentos.

O processo de apropriação dos textos, nas turmas de alfabetização de jovens, adultos e idosos dos municípios de Coronel Fabriciano, Nova Lima e Santa Luzia, ocorreu pela "contação" e leitura de textos do gênero fábulas, o cordel e os contos tradicionais, respectivamente. Para esse primeiro contato com a literatura, as escolhas literárias feitas pelos mediadores levaram em conta a temática abordada e sua aproximação com o universo desses alunos.

Ao iniciar o trabalho com fábulas, em Coronel Fabriciano, a mediadora perguntou aos alunos o que sabiam do significado da palavra "fábula", obtendo respostas como: "é um bicho", "uma flor", "uma lenda" ou "uma história". Havia certo desconhecimento sobre o gênero literário proposto, o que se considerou como algo que precisaria ser mais bem explorado com os educandos.

Ao se pensar o texto literário e suas interfaces com a escolarização, vê-se que pouco tem sido feito para que essa forma de expressão não ocupe lugares secundários e não se convertam em pretexto para outras aprendizagens. O espaço do texto literário, na escola, deve ser o espaço de práticas onde os educandos sejam estimulados a apreciarem as manifestações criativas do imaginário humano, numa perspectiva de que esse contato propicie a ampliação dos horizontes, alimente a sensibilidade, proporcione novos conhecimentos e novas formas de enxergar e interagir com o mundo. Segundo Soares (2003, p. 22):

> O que se pode criticar, o que se deve negar não é a escolarização da literatura, mas a inadequada, a errônea, a imprópria escolarização da li-

teratura, que se traduz em sua deturpação, falsificação, distorção, como resultado de uma pedagogização ou uma didatização mal compreendida que ao transformar o literário em escolar, desfigura-o, disvirtua-o, falseia-o.

Em diferentes momentos das intervenções, percebeu-se que as reações dos educandos diante dos textos indicam que o mundo imaginário da leitura despertou neles não somente o desejo de ler, mas de se inserirem no mundo letrado, com opiniões próprias, inferindo análises críticas e, sobretudo, fazendo a diferença no mundo em que vivem, tornando-o um lugar melhor para se viver, pois, a leitura tem o poder de influenciar os pensamentos, seja fortalecendo opiniões preexistentes, gerando controvérsias ou, mesmo, modificando modos de agir e pensar.

Pensando as diferentes formas de interação, produzidas a partir do texto literário, constatamos, nas falas dos educandos ao término de uma "contação" de um conto popular em Santa Luzia, expressões como:

> "Essa história faz a gente pensar".
>
> "Não se pode ter tudo".
>
> "Comigo aconteceu uma história parecida".

Esses relatos trazem reflexões acerca do poder das experiências literárias, aqui entendidas a partir da concepção de Rezende, Machado e Frederico (2006, p. 8):

> Estamos entendendo por experiência literária o contato efetivo com o texto. Só assim será possível experimentar a sensação de estranhamento que a elaboração peculiar do texto literário, pelo uso incomum da linguagem, consegue produzir no leitor, o qual, por sua vez, estimulado contribui com sua própria visão de mundo, para a sua fruição estética. A experiência construída a partir dessa troca de significados possibilita, pois, a ampliação de horizontes, o questionamento do já dado, o encontro da sensibilidade, enfim, um tipo de conhecimento diferente do científico, já que objetivamente não pode ser medido. O prazer estético é, então, compreendido aqui como conhecimento, participação, fruição. [...]

Compreender os significados que aqui os leitores-ouvintes atribuem ao texto literário remete-nos à ideia de uma formação, que embora inicial já é indicadora do potencial desses novos leitores. E pensar essa formação é pensar o acesso frequente aos textos literários.

O texto literário mobiliza os sentidos, tanto no mediador quanto no ouvinte atento. E o papel do mediador na formação de leitores é fundamental. Na mediação da leitura do conto popular "O rei que não sabia ser feliz", de Ricardo de Azevedo, feita por um educando, em Santa Luzia, percebeu-se claramente essa possibilidade. Enquanto lia a história, o mediador interagia com o texto e com os alunos, demonstrando uma capacidade muito grande de mediação. Após a leitura, fez várias indagações aos educandos e todos participaram. Fez também um discurso bastante político sobre o valor do professor. Por intermédio dessa mediação, pode-se retomar ao poder do texto literário que, para além do estético, produz reflexões que contribuem para a formação de um leitor crítico.

As experiências literárias, promovidas pelo município de Divinópolis, têm sido construídas na tentativa de uma democracia cultural, os alunos recebem anualmente livros de um programa do governo local denominado projeto "Minha cidade lê". As intervenções na perspectiva de formação do leitor de literatura têm evidenciado o comprometimento dos educadores com esta faceta do letramento e também a incorporação da prática da leitura na vida de jovens, adultos e idosos. O fato de a escola participante não ter uma biblioteca disponibilizada para as intervenções não impediu que as experiências literárias fossem muito produtivas, pois, como bem aponta Paiva (2005), a biblioteca, embora valiosa, não é a única porta de entrada para a leitura.

Num trabalho de sequência expandida com o livro *Vivo ou morto*, no grupo de educandos jovens, percebeu-se que a organização de uma proposta pedagógica coerente permite uma apropriação do texto literário de forma contextualizada, favorecendo a esses leitores uma aproximação e reflexão dessa realidade:

> Eu entendi que este livro fala sobre duas classes. Sobre a classe baixa que mora na favela e da classe alta de quem mora no condomínio. E ele fala sobre a diferença das classes, uma é da favela, fala sobre tráfico de drogas, violência, ameaças, morte etc. E a classe alta é a do condomínio da zona sul, fala sobre um cara que era de classe alta que mora lá. Eu entendi que ele tinha medo de envolver com drogas e acabou sendo preso, se não morto.

O livro *Vivo ou morto* proporcionou aos jovens a leitura de reportagens sobre as linguagens musicais da periferia dos grandes centros urbanos, como o *funk* e o *rap*, com o debate sobre as letras dos *raps* e a discussão de outra linguagem da periferia: a grafitagem. Iniciaram, então, uma oficina de produção de *Tags* (letras para grafitagem) e desenhos para uma grafitagem na parede da Escola Municipal Professor Darcy Ribeiro.

Nesse contexto, o texto literário é um elemento que propicia a formação de um leitor que reconhece as facetas sociais no discurso do texto. Isso ocorre porque, segundo Pietri (2009), o texto é produzido em condições históricas, sociais e políticas determinadas e é lido em condições específicas.

O grupo de alunos do primeiro segmento pôde, por meio do livro *Guardião de folia*, interagir com a música de Cartola, o que permitiu a esses leitores uma valorização e identificação com essa cultura da qual são também construtores:

> "O livro fala sobre vários tipos de festas folclóricas como a folia de reis e lembra sobre o reinado de nossa cidade".
>
> "A música é muito boa, tranquila. Isto é que é música".
>
> "Eu conheço o samba. Lá no morro, nós temos roda de samba e pagode. Eu já conheci todos esses mestres do samba: Zé do Pagodinho e outros".

No município de Divinópolis, houve intervenções com os educandos do 1º e 2º segmentos da Escola Municipal Darcy Ribeiro, onde tem ocorrido momentos ricos de apropriação dos textos literários e produção das diversas linguagens pelos sujeitos da EJA. No Chá Literário, houve declamação de poesia, explanação sobre os livros já lidos e a presença marcante da roda de pagode. Uma educanda ao se referir ao livro *Os saltimbancos* realçou a necessidade da união de todos da EJA, numa leitura de mundo como faziam os saltimbancos da história. A apropriação que essa aluna fez do texto literário diz-nos da necessidade de ruptura com uma escolarização superficial da literatura e aponta para uma nova construção, que pode ser refletida a partir da concepção de Verbana (2006, p. 54):

> A tradição da leitura literária na escola tem, historicamente, aprisionando o escritor e o leitor. Aparentemente, é a voz do escritor que impera, na medida em que o leitor se orienta exclusivamente pelo que o texto porta. Esta tem sido ainda a prática em muitas escolas. Isto significa

dizer que os silêncios e vazios deixados nos textos para serem preenchidos pelo leitor não são potencializados, frustrando de alguma forma a intenção do autor de provocar esse leitor a interagir com seu texto. Mais uma dica. O texto literário é feito de indeterminações e vazios. Aí reside a sua riqueza, na medida em que deixa brechas para a entrada do leitor em cena.

É nessa perspectiva que apontamos para uma nova concepção de letramento literário que permita a entrada do leitor em cena, por meio de mediações significativas capazes de fomentar um desejo constante pela leitura.

Em outros momentos de intervenção em Divinópolis, como o da leitura do livro *Uma cidade de carne e osso*, os educandos adultos identificaram o livro com experiências de "nossos avós". Uma educanda lembrou o ditado popular "quem conta um conto aumenta um ponto", e todos os educandos, a partir da atividade de identificação do livro, partiram para a escrita de "causos" vividos por eles mesmos. Mas, primeiro, "saborearam" as histórias que cada um trazia, para depois realizarem o registro delas em forma de conto.

No município de Ribeirão das Neves, as reações e apropriações dos alunos, relativas ao contato com os textos literários, foram bastante significativas, tendo em vista que as estratégias que direcionaram as ações da semana literária não tiveram a pretensão de conduzir as leituras, mas de mediar e possibilitar o contato dos alunos com esses textos. Na perspectiva de Martins (2004, p. 168),

> estamos assumindo para o desenvolvimento das atividades de leitura literária na escola uma concepção mais de mediação do que de ensino, a exemplo de outras manifestações culturais como a musica, a pintura, a escultura, enfim as artes em geral.

Foi, portanto, muito interessante observar os comentários sobre as leituras dos poemas, sobre os temas e os autores, e a curiosidade dos alunos em relação aos textos colocados nas carteiras pela escola. Verificamos, ainda, que os textos de Carlos Drummond de Andrade foram bastante comentados, pois alguns alunos lembraram-se de que estes já haviam sido declamados na televisão por ocasião do centenário do poeta. Esse primeiro momento de motivação permitiu-nos, também, comprovar o que nos diz Cosson (2007, p. 53) sobre a motivação:

> Adolescentes e adultos embarcam com mais entusiasmo nas propostas de motivação e consequentemente, na leitura quando há uma moldura, uma situação que lhes permitem interagir de modo crítico com as palavras. E como se a necessidade de imaginar uma solução para o problema ou de prever determinada ação os conectassem diretamente com o mundo da ficção e da poesia, abrindo portas e pavimentos caminhos para a experiência literária.

As atividades de leituras favoreceram outros desdobramentos, como o desejo de levar o texto para casa ou a vontade de ler os demais textos, coisas expressas nas falas dos educandos. Isso permitiu ao grupo de educadores ampliarem as ações da semana literária em Ribeirão das Neves. Na busca de uma solução para tal impasse, resolveu-se disponibilizar os textos em um mural para que todos pudessem compartilhar a leitura destes. Outro desdobramento significativo em relação à apropriação dos textos foi a sugestão de uma educanda, que disse achar interessante entrevistar algumas pessoas conhecidas sobre seus gostos, quais eram os seus poemas e autores prediletos. A fala dessa educanda deixou expresso, de alguma maneira, o desejo de compartilhar, com as pessoas com as quais convive, o que ela estava apreendendo. Esses elementos permitiram-nos, ainda, refletir e considerar, mais uma vez, o que diz Cosson (2007, p. 104):

> Cabe aos professores resistir à tentação de fazer seu planejamento determinar os interesses dos alunos. A experiência literária esta sempre aberta ao imprevisto e muitas são as possibilidades que o texto literário oferece ao leitor. Por isso, o planejamento da sequência certamente será alterado se os interesses dos alunos forem em outra direção. O que importa manter é o objetivo de proporcionar ao aluno o conhecimento da literatura que só pode ser feito, antes de qualquer coisa pela leitura do texto literário.

O Chá Literário, em Ribeirão das Neves, teve como objetivo avaliar as ações da semana, retomar as memórias de leitores dos sujeitos educandos e educadores e definir as próximas ações para a proposta de letramento literário da escola. Esse evento foi o que possibilitou aos educadores considerarem que a apropriação dos textos foi bastante significativa e as reações foram muito positivas, tendo em vista que professores e alunos compartilharam leituras e discutiram suas interpretações.

Considerou-se natural que os educandos ficassem inibidos, inicialmente, ao falarem de suas leituras, mas após os professores começarem a ler – como a professora de geografia, que leu e comentou seu poema preferido, ou o professor de matemática, que recontou um conto do qual gostava – os educandos sentiram-se à vontade para compartilhar suas memórias. Foi uma experiência muito rica de compartilhar leituras! Entre muitas outras, o relato da obra *História de Abner*, feito por uma aluna, foi marcante, pois, ao relatar a história, ela ressaltou os sonhos e a luta do personagem para realizá-los. Ao registrar esses relatos, pensamos na relevância de considerar Lajolo (1995), quando esta afirma que "será uma violência se, na prática, a escola desconsiderar as experiências prévias e imagens de leitura e de literatura que sua clientela alimenta" e reafirmar o que Cosson (2007, p. 66) diz:

> É preciso compartilhar a interpretação e ampliar os sentidos construídos individualmente. A razão disso é que, por meio do compartilhamento de suas interpretações, os leitores ganham consciência de que são membros de uma coletividade e de que essa coletividade fortalece e amplia seus horizontes de leitura. Trata-se, pois, de uma comunidade de leitores.

Analisar as reações e apreensões dos educandos, no decorrer dos projetos de intervenção nos vários municípios, permitiu, também, avaliar e analisar as estratégias e os elementos que o nortearam. Ressalta-se, aqui, a importância de que os projetos não devem ser pensados à revelia dos educandos. Mesmo quando os educadores já têm um tema e queiram trabalhá-lo, faz-se necessário discutir e levantar as questões com os educandos jovens e adultos, permitindo a eles se posicionarem e se manifestarem a respeito:

> A figura e o papel do professor se apresenta como determinantes nesse processo, no sentido de trabalhar o método democrático como fundamento da escola de caráter público, buscando produzir situações e estratégias de aprendizado que valorizem estes conhecimentos de classe social, os saberes do mundo, os sentidos que os sujeitos lhes atribuem, e um especial "lugar" para exercitar o método democrático se coloca na atividade de leitura, privilegiando o texto literário. (PAIVA, 2005, p. 120)

Concordando com Paiva (2005), observou-se que as apropriações dos textos literários, nos vários municípios, possibilitaram a participação, a expressão e a conexão entre o texto e o contexto vividos pelos educandos da EJA, o que nos permite reiterar aqui Montuani e Paiva (2009, p. 30), quando dizem:

> Definitivamente, acreditamos que o contexto educacional deve favorecer o acesso a literatura, tendo como um dos seus objetivos, o ensino literário que possibilite a incursão de todos os indivíduos no campo da cultura.

Considerando as experiências vivenciadas por educandos e educadores, pode-se dizer que elas nos revelam o potencial dos textos literários na produção dos sentidos, apontando para a formação de alunos jovens, adultos e idosos mais autônomos, competentes e conscientes.

Considerações finais

A Educação de Jovens e Adultos é hoje delineada, tanto na legislação quanto nos estudos teóricos, como o reconhecimento de um direito à educação, negado secularmente a milhares de cidadãos brasileiros, e, mais ainda, como a possibilidade real de acolher os percursos e protagonismos desses sujeitos jovens-adultos na sociedade contemporânea (ARROYO, 2005).

Na modalidade da EJA, coube-nos, então, repensar sobre a apropriação dos espaços e das relações de ensino-aprendizagem por aqueles sujeitos, sobretudo o acesso à biblioteca escolar, bem como o acesso à leitura, na perspectiva de uma formação leitora que seja um constituinte da democracia cultural. Compreendendo a sociedade brasileira como uma sociedade altamente excludente, que nega historicamente o acesso da maioria aos bens culturais, pensar a biblioteca escolar e o letramento literário exige do educador pensar em práticas educativas que não só buscam a apropriação da leitura, mas sobretudo o uso que se faz dessa leitura nos contextos sociais, nas denominadas práticas de letramento. E os educandos da EJA, sujeitos de diversidade cultural e demandantes de direitos, expressam rapidamente as diversas leituras de mundo, o repensar de suas vivências, nas entrelinhas da poesia, contos, cordéis e tudo mais daquele mundo mágico.

Os projetos de intervenção pedagógica dos educadores, do curso de ESPECEJJA – FAE/UFMG, ao se aproximarem da realidade vivenciada nas escolas com EJA, em relação ao acesso à biblioteca escolar e aos processos de letramento literário possíveis de serem realizados na modalidade, trataram de ampliar a concepção dos educandos quanto ao uso da biblioteca. Trilharam um caminho estratégico de reafirmação da biblioteca como o espaço necessário de desenvolvimento do conhecimento, lugar onde se podem criar oportunidades para que jovens, adultos e idosos se encontrem com as obras literárias, que darão asas à imaginação e ao exercício de compreensão crítica do mundo.

E, por outro lado, o letramento literário na EJA pode, ainda, trazer as ricas apropriações dos textos literários pelos educandos, que marcadamente são sujeitos com especificidades que devem ser levadas em conta nas práticas educativas e curriculares aí desenvolvidas. O texto literário, na EJA, afirma-se literalmente como aquele constituído por muitos vazios a serem preenchidos pelos leitores. As experiências das intervenções pedagógicas da EJA, nos municípios, reafirmam a antiga ideia da sociolinguística de que qualquer texto é um campo de escuta das vozes dos autores e dos leitores. E estes, num sagrado direito de serem sujeitos, carregam experiências anteriores que reorganizam o conteúdo do texto lido. Conforme Paiva (2005, p. 45), há caminhos diferentes no ato da leitura:

> A leitura, como ato cultural, não se esgota na educação formal. Como modo de conhecimento, exige uma relação constante com o leitor, da mesma forma que a leitura do mundo. Os caminhos que levam o leitor ao conhecimento e à crítica são, por assim dizer, inesperados, e admitir que o único caminho se abre nos umbrais das bibliotecas é negar o valor do conhecimento legítimo que se estabelece nas demais relações do homem em seus confrontos oprimido/opressor, em que a apropriação do bem cultural se impregna das visões de mundo daqueles que o detêm e que podem, a partir do acesso a esse bem, recriá-lo, de acordo com suas necessidades e concepções.

Esta é a tarefa central dos educadores: empreender uma aprendizagem na qual o sujeito cognoscente seja ativo e transformador. Serem mediadores entre os diversos sujeitos, que interagem entre si e com os objetos de estudo, reescrevendo o seu estar e agir consciente no mundo. E na EJA, modalidade herdeira da Educação Popular e terreno fértil das inovações pedagógicas contemporâneas, realizar experiências de letramento literário tem mesmo o propósito de tornar os educandos sujeitos autônomos e criativos, exercendo a cidadania, na releitura do mundo, por meio de textos salpicados de poesia, histórias e informações! Como bem declama Patativa do Assaré, o letramento literário na EJA, além de consubstanciar o direito ao acesso à biblioteca escolar, possibilitará que o educador "cante a cidade que é sua" e que os educandos cantem o sertão que é seu, pois "a *dô* só é bem cantada, cantada por quem padece"!

Referências

ÁLVARES, Sônia Carbonell. *Educação estética para jovens e adultos*: a beleza no ensinar e no aprender. São Paulo: Cortez, 2010. (Coleção Questões de Nossa Época, v. 10)

ARROYO, Miguel González. Educação de jovens-adultos: um campo de direitos e de responsabilidade pública. *In*: SOARES, Leôncio *et al*. *Diálogos na educação de jovens e adultos*. Belo Horizonte: Autêntica, 2005.

BARBOSA, José Juvêncio. *Alfabetização e leitura*. 2. ed. rev. São Paulo: Cortez, 1994. (Coleção Magistério. 2º grau. Série Formação do Professor, v. 16)

BRANDÃO, Carlos Rodrigues. *O ardil da ordem*: caminhos e armadilhas da educação popular. Campinas: Papirus, 1983. (Coleção Krisis)

BRASIL. Conselho Nacional de Educação. Câmara de Educação Básica. *Diretrizes curriculares para a educação de jovens e adultos*. Parecer nº 11/2000 de 10.05.2000.

CAMPELLO, Bernadete Santos *et al*. *A biblioteca escolar*: temas para uma prática pedagógica. 2. ed. 1 reimp. Belo Horizonte: Autêntica, 2005.

CARVALHO, Maria Angélica Freire de; MENDONÇA, Rosa Helena (Org.). *Práticas de leitura e escrita*. Brasília: Ministério da Educação, 2006.

CONSELHO NACIONAL DE EDUCAÇÃO/CÂMARA DE EDUCAÇÃO BÁSICA. Diretrizes Curriculares Nacionais para a Educação de Jovens e Adultos. Brasília: CNE, Parecer 11/2000.

COSSON, Rildo (Coord.). *Literatura*: ensino fundamental. Brasília: Ministério da Educação, Secretaria da Educação Básica, 2010. (Coleção Explorando o Ensino, v. 20)

COSSON, Rildo. *Letramento literário*: teoria e prática. São Paulo: Contexto, 2007.

DANNEMANN, Fernando Kitzinger. *Biografias*. 2008. Disponível em: <http://www.fernandodannemann.recantodasletras.com.br>. Acesso em: 22 out. 2011.

EITERER, Carmen Lucia; ABREU, Juliana Valéria de. O letramento literário e a Educação de Jovens e Adultos. *Revista Diálogo Educacional*, Curitiba, v. 9, n. 26, p. 149-160, jan./abr. 2009.

FREIRE, Paulo. *A importância do ato de ler*: em três artigos que se completa. São Paulo: Autores Associados: Cortez, 1985.

FURTADO, Cássia. *A biblioteca escolar brasileira no sistema educacional da sociedade da informação*. Maranhão, 2000.

GIROTTO, Cyntia Graziella Guizelim Simões; SOUZA, Renata Junqueira de. A hora do conto na biblioteca escolar: o diálogo entre a leitura literária e outras linguagens. *In*: SOUZA, Renata Junqueira de (Org.). *Biblioteca escolar e práticas educativas*: o mediador em formação. Campinas, SP: Mercado das Letras, 2009.

INAF – Indicador de Alfabetismo Funcional. *Um balanço dos resultados de 2001 a 2005*. Ação do IBOPE pela educação. São Paulo: Instituto Paulo Montenegro & Ação Educativa, 2005.

KLEIMAN, Ângela. *Oficina de leitura*: teoria e prática. 4. ed. Campinas, SP: Pontes, 1996.

LAJOLO, Marisa. 1995. Natureza interdisciplinar da leitura e suas implicações na metodologia do ensino. *In*: MARTINS, Aracy. Reflexão sobre o ensino (ou sobre mediação?) da literatura. *Revista da FACED*, Bahia, n. 08, 2004.

LOURENÇO FILHO, M. B. *O ensino e a biblioteca*: 1ª conferência da série educação e biblioteca. Rio de Janeiro: Imprensa Nacional, 1944.

MACHADO, Maria Zélia Versiani. *Letramento*. 2008. Disponível em: <http://escritabrasil.blogspot.com>. Acesso em: 27 out. 2011.

MARTINS, Aracy. Reflexão sobre o ensino (ou sobre mediação?) da literatura. *Revista da FACED*, Bahia, n. 08, 2004.

MINISTÉRIO DA EDUCAÇÃO. Secretaria da Educação à Distância. TV Escola / Salto para o Futuro. *Literatura e Neoleitor*, ano XX, Boletim 08, jul. 2010.

MONTUANI, Daniela; PAIVA, Aparecida. A literatura na formação de leitores. *In*: *O PNBE/2005 na Rede Municipal de Ensino de Belo Horizonte*: uma discussão sobre os possíveis impactos da política de distribuição de livros de literatura na formação de leitores. Dissertação (Mestrado) – Faculdade de Educação, Universidade Federal de Minas Gerais, 2009.

PAIVA, Jane. Literatura e neoleitores jovens e adultos: encontros possíveis no currículo?. *In*: PAIVA, Aparecida *et al.* (Org.). *Leitura e letramento*: espaços, suportes e interfaces: o jogo do livro. Belo Horizonte: Ceale; Autêntica, 2005.

PAULINO, Graça. Letramento literário por vielas e alamedas. *Revista FACED*, Belo Horizonte, n. 5, p. 117-125, 2001.

PIETRI, Émerson de. *Práticas de leitura e elementos para a atuação docente*. Rio de Janeiro: Ediouro, 2009.

PREFEITURA MUNICIPAL DE DIVINÓPOLIS. *Diretrizes para a implantação da educação de jovens e adultos – EJA – na Rede Municipal de Ensino de Divinópolis*. Secretaria Municipal de Educação, ago. 2006.

REZENDE, Neide Luzia de; MACHADO, Maria Zélia; FREDERICO, Enid Yatsuda. *Consultoras*: linguagens, códigos e suas tecnologias: conhecimentos de literatura. Orientações curriculares para o Ensino Médio, v. 20. Secretaria de Educação Básica. Brasília: Ministério da Educação, 2006.

RIBEIRO, Vera Masagão. As estatísticas da alfabetização. *REVEJ@ – Revista de Educação de Jovens e Adultos*, v. 1, p. 97-108, ago. 2007.

ROJO, Roxane. *Letramentos múltiplos, escola e inclusão social*. São Paulo: Parábola Editorial, 2009.

ROSA, Flávia Goullart Mota Garcia; ODDONE, Nanci. *Políticas públicas para o livro, leitura e biblioteca*. Brasília, v. 35, n. 3, 2006.

SILVA, Maria do Carmo Batista da. *Sequência didática*: gêneros do discurso: a fábula e outros enunciados: uma proposta de ensino interdisciplinar, 2008. Disponível em: <http://www.diaadiaeducacao.pr.gov.br>. Acesso em: 22 out. 2011.

SILVA, Rovilson José da. Biblioteca escolar: organização e funcionamento In: SOUZA, Renata Junqueira de. (org.). Biblioteca escolar e práticas educativas: o mediador em formação. Campinas: Mercado de Letras, 2009. (p. 115-135)

SOARES, Magda. Escolarização da leitura literária. In: MARTINS, Aracy Alves; BRANDÃO, Heliana Maria Brina; MACHADO, Maria Zélia Versiani (Org.). A escolarização *da leitura literária*. Belo Horizonte: Ceale; Autêntica, 2003.

SIMÕES, Fernanda M. ; FONSECA, M. C. F. R. . Práticas de letramento cotidianas e escolares: confrontos na sala de aula da Educação de Pessoas Jovens e Adultas. Leitura. Teoria & Prática, v. 54, p. 40-46, 2010

SOARES, Magda. Leitura e democracia cultural. *In*: PAIVA, Aparecida *et al.* (Org.). *Democratizando a leitura*: pesquisas e práticas. Belo Horizonte: Autêntica, 2004.

SOARES, Magda. *Letramento*: um tema em três gêneros. Belo Horizonte: Autêntica, 2001.

SOARES, Magda. *Letramento*: um tema em três gêneros. Belo Horizonte: Autêntica, 2004.

TFOUNI, Leda Verdiani. *Letramento e alfabetização*. 8. ed. São Paulo: Cortez, 2006. (Coleção Questões de Nossa Época, v. 47)

VERBANA, Maria. Escritores e leitores. *In*: CARVALHO, Maria Angélica Freire; MENDONÇA, Rosa Helena (Org.). Práticas de leitura e escrita. Brasília: Ministério da Educação, 2006.

VIEIRA, Adriana Silene; FERNANDES, Célia Regina Delácio. O acervo das bibliotecas escolares e suas possibilidades. *In*: PAIVA, Aparecida, MACIEL, Francisca; VÓVIO, Cláudia Lemos. Práticas de leitura na EJA: do que estamos falando e o que estamos aprendendo. *REVEJ@ – Revista de Educação de Jovens e Adultos*, v. 1, p. 85-96, ago. 2007.

Obras literárias

AGUIAR, Luiz Antônio. *Vivo ou morto*. São Paulo: Ed. FTD, 2004.

AZEVEDO, Ricardo. *Contos de adivinhação*: versões de contos populares. São Paulo: Ática, 2008.

BARBOSA, Rogério Andrade. *Guardião da folia*. São Paulo: Ed. FTD, 2007.

BELI, Roberto. *Fábulas inesquecíveis*. Blumenau: Ed. Brasileitura, [s.d.].

HOLANDA, Arlene. *Cordel de Trancoso*. Fortaleza: Ed. Conhecimento, 2010. (Acervo do PNBE, 2010)

MARQUES, Francisco. *Desvendério*: quem conta um conto omite um ponto e aumenta três. São Paulo: Print House, 2006.

SILVEIRA, Maria José. *Uma cidade de carne e osso*. São Paulo: Ed. FTD, 2004.

Museu de Artes e Ofícios: práticas (im)possíveis para os jovens da EJA

Cláudia Regina dos Anjos
Dayve Alexandre Fernandes
Denise Odete Cota
Gláucia Clélia Oliveira Soares
Marta Fernandes de Oliveira
Monica de Cássia Cornélio Pimenta Campos
Neide Félix Magalhães
Ruth Maria Lima dos Santos

Introdução

Este artigo consiste em reflexões que foram se constituindo ao longo das pesquisas realizadas por sete autores para a conclusão do Curso de Pós-Graduação Especialização *Lato Sensu* em docência da Educação de Jovens e Adultos na Educação Básica: Juventudes Presentes na EJA, na Faculdade de Educação da Universidade Federal de Minas Gerais, no ano de 2011. Desafio que remonta às pesquisas realizadas individualmente e que agora se materializa num artigo coletivo com outras novas investigações. Trocando em miúdos, no primeiro semestre de 2011, o coletivo de sete orientandos realizou pesquisas e produziu artigos a partir das temáticas: ensino de Arte na para/com jovens da EJA, manifestações artísticas dos jovens na EJA, mídia, juventude e EJA e movimentos juvenis fora e dentro da escola na EJA. Faremos, agora, um panorama geral dos artigos para melhor situar o leitor.

O artigo de Dayve Alexandre Fernandes destaca a importância do trabalho de campo no processo de interação e compreensão da realidade da prática interdisciplinar, já que o conhecimento no cotidiano geralmente não é compartimentado.

Já Denise Odete Cota aborda a temática da tecnologia em função da construção do conhecimento na EJA, cuja problematização partiu da necessidade de investigar em que medida a escola reconhece e está contribuindo para que as novas tecnologias de informação sejam instrumento auxiliar no processo ensino/aprendizagem na EJA, especificamente com os jovens, ressaltando a importância do uso das Tecnologias da Informação e Comunicação (TICs) pelo professor e como o seu trabalho efetivamente contribuirá para a formação dos jovens educandos da EJA.

Gláucia Clélia Oliveira Soares faz uma reflexão sobre o ensino de Arte na EJA, especificamente, como a escola está se organizando para desenvolver e construir o conhecimento em arte com os jovens da EJA. A análise das observações e dados do campo foi realizada a partir da Abordagem Triangular, sistematizada por Ana Mae Barbosa, bem como dos marcos legais e regulamentadores.

No texto de Marta Fernandes de Oliveira, as práticas educativas redimensionam o desenvolvimento de ações de múltiplos alcances, que vão além dos limites da sala de aula. No estreito diálogo entre o programa pedagógico curricular e as diferentes questões que envolvem o ensino/aprendizagem, afirma-se que as experiências educativas não podem ser restritas ao sistema de ensino formal, pelo contrário, podem ser organizadas em diversos espaços socioculturais, no relacionamento com diferentes sujeitos e comunidades. Dessa forma, as práticas educativas são vistas como sentido e experiência da vida dos educandos, permitindo-lhes interagirem com os meios socioculturais que os cercam. Assim, além dos benefícios para o desenvolvimento cognitivo e social do educando, são atividades que buscam também resguardar o que está estabelecido na Lei de Diretrizes e Bases, que, em seu artigo 1º, dispõe como finalidade da educação nacional, entre outras: "o desenvolvimento integral da personalidade humana e a sua participação na obra do bem comum."

Monica de Cássia Cornélio Pimenta Campos abordou questões relacionadas às profissões e ao trabalho dos educandos na EJA, ou seja, à relação do jovem trabalhador com a escola, especificamente, na EJA, bem como o processo segundo o qual algumas profissões que são exercidas pelos jovens educandos da EJA tornam-se invisíveis à sociedade. Muitas vezes, são profissões tidas como de menor ou quase nenhum valor social, como, por exemplo, pedreiro, empregada doméstica, pintor, montador de móveis, cozinheiro, lavador de carros, entre outros. O texto permitiu várias reflexões, entre as quais a dificuldade de o jovem da cidade de Ribeirão das Neves/MG se inserir no mundo do trabalho, especialmente, na capital, seja pela distância entre o local de trabalho e a residência, ou pelo estigma que Ribeirão das Neves carrega de hospedar um grande complexo de presídios (cinco, no total). Outra questão é a dificuldade de o jovem educando frequentar as aulas todos os dias, pois a distância entre o trabalho e a escola é significativa e o acesso é precário.

O artigo de Neide Félix Magalhães teve como objetivo investigar como está o ensino de Arte numa escola pública da Rede Municipal de Educação da cidade de Ribeirão das Neves, Região Metropolitana de Belo Horizonte, especificamente, como está esse ensino para os jovens da EJA.

Com o objetivo de fazer uma reflexão elaborada a partir de estudos sobre a interdisciplinaridade e a contribuição dessa prática no dia a dia da escola, Ruth Maria Lima dos Santos, com o artigo "Interdisciplinaridade: um relato de experiência com jovens da EJA", conclui que a interdisciplinaridade é um caminho possível e contribui para um ensino significativo dos educandos jovens.

A partir desses artigos, no segundo semestre construímos uma proposta de intervenção pedagógica, com objetivo investigativo, com um eixo comum entre os sete integrantes desse coletivo de trabalho. A discussão deu-se com a intenção de aproveitarmos as temáticas já trabalhadas. A materialização dessa discussão gerou uma nova temática: a relação do museu com o ensino de Arte, com o trabalho, com movimentos e manifestações dentro e fora da escola, interdisciplinaridade, tecnologia e práticas educativas significativas. Com essas temáticas, esse coletivo apresentou uma proposta para desenvolver uma intervenção na sala de aula com os jovens educandos da EJA, a partir das possibilidades educativas do Museu de Artes e Ofícios.

Este artigo apresentou metodologias e análises a partir de uma visão individual de cada pesquisador/professor integrante desse coletivo, porque o seu processo constituiu-se de entrelaçamento de intervenções e temáticas diferentes, porém com um eixo comum.

Teve como objetivos desenvolver e analisar as práticas significativas com os jovens da EJA, inter-relacionando o ensino da Arte, novas tecnologias e a relação com o trabalho dentro e fora da escola. Mais especificamente, compreender o processo das tecnologias ao longo da história a partir do Museu de Artes e Ofícios; desenvolver práticas educativas associando os conteúdos à realidade do educando jovem e à participação deste; analisar práticas significativas no ensino da Arte dentro e fora da escola; relacionar os conhecimentos artísticos e estéticos dos educandos jovens com as obras do Museu de Artes e Ofícios; inter-relacionar conteúdos de arte inseridos no referido museu com as diversas áreas de conhecimento; mostrar a importância dos espaços fora da escola no desenvolvimento da aprendizagem dos jovens educandos da EJA; e observar a diversidade dos ofícios, assim como as mudanças e permanências destes, ao longo do processo histórico, para contribuir na formação de jovens educandos da EJA.

A metodologia de trabalho teve como centralidade o processo do educando, uma vez que os sujeitos jovens e adultos, especialmente os jovens, trazem consigo conhecimentos próprios acumulados ao longo de suas vidas como trabalhadores, pais, mães, avós, avôs, enfim, como sujeitos socioculturais e políticos que são.

No decorrer do processo, algumas questões foram colocadas: como pensar um projeto coletivo e desenvolvê-lo individualmente? Como entrelaçar os dados do campo e as discussões teóricas?

Na constituição dessa proposta, a juventude na EJA foi se configurando como um campo de atuação dinâmico e de maneira dialógica, junto aos educadores/pesquisadores da EJA. Entre as etapas, foram realizadas: a construção e a realização do projeto de pesquisa, reflexões a partir de textos, sistematização dos dados e observações.

Como o texto tem uma abrangência ampla e diversificada, apresentaremos algumas discussões conceituais mais gerais das temáticas abordadas e, em seguida, discutiremos, inter-relacionando com as observações e os dados do campo.

1 O Museu e a EJA

Na educação contemporânea, o museu torna-se um espaço privilegiado para aprendizagem. Isso porque tanto a concepção de educação como a de museu transformaram-se, podemos dizer, radicalmente. A educação de fato assume a importância de os sujeitos participarem e serem coparticipes de suas aprendizagens. E o museu, por sua vez, tornou-se um espaço de interação com o público, e não mais o lugar para guardar seus ricos tesouros ainda a sete chaves.

Segundo Figueiredo (2007, p. 46), "a razão dos museus contemporâneos é o contato com o público". Esse é o ponto de convergência entre a mediação museu e público e a educação, especificamente com a Educação de Jovens e Adultos (EJA). É a razão também da escolha desta temática neste trabalho.

Outra questão preponderante nessa escolha foi pensar que o museu de Belo Horizonte, por razões geográficas, de tempo e econômicas, poderia agregar as discussões e pesquisas realizadas no Trabalho de Conclusão de Curso (TCC) do primeiro semestre. Isso porque muitos professores/pesquisadores trabalham na região metropolitana da capital e, para se deslocarem com pouco ou nenhum recurso financeiro para locais fora da escola, tudo teria que ser geograficamente perto e acessível a todos. Outra razão é a de que os educandos são trabalhadores que não dispõem de muito tempo e mobilidade para atividades fora do espaço da escola. Na pesquisa desses sujeitos sobre qual museu pensaríamos para este trabalho coletivo, o Museu de Artes e Ofícios (MAO) foi contemplado em todos os aspectos levantados, a começar pela possibilidade de agregar todas as temáticas oriundas dos TCCs concluídos em julho de 2011 por esse grupo de trabalho. Mais especificamente: o inter-relacionamento entre o ensino da Arte, as novas tecnologias e a relação com as disciplinas escolares e o trabalho dentro e fora da escola.

Outra questão decisória foi a possibilidade de aproximação do acervo do MAO com as culturas e vidas dos sujeitos da EJA. São pessoas, em sua maioria, que tiveram uma experiência com os ofícios lá representados ou que, de alguma forma, guardam na memória marcas da vida no campo que deixaram para trás em busca de uma vida melhor na cidade. Já os jovens nem sempre conhecem esses ofícios e objetos, mas se interessam pelo conhecimento, sobretudo, pelo desenvolvimento e processo tecnológico desses ofícios. Além de se encantarem pelos monitores que, de forma interativa, contextualizam o acervo trazendo a história, imagens e referenciais.

Nesse momento, percebemos a interseção e proximidade da educação com o museu, mais especificamente, a relação do MAO com o público da EJA.

Por isso, é fundamental que a prática pedagógica da escola avance em direção a uma proposta de trabalho que incorpore conteúdos que estão além de cada disciplina e são importantes para as vidas do jovem e do adulto, como as questões de identidade e expressão cultural; sociedade, ambiente e desenvolvimento; participação política etc., considerando os saberes, os valores e a forma de relacionar-se com o conhecimento e com a cultura de cada educando. Toda aprendizagem faz-se, necessariamente, em função da leitura de mundo, isto é, da forma como se experimenta e se pensa a vida objetiva.

Um dos conteúdos que aqui destacaremos é a Arte.

2 Arte, ensino e o Museu de Artes e Ofícios

A Arte é uma área de conhecimento. Portanto, fundamental na educação, especialmente na EJA. Quando oportunizamos aos educandos o acesso a esse conhecimento, possibilitamos, também, a ampliação da consciência em relação à interação com o mundo, desenvolvendo o pensamento em arte e a capacidade de participação e construção artística de sua comunidade, enfim, da sociedade. Mas como pensar a arte no MAO?

Uma das questões primeiras é a inversão do significado de arte. Isso porque ainda há marcas profundas de que arte é apenas àquelas realizadas na pintura e escultura e associada à ideia do artista gênio criador. Segundo Efland (2005), desconsiderando objetos e obras artísticas advindas das culturas populares, conceituando-as enquanto esvaziadas de conteúdo, a arte contemporânea propõe ir além das belas artes. O processo e o contexto são definidores da obra. Não mais o produto e o artista como um iluminado, mas uma obra coparticipativa de todos os fruidores. Essa concepção é reafirmada por Oliveira: "para além da obra criada, a arte passa a ser vista como uma relação, um processo que envolve não só quem a produz, mas quem a desfruta" (OLIVEIRA, 2007, p. 60), levando-nos a atender que a experiência artística está no contexto, no processo e na fruição.

Nesse sentido, a arte proposta no MAO rompe também as barreiras das belas artes. Isso por se considerar como espaço propiciador de síntese de alguns dos registros do cotidiano das pessoas, seja no trabalho, nas relações pessoais ou na visualidade de reminiscências de suas infâncias ou de entes próximos como pais, mães, avós etc. Portanto, um espaço/tempo de fundamental importância para a aprendizagem em arte. Segundo Barbosa (2009), os museus são verdadeiros laboratórios de conhecimento de arte.

Dessa forma, o MAO consegue trazer e dialogar um pouco com as vivências de cada um. Seja em uma máquina de costura a pedal, usada pela bisavó ou um instrumento de um dentista ou de um pedreiro. O contato com peças e obras originais também é uma vivência significativa na aprendizagem do conhecimento em arte. Podem evocar sentimentos e emoções por dialogarem com suas reminiscências e espanto ou estranhamento para aqueles que não detinham o conhecimento das artes e ofícios ali representados.

Por isso, o trabalho com o museu configura-se como um aliado de práticas significativas da escola. Em se tratando da arte, especialmente na EJA, é necessário contextualizá-la no tempo e no espaço, tendo em vista a diversidade que se faz presente, tanto nas expressões artísticas, quanto nas realidades dos sujeitos envolvidos. É promover o fazer artístico e a reflexão crítica ou a compreensão desse fazer, a partir de suas emoções. E o processo de escolarização desses sujeitos pode e deve potencializar essa vivência.

O fundamental é que as expressões sejam provenientes das diversas experiências dos sujeitos, por isso, desenvolvê-las a partir de um estudo teórico e de campo do MAO foi importante pelo diálogo com seu cotidiano, com os espaços que ocupam em suas comunidades e com as expressões e manifestações artísticas existentes ao seu redor.

Nesse sentido, relataremos algumas práticas desenvolvidas com educandos da EJA a partir do MAO. Primeiramente, os professores e também autores deste texto foram ao museu conhecer, experienciar e planejar o trabalho de intervenção com os respectivos educandos.

Após o planejamento, organizaram, selecionaram e realizaram as atividades. Uma das atividades desenvolvidas foi a confecção do painel de fotos tiradas no MAO. Consistia na observação e comentário das fotos, para que, a partir dessa vivência, os educandos pudessem conhecer um pouco do acervo, mesmo que por meio de reproduções.

A partir da contemplação das fotos, os educandos verbalizaram e revelaram várias questões, entre as quais a de que alguns nunca foram a um museu e a de que outros desconheciam a sua existência. Mas as revelações surpreenderam a todos os professores da EJA.

Em relação às fotos expostas, os educandos gostaram e manifestaram a vontade de visitar um museu. Percebemos que o acesso a esses lugares ainda não é para todos. A fala da educanda A explicita isso, de forma precisa, quando diz que "tem pessoas que não têm condições de pagar uma entrada no museu" (Depoimento, out. 2011). Já o educando B nos revela que "o museu é uma coisa interessante, pois guarda muitas coisas antigas e preserva o passado e as culturas" (Depoimento, out. 2011).

Podemos perceber, por um lado, que os educandos consideram o museu como um espaço essencial para uma sociedade e, por outro, uma ideia que não é para todo mundo. Essa visão que ainda perdura no imaginário das pessoas, a de que o museu é lugar para guardar coisas velhas, tesouros, e de pessoas cultas, detentoras de saber, como artistas, escritores, professores etc. Em outras palavras, não é o lugar de construção de conhecimentos e diálogo com todas as culturas.

O trabalho da exposição de fotos permitiu uma proximidade grande entre o museu e o público. No geral, os educandos ficaram impressionados com a variedade e o tipo das peças desse museu. O destaque foi para as carrancas, como podemos perceber no depoimento da educanda C: "vi várias figuras legais, mas eu não gosto de carranca porque ela serve pra fazer coisas ruins" (Depoimento, out. 2011). Segundo o relato da professora Mônica,

> muitos deles reconheceram profissões presentes em nossa sociedade atual e queriam saber muito sobre a que eles não conheciam e/ou nunca ouviram falar. São as chamadas mudanças e permanências ao longo dos processos históricos. Exemplo: chapeleiro, mestre de açúcar (produção de rapadura), carranqueiro, canoeiro, carreiro de boi, fotógrafo, engraxate, rendeiras entre outros. (Depoimento da professora Mônica, nov. 2011)

Podemos inferir que a carranca provocou na educanda emoções e tensões, possibilitando uma interação com a imagem, responsável pela construção de significados próprios. Essa interação é essencial no ensino de arte.

Outra questão, apontada pelos educandos da EJA, parte do projeto desenvolvido pelos professores/pesquisadores sobre o MAO, foi a sua relação com aparatos tecnológicos, e como esses objetos são preservados, como são cuidados. Abordaremos, a seguir, essa discussão.

3 Museu, tecnologia e jovens na EJA

Quando pensamos em tecnologia, logo nos vêm à cabeça computadores, internet, celulares etc., mas, se pensarmos bem, veremos que a humanidade já passou por diversas fases de desenvolvimento tecnológico. A tecnologia sempre esteve incorporada ao nosso meio comum em diferentes momentos. Podemos citar os talheres na Idade Média – naquela época, as pessoas comiam com as mãos. Quando os talheres surgiram, foi uma novidade, algo que nunca havia sido utilizado. É um equívoco, porém, pensar em tecnologia somente em relação às novidades do mundo contemporâneo. A tecnologia sempre existiu e vem evoluindo, na medida em que se expande o conhecimento socialmente produzido e historicamente acumulado.

Nesse sentido, conforme as necessidades, o homem lançou mão de sua capacidade racional para desenvolver novas tecnologias e mecanismos para atender as suas necessidades.

Embora os jovens educandos, em muitos locais, ainda não apresentassem conhecimentos relacionados às tecnologias, em outros, como, por exemplo, nas cidades urbanas, respondem às mensagens do celular, ouvem música no ipod, assistem à TV e falam com os amigos no Messenger, tudo ao mesmo tempo. Além disso, o jovem de hoje reconhece as especificidades de cada tecnologia e se adapta a ela. Fazer tudo isso simultaneamente é uma característica típica das novas gerações. Por um lado, isso lhes confere uma elaboração cognitiva muito rápida. Por outro, acaba deixando-as na superficialidade, pois não se aprofundam nos assuntos.

Os recursos tecnológicos, aplicados à educação, podem atuar como motivadores da prática pedagógica, visando a contribuir para a aprendizagem do aluno num processo contínuo de construção do conhecimento. O professor, diante das ferramentas tecnológicas, tem o desafio de buscar modos de atuação que tenham como norte a formação do sujeito social. O uso consciente das Tecnologias da Informação e Comunicação – TICs

– traz a perspectiva de pensar as tecnologias enquanto possibilidade de aprendizagem e melhoria social para além da aquisição do objeto técnico, de uma simples inclusão digital.

À medida que crescem o acesso e a popularização desses meios de comunicação, emerge uma nova cultura na qual se estabelecem e se impõem entre os jovens novos tipos de laços. São as ferramentas da internet que, sobretudo, têm aumentado as possibilidades de os jovens partilharem suas opiniões e experiências com outros de cidades ou regiões distintas, e até entre outros países, contribuindo para o inter-relacionamento e a interconectividade da juventude.

O professor necessita desafiar os educandos a darem significados novos, incentivando-os a criar soluções para possíveis problemas existentes em seu contexto, pois as tecnologias estão cada vez mais próximas do educador e do educando. Sendo assim, a inserção das TICs na educação oportuniza romper com as paredes da sala de aula, e o seu uso permite ler, atribuir significados, por meio da troca de informações e experiências.

Além disso, o uso das TICs deve promover um ambiente de aprendizagem que desafia e motiva o aluno para a exploração, a reflexão, a depuração de ideias e a descoberta de novos conceitos.

A escola, por ser um espaço em potencial da construção do conhecimento, poderia e deveria indicar caminhos possíveis para os educandos trilharem de forma autônoma. É necessário que seja flexível e dinâmica, e ofereça meios que proporcionem aos cidadãos conhecimentos compatíveis aos exigidos pela sociedade global, preparando-os, positivamente, para atender a atual demanda da sociedade da informação e do mundo globalizado, mas que também dialogue com a cultura dos educandos. Paulo Freire defendia como objetivo da escola ensinar o educando a "ler o mundo" para poder transformá-lo. É dar ao estudante as ferramentas necessárias para construir seus conhecimentos.

No caso dos aparatos tecnológicos utilizados no museu, a relação está cada vez mais aproximando o fruidor desses espaços. Seja por meio das interações que acontecem via reproduções das obras e ou objetos ou por meio dos próprios registros que os educandos e o público de modo geral fazem com seus celulares, câmeras fotográficas etc. (Ott, 2002). De forma geral, com os meios tecnológicos está tornando mais acessível o contato com os museus e com as obras de arte.

A temática do projeto implementado por uma das professoras/pesquisadoras foi "Ontem e hoje: a tecnologia em função do homem", que teve como propósito desenvolver um trabalho com os educandos jovens da EJA, ressaltando a importância da parceria escola/museu como sendo um espaço onde jovens de diferentes raízes culturais e sociais reúnem-se para adquirir conhecimento e modelos de comportamento, um trabalho voltado para o reconhecimento do avanço tecnológico ao longo do tempo. A ida ao MAO proporcionou a criação de um espaço alternativo de discussão e debate sobre os temas que envolvem a memória e a tecnologia. Daí vem a urgência de a escola se integrar a essa realidade, pois, quando se fala em museu, a primeira ideia que passa pela cabeça do jovem é a associação da palavra com tudo aquilo que é ultrapassado, sem vida, ou seja, qualquer coisa velha.

Essas questões nos instigaram a desenvolver este trabalho, com o intuito de utilizar o espaço do Museu de Artes e Ofícios para que, de forma descontraída, os educandos pudessem rever seus conceitos e adquirir novos aprendizados.

A ida ao MAO deu-nos a oportunidade de reflexão e valorização da nossa história diante dos mais variados recursos tecnológicos usados nos ofícios do homem, como: ferramentas, utensílios, máquinas e equipamentos diversos. Favoreceu uma identificação com o universo do trabalho ali referenciado e a tecnologia presente, numa relação de interatividade.

Depoimentos riquíssimos puderam constatar como foi válido o trabalho com a temática e a ida ao museu. A educanda D, em um dos seus depoimentos, ressaltou:

> A tecnologia está presente em tudo dentro do museu, na restauração de cada objeto, cada ferramenta usada no passado. Podemos perceber como evoluiu a tecnologia e que hoje está bem mais fácil a vida, tanto com campo, quanto na cidade. (Depoimento, out. 2011)

Educandas E e F disseram:

> A tecnologia está presente no museu. Acho que o museu não funcionaria sem a tecnologia. Podemos perceber através dos ofícios, a evolução tecnológica – exemplo nos computadores ao lado das esculturas nele a gente podia teclar e ler a história sobre as esculturas. (Depoimento, out. 2011)

O mesmo se nota em outros depoimentos, como o da educanda G: "Ao entrar no museu vimos que a tecnologia está paralela à exposição do museu. Vimos isto através dos telões e dos computadores instalados lá dentro" (Depoimento, out. 2011). Também a educanda H que disse "o museu nos ensina a admirar o passado e nos faz lembrar desde os pequenos instrumentos aos mais belos maquinários. Nos faz voltar num passado não tão longe mas muito enriquecedor" (Depoimento out. 2011).

Enfim, a prática educativa contribuiu para uma aproximação maior e prazerosa do espaço cultural, com o espaço do MAO. Ao longo da pesquisa, foi avaliada a participação dos jovens durante o trabalho de campo, a curiosidade, as dúvidas apresentadas mediante as observações no espaço escolar e fora dele, os trabalhos realizados na escola, os aspectos relacionados com a tecnologia que eles conseguiram compreender por meio da fala e dos recursos oferecidos. Também nos remete à importância dos trabalhos fora do espaço escolar.

4 Interdisciplinaridade, trabalho e juventude

A interdisciplinaridade é um desafio para a educação contemporânea. Fazenda (1994), ao discutir sobre trabalho pedagógico interdisciplinar, reforça o caráter social atribuído aos sujeitos envolvidos na relação ensino e aprendizado. Neste texto, tratamos da relação da interdisciplinaridade com os sujeitos da EJA a partir da concepção de educação ao longo da vida.

Em uma das turmas de EJA, foi desenvolvido o projeto "Profissões". A turma funcionava em espaços externos ao prédio da escola e os educandos puderam articular o conhecimento sistematizado adquirido na escola e a realidade vivida por eles. O Museu de Artes e Ofícios foi levado para dentro da escola. Por meio da tecnologia, os educandos acessaram a história do MAO e das profissões. As imagens e as reproduções dos objetos foram levadas para a aula, de forma que todos puderam conhecer o museu, mesmo que por meio de reprodução.

Um jovem se identificou com a imagem da cozinha; ele é cozinheiro profissional e solicitou que o ajudássemos na solução de um problema que seu chefe lhe havia proposto. Essa é uma relação importante do museu com as pessoas, a capacidade e a possibilidade de relacioná-lo com a realidade do mundo vivido. Ao ver a imagem da cozinha, o educando fez a relação com seu trabalho. Essas relações constituem-se como importantes construções de conhecimento, nesse caso, o conhecimento mediado pelas imagens do MAO.

Em relação às turmas que começaram o trabalho com o painel de fotos, citado anteriormente, os professores/pesquisadores realizaram um proposta de ir ao MAO, assim como a turma do projeto das tecnologias. Segundo eles, a decisão de realizar um trabalho de campo, especificamente, em um museu dá-se pela possibilidade de construir e inter-relacionar com diferentes áreas do conhecimento ligadas ao mundo do trabalho, além de ser um local diferente dos espaços de suas vivências e convivências.

Partimos da premissa de que, ao fazer esse trabalho, os jovens poderiam acionar conhecimentos e aguçar curiosidades típicas da cultura juvenil. Isso implicaria, de forma mais intensa, a construção e sistematização do conhecimento, pois a prática educativa na EJA está pautada na percepção da vivência dos educandos. Nesse sentido, dialogamos com Paulo Freire, quando afirma: "quem ensina aprende ao ensinar e quem aprende ensina ao aprender" (FREIRE, 1996, p. 23).

A proposta da construção de conhecimentos, tanto da via professor-aluno ou da aluno-professor, é facilitada em um trabalho de campo a partir do que foi apresentado aos educandos no Museu de Artes e Ofícios. O trabalho de campo é importante em nossa proposta, no sentido de que esse tipo de trabalho garante uma interação entre teoria e prática, uma vez que esta facilita a aprendizagem, por meio da (re)construção e da (re)elaboração de novos conhecimentos pelos alunos, sobretudo pelo aluno jovem.

Além de acionar conhecimentos, o trabalho de campo no MAO permitiu um diálogo direto com a vida das pessoas, com a realidade vivida dia a dia, com suas reminiscências, com suas culturas.

Considerações finais

O trabalho com museu, especificamente o MAO, além de ser apenas uma atividade escolar, apresentou-se como uma oportunidade de vivenciar momentos ricos de experiência, em que o aprender ganha emoção, expressão, representação, significação e reinterpretação das ações em outro tempo e espaço. Constituiu-se pela interação de vários fatores, presentes em determinados contextos históricos, e que foram transformados continuamente pela própria experiência dos indivíduos e por suas produções culturais. Diante das informações e depoimentos, foram se construindo conhecimentos, apropriações das culturas, aprendizagens das tradições, reviveram-se memórias e novos sentidos foram inventados pelo que os educandos viram, o que geralmente veem cotidianamente.

Percebemos que o papel do educador é fundamental na ação educativa. Ele deve compreender, antes de tudo, as relações dos sujeitos com o seu mundo, seja este do trabalho, do lazer, das expressões artísticas, entre outras. Deve compreender, também, a importância das manifestações dos povos, num determinado contexto social, econômico e político, estabelecendo uma consonância com o trabalho desenvolvido na escola.

O ensino de Arte, por meio da mediação dos museus, possibilita várias construções, sobretudo, o desenvolvimento da imaginação, embora não tenha havido um trabalho contínuo e sistematizado, especificamente para o ensino de Arte. Algumas atividades poderiam ter sido exploradas, tais como desenho, pintura, produção de um vídeo a partir das impressões do MAO. O vídeo, por exemplo, seria uma prática significativa e interdisciplinar entre o ensino de Arte e as novas tecnologias.

Embora o processo de reflexão deste trabalho tivesse na centralidade o sujeito jovem na EJA, nas pesquisas e relatos, a não ser no que se refere às tecnologias na educação, não apareceu. Isso reafirma a necessidade de mais investimentos públicos para a educação de nossa juventude. O Curso de Pós-Graduação Especialização *Lato Sensu* em Docência da Educação de Jovens e Adultos na Educação Básica: Juventudes Presentes na EJA foi um primeiro passo para esses professores. Fundamental, mas muito ainda se tem que fazer para que, de fato, a juventude seja pensada em suas práticas pedagógicas, e estas sejam visíveis no cotidiano escolar.

Enfim, por um lado, ficou evidenciado o pouco investimento na educação, sobretudo com práticas significativas fora do espaço escolar, e a falta de verbas para o transporte e materiais para o desenvolvimento das atividades; por outro, mais uma vez, os professores procuraram, dentro das possibilidades, significar suas práticas e potencializar os conhecimentos dos educandos.

Referências

BARBOSA, Ana Mae. Medicação cultural é social. *In*: BARBOSA, Ana Mae; COUTINHO, Rejane Galvão (Org.). *Arte/Educação como mediação cultural e social*. São Paulo: UNESP, 2009.

EFLAND, Arthur D. Imaginação na cognição: o propósito da arte. Tradução de Leda Guimarães. *In*: BARBOSA, Ana Mae (Org.). *Arte/Educação Contemporânea*: consonâncias internacionais. São Paulo: Cortez, 2005.

FAZENDA, Ivani Catarina Arantes. *Integração e interdisciplinaridade no ensino brasileiro*: efetividade ou ideologia. São Paulo: Loyola, 1994.

FIGUEIREDO, Betânia G. Patrimônio imaterial: saber fazer na história. *In*: *Seminário de Ação Educativa*. Belo Horizonte: Mazza Ed.; Instituto Flávio Gutierrez/MAO, 2007.

FREIRE, Paulo. *Educação como prática da liberdade*. 27. ed. Rio de Janeiro: Paz e Terra, 2003.

FREIRE, Paulo. *Pedagogia da autonomia*: saberes necessários à prática educativa. 30. ed. São Paulo: Paz e Terra, 1996. (Coleção Leitura).

OLIVEIRA, Bernardo Jefferson de. A admiração da técnica. *In*: *Seminário de Ação Educativa*. Belo Horizonte: Mazza Ed.; Instituto Flávio Gutierrez/MAO, 2007.

Novas metodologias e técnicas: jogos e brincadeiras na Educação de Jovens e Adultos (EJA)

Anderson Márcio Rodrigues
Elaine das Graças Caetano
Janice Aparecida Marques Pereira
Kenderson Geane Corrêa
Luiz Olavo Fonseca Ferreira
Maria do Carmo Fonseca
Natália Maria dos Santos Torres
Sandra Mary Monteiro
Sueli Maria dos Santos Vieira

A ciência diz: o corpo é uma máquina.
A religião diz: o corpo é um pecado.
A publicidade diz: o corpo é um negócio.
O corpo diz: eu sou uma festa.
(Eduardo Galeano, *As palavras andantes...*)

1 Apresentação

Este artigo apresenta análises e reflexões a partir dos resultados das intervenções realizadas na Educação de Jovens e Adultos (EJA), com ênfase na juventude nela presente, por educadores que são estudantes do Curso de Especialização em Juventudes na Educação de Jovens e Adultos, da Faculdade de Educação da Universidade Federal de Minas Gerais (UFMG), no ano de 2011. Trata-se de um artigo coletivo no qual relatamos as experiências, as investigações e as intervenções de cada orientando, com o objetivo de estabelecer um diálogo entre a corporeidade na EJA e a juventude.

No primeiro semestre de 2011, o grupo de educadores realizou pesquisas no cotidiano do trabalho nas escolas, que culminou com a produção dos seus artigos. Foi assim que, com o objetivo de abordar a importância dos jogos pedagógicos na aprendizagem do dia a dia, Janice Aparecida Marques Pereira, Sandra Mary Monteiro e a dupla Sueli Maria Santos Vieira e Anderson Márcio Rodrigues de Souza, em seus artigos denominados, respectivamente, "Jogos pedagógicos auxiliam alunos da EJA", "Os jogos e sua importância para o processo de aprendizagem na educação de jovens e adultos (EJA)" e "Os jogos dentro do espaço escolar", pesquisaram sobre o movimento dentro da sala de aula; a integração do jovem com o adulto nas brincadeiras; o respeito às diferenças de idade, de capacidade, de habilidade ou até de disponibilidade existente no mesmo espaço e a superação dos alunos ao participarem dos desafios propostos. Por meio da utilização de jogos, os três trabalhos buscaram promover a construção dos conhecimentos significativos, arquitetando, junto aos educandos, um ambiente agradável e prazeroso, além de promover atividades de reflexão sobre a importância das relações interpessoais.

Outra pesquisa resultou no artigo "Novas arenas para a educação: o xadrez na educação de jovens e adultos (EJA)", de autoria de Kenderson Geane Corrêa, no qual se buscavam respostas para explicar a não aceitação do xadrez por educandos jovens da EJA, de 16 a 22 anos. A pergunta que o autor apresentava para sua investigação era: será que a metodologia aplicada para jovens do ensino regular seria a que melhor atende aos educandos com idades entre 16 e 22 anos? Como resultado, percebeu-se que seria necessária, aos educadores, a adoção de metodologias diferenciadas para um melhor aproveitamento do xadrez pelos diferentes públicos que estão na EJA, de modo que o xadrez fosse visto não como um mero jogo, mas como uma ferramenta que pudesse contribuir para a melhoria do ensino/aprendizagem dos educandos e lhes trazer benefícios do ponto de vista intelectual e do desempenho escolar.

Na busca para elucidar questões referentes às experiências com o corpo durante as aulas, Elaine das Graças Caetano, com seu artigo intitulado

"Dinâmica de grupo: uma interação na sala de jovens e adultos", realizou dinâmicas com letras de músicas, além de brincadeiras diversas, articuladas com os conteúdos de Educação Física para que os alunos da Educação de Jovens e Adultos aprendessem com mais prazer, promovendo, também, a interação social, tendo o corpo como instrumento de comunicação no contexto escolar.

Nesse mesmo sentido, Natália Maria dos Santos Torres apresentou o artigo com o tema "Brincadeiras para jovens e adultos: o corpo espaço de vivência e aprendizagem" com o objetivo principal de pesquisar os tipos de brincadeiras possíveis de se trabalhar em sala de aula com os alunos jovens da EJA, de modo que estas se tornem mais prazerosas, produtivas e que haja mais interação entre os alunos e o contexto social e educacional em que vive.

Com a proposta de superar dificuldades encontradas no relacionamento entre jovens e adultos, em seus diferentes tempos de vida, Maria do Carmo Fonseca, em seu artigo denominado "Corpo escolarizado: o jovem, o adulto, o idoso", desenvolveu ações que oportunizaram aos educandos jovens da EJA uma aproximação com os adultos e idosos que frequentavam o mesmo espaço escolar. Por intermédio da dinâmica "roda de conversa", na qual o diálogo foi fundamental para o conhecimento da trajetória de vida de cada um, suas habilidades, ritmos e talentos, favorecendo o processo de acolhimento e a elaboração de atividades, o seu trabalho resultou na participação de todos, em um ambiente de harmonia e prazer.

Sendo assim, cada orientando apontou, em seus trabalhos individuais, como resultados das investigações, novas questões que deveriam ser repensadas para a melhoria do trabalho nas aulas da EJA, envolvendo os jovens e os modos de eles verem seus corpos. Desta forma, a partir dos problemas não solucionados ou hipóteses que foram refutadas no primeiro estágio da pesquisa, cada um deveria pensar em um projeto de intervenção que pudesse resolver alguma das dificuldades encontradas.

2 EJA, juventude e corporeidade

Nesse novo estágio do curso, quando seriam discutidos os pontos em que os estudos primários apresentaram lacunas, vale ressaltar que, independentemente de cada viés tomado pelos trabalhos individuais, deveríamos focar as nossas ações na corporeidade e na juventude da EJA, sem desconsiderar outras temáticas que perpassassem essas discussões.

Sendo assim, foi necessário trazer, para essa discussão, um pouco sobre a relação entre o jovem da EJA e a corporeidade. Tais pontos serviram de pano de fundo para a nossa pesquisa, a fim de podermos mergulhar no universo que compõe o nosso objeto de trabalho.

A Educação de Jovens e Adultos, como está expressa no próprio nome, é uma modalidade da educação básica voltada para um público diverso, formado por pessoas que têm, como ponto comum, o desejo de retomar e/ou concluir os estudos, interrompidos devido a variados fatores.

A EJA configura-se como uma modalidade de educação de níveis Fundamental e Médio que considera, em seus procedimentos pedagógicos, o contexto vivenciado pelos educandos, de modo a propiciar uma educação que não seja baseada somente na transmissão de conhecimentos. Ela é direcionada às pessoas que tiveram negado o direito à educação durante a infância e/ou adolescência, seja por suas condições socioeconômicas desfavoráveis, seja pela oferta irregular de vagas ou, ainda, por outras razões.

A presença dos jovens nessa modalidade da educação básica tem sido cada vez mais comum nos últimos dez anos. Isso exige dos educadores que considerem as especificidades etárias, sociais e culturais existentes na sala de aula, as quais criam "demandas educativas em razão dos diferentes estágios de desenvolvimento humano ou fases da vida" (GUIMARÃES; DUARTE, 2008, p. 4).

São jovens que, por diversos motivos, não concluíram o Ensino Fundamental e Médio no tempo esperado, o que, em certos aspectos, coloca-os numa posição desigual em relação aos demais. Para alguns desses jovens, não foi possível frequentar a escola regular ou dela tiveram de se afastar em função da entrada precoce no mercado de trabalho; para outros por falta de escolas e, também, existem aqueles que se afastaram da escola por ela não ser vista como um espaço importante para a vida deles. Enfim, diversos foram os motivos que criaram obstáculos para a presença dos jovens na sala de aula.

Tendo em vista a crescente procura dos jovens por essa modalidade de ensino, é preciso focar as atenções para esse público, de modo que a EJA torne-se um processo importante na vida do educando. É importante destacar, também, que os jovens trazem para a escola uma grande carga de conhecimento de mundo e que chegam com muita vontade e disposição, podendo, assim, contribuir com o desenvolvimento do cotidiano escolar.

Dayrell (2003, p. 41) chama a atenção para as imagens a respeito da juventude que interferem nas maneiras de compreensão dos jovens: a ideia de uma transitoriedade na qual o jovem é um "vir a ser" tendo, no futuro, na passagem para a vida adulta, o sentido das suas ações no presente. Quanto aos modos de ser jovem, Dayrell (2003) sugere que, se por um lado, os jovens constroem modos de ser que apresentam especificidades, isso não implica a consideração de um único modo de ser jovem nas camadas populares: é nesse sentido que enfatizamos a noção de juventudes, no plural, para enfatizar a diversidade de modos de ser jovem existente.

Pensando, então, nessas juventudes, a corporeidade torna-se uma forma privilegiada para que possamos compreendê-los, auxiliando, ainda, para a ampliação da discussão acerca dos modos de ser jovem. A corporeidade poderá ajudar a entender e a refletir acerca da juventude e de algumas de suas características, tais como: a busca identitária, a tendência de estar em grupo, o deslocamento constante de situações e vínculos, a atitude de contestação e insatisfações sociais, a intelectualização dos fatos, as mudanças de humor, a separação do universo familiar, o questionamento dos valores sociais, entre outros. Dessa maneira, entende-se que as características da juventude são relacionadas ao mundo das indefinições, muito próprio dessa fase da vida, e só as vivencia quem está passando por ela.

Precisamos, portanto, entender que essas vivências estão relacionadas e ficam marcadas nos corpos dos jovens. Por outro lado, não podemos falar do corpo como se ele fosse um objeto qualquer. Torna-se, assim, importante lembrarmos que somos corpo e que o corpo transmite e reflete o que somos por meio das relações e comunicações do cotidiano.

É fundamental, então, pensarmos essa corporeidade na educação, entendendo que ela ocupa um lugar de destaque na vida dos jovens, revelando as concepções e valores que eles carregam.

Diante de algumas características peculiares dos jovens presentes na EJA, é necessário um tratamento diferenciado que permita a esses educandos vislumbrar uma oportunidade de vida e a motivação para continuar ou voltar a estudar. Assim, a EJA precisa buscar caminhos para diminuir a situação de desigualdade vivenciada pelas pessoas, com o intuito de conferir-lhes oportunidades para mudar tal situação, objetivando a inserção social e o acesso ao conhecimento para transformar o sujeito e a sociedade na qual ele vive. Na formação desses jovens, é importante observar como são suas relações afetivas e como eles se relacionam com as demais pessoas, com a sociedade, a comunidade e a escola.

Pensando, então, a EJA como uma questão de direitos – direitos estes assegurados na Constituição, que no artigo 205 estabelece que a educação é direito de todos e dever do Estado e da família, e que no artigo 208 afirma que o Ensino Fundamental é obrigatório e gratuito, sendo sua oferta garantida para todos os que a ele não tiveram acesso na idade própria –, algumas questões se apresentam para nossa reflexão. O que significa garantir o direito à educação? Sendo jovem e adulto, considerá-lo uma obrigação imposta pela lei, pois o "tempo de aprender passou"? Como fica o direito ao lúdico, ao lazer, à expressão livre e criadora, à curiosidade, ao desejo de aprender?

Ao dialogar com as especificidades da Educação de Jovens e Adultos, destacamos as três funções principais que essa modalidade nos apresenta: reparadora, equalizadora e qualificadora – esta sendo apontada como o sentido principal, superando o caráter compensatório na EJA, e convidando a pensar na educação permanente e na criação de uma sociedade solidária e heterogênea.

> Dentro deste caráter ampliado, os termos "jovens" e "adultos" indicam que, em todas as idades e em todas as épocas da vida, é possível se formar, se desenvolver e constituir conhecimentos, habilidades, competências e valores que transcendam os espaços formais da escolaridade e conduzam a realização de si e ao reconhecimento do outro como sujeito. (SOARES, 2002, p. 43)

Dentro desse quadro, significa a possibilidade de viabilizar o acesso e a permanência à educação independente da idade, concretizando, assim, propostas curriculares includentes, com diferentes sujeitos, saberes, tempos e espaços, com oportunidades ligadas ao lazer, à curiosidade, à vontade de aprender.

Na perspectiva de que seus educandos são, antes de tudo, pessoas que têm o direito à educação, mas que a vida, por algum motivo, não lhes permitiu ir tão longe, e nela retomam ou iniciam, por intermédio da escolarização, a busca por uma vida melhor. Por isso, entender quem são esses jovens e o que esperam da EJA é uma forma de, também, melhorar e direcionar a proposta pedagógica que a eles se aplica, com conteúdos que possam ser compreendidos de maneira mais efetiva e que, para eles, tenham um significado.

Os educandos jovens de EJA precisam ter a oportunidade de vivenciar novas metodologias no campo do aprendizado, pois muitas das disciplinas estudadas nessa etapa não fazem sentido na vida prática.

Dessa forma, em uma escola onde predomina a racionalidade e que desconhece a corporeidade dos educandos, entendemos ser necessária a compreensão de que a criança, o adolescente e o jovem precisam ser considerados na sua condição corpórea, sendo essa corporeidade um elemento a ser explorado. Mas, a escola e a sociedade, de maneira geral, percorrem o caminho de educá-los, negando seus corpos, desprovendo-os de movimentos e de criatividade.

> A história da educação mostra-nos que o ensino formal concentra suas preocupações na aquisição de habilidades como a leitura e a escrita e, simultaneamente, traz um discurso sobre o corpo dirigido para a domesticação, inculcação da obediência e promotor de decoros e tabus corporais. (PORTER *apud* PACHECO, 1997)

A autora prossegue, mostrando que Foucault, em seus estudos históricos, mostrou como o controle externo foi se internalizando e se transformando em autocontrole. Isso foi chamado de poder disciplinador, tendo surgido a partir do século XVII, atuando nas mais diversas instituições sociais: prisões, fábricas, escolas, etc. Assim, o corpo teve sua ação limitada de maneira coercitiva, no que tange aos espaços, tempos e movimentos, com o objetivo de transformá-lo em um corpo dócil, colaborando para a eliminação da vivência subjetiva da corporalidade (PACHECO, 1997).

Assim, a escola para os jovens pensa que a

> aprendizagem de conteúdos é uma aprendizagem sem corpo, e não somente pela exigência de o aluno ficar sem movimentar-se, mas, sobretudo, pelas características dos conteúdos e dos métodos de ensino, que o colocam em um mundo diferente daquele no qual ele vive e pensa o seu corpo. (GONÇALVES, 1994, p. 34)

É importante, nesse momento, que a escola, também, reflita sobre o mundo em que vivemos. Isso porque,

> apesar de a escola ter destinado pouca atenção às questões do corpo, cada vez mais aumentam os discursos sobre o corpo liberado, surgem uma pluralidade de terapias corporais e abrem-se de locais, cuja intenção é libertar, ensinar a viver este corpo reprimido. Por que a escola não se preocupa com este corpo liberto e prazeroso? Se a escola pública e gratuita pretende a democratização cultural, por que determinados aspectos da cultura permanecem elitizados e somente acessível àqueles que "têm dinheiro"? (PACHECO, 1997)

A corporeidade passa a ser, então, algo ignorado pela maioria das pessoas, principalmente na vida jovem e adulta, quando o indivíduo, por diversas razões, distancia-se, cada vez mais, do contato com seu próprio corpo. Por vários motivos distanciamo-nos dele talvez levados pela insistência da escola em dizer que não temos corpo. Isso nos leva a pensar sobre os motivos que levam a sociedade a se esquecer do próprio corpo.

Trazidas essas discussões panorâmicas sobre as temáticas que sustentam nossos trabalhos, aquilo que for específico será abordado por cada educador em suas intervenções, quando serão mais bem discutidos e relatados os aspectos mais importantes e relevantes em cada tema de abrangência.

3 Resultados e discussões

Ressaltamos, já de início, que todos os projetos de intervenção utilizaram a metodologia de pesquisa qualitativa, utilizando como instrumentos de trabalho questionários, pesquisas e conversas.

Com a proposta dos projetos de intervenções, que visam ao melhoramento, ao aperfeiçoamento e à análise das pesquisas realizadas anteriormente, seguem os desenvolvimentos com os aspectos mais relevantes.

O projeto de intervenção de Kenderson aconteceu visando propor novas metodologias e técnicas para um melhor entendimento das regras do xadrez pelos jovens. Durante quatro semanas, duas vezes em cada uma, os educandos foram convidados a experimentar o xadrez de uma forma diferente do usual. A proposta foi de que eles jogassem, a partir de um tabuleiro onde os próprios educandos representariam as peças do xadrez, o xadrez humano. Essa intervenção deu margem para que a corporeidade fosse amplamente considerada, pois possibilitou observar a maneira como cada educando portava-se diante de diferentes situações, como quando estava ganhando ou prestes a perder, por exemplo.

A escola disponibilizou o material que seria utilizado para a confecção do "tabuleiro humano", que foi feito com retalhos de TNT. As cores usadas no tabuleiro foram a vermelha e a preta. Na caracterização das peças, cada educando construiu sua roupa e adereço para cabeça, se necessário. A ideia de envolver os educandos e trazê-los para fazer parte desse processo fez com que eles se sentissem mais responsáveis pelo projeto, o que favoreceu a aceitação de alguns que ainda resistiam em aprender xadrez, mas viram que, com uma ideia diferente, o aprendizado poderia se tornar mais fácil.

A criação dos adereços, que iria diferenciar cada peça do xadrez, foi feita aleatoriamente, pois, em cada jogo, os educandos representariam peças diferentes. Para a cabeça, dobraduras e colagens remetiam às peças do xadrez: dama, rei, cavalo, torre e bispo. Os peões, por serem maioria no tabuleiro (16 no total), seriam os únicos que não portariam adereços na cabeça. Além disso, todos eles usariam uma espécie de blusa, também feita em TNT (oito brancas e oito pretas). Cumpre destacar o comprometimento que todos os educandos tiveram para a criação do tabuleiro.

Os jovens, ao serem instigados, mostraram muita criatividade. Ao serem sujeitos do "novo", quando todos deram uma parcela de contribuição, cada um com sua identidade pessoal, foi possível perceber, no comportamento deles, um jeito próprio de ser jovem, criativo, carinhoso, participativo e responsável.

No dia da primeira rodada de xadrez com o tabuleiro humano, a distribuição das peças foi feita sem critério, obedecendo apenas à ordem de escolha de cada um. O primeiro passo para que os educandos entendessem e participassem do jogo era uma "batalha de peões", na qual estes eram colocados em seus respectivos lugares e explanado sobre o porquê de as peças brancas sempre começarem o jogo. De acordo com a literatura, o xadrez traz, em suas raízes, a questão racial, em que só o branco dominava e iniciava a partida.

Aproveitando a oportunidade, assistimos ao curta *O xadrez das cores*, no qual fica clara essa questão racial. Os educandos, ora representados por peões, ficavam todos querendo se movimentar, sem nenhuma regra ou regulamento. Então se decidiu que o educando de cada cor que representaria o rei ditaria as regras e as revelaria para serem colocadas em prática, o que fez com que os educandos tivessem maior participação e interesse, tornando as regras do xadrez mais fáceis de serem assimiladas.

Além do xadrez humano, apostou-se também em ensinar o jogo em uma plataforma que comumente os educandos utilizam no cotidiano, tanto para fins escolares quanto para fins sociais: o computador. A intenção aqui, novamente, era tornar o jogo, que antes era visto como chato ou feito para intelectuais, em uma atividade que fosse mais atraente e que conquistasse o grupo de educandos da EJA que, antes, não se interessavam pelo xadrez. Dessa forma, o xadrez no laboratório de informática foi praticado concomitantemente com o xadrez humano, cada um com seus objetivos, sempre complementando e reforçando um método ao outro.

Ainda que novas práticas fossem um dos principais motes da intervenção, preocupamo-nos em não deixá-los sem a prática mais comum do xadrez, aquela feita em tabuleiros oficiais. Isso foi importante para que eles se familiarizassem com o formato de xadrez que eles encontrarão em qualquer lugar que se propuserem a jogar. Além disso, projetando esse ensino para uma esfera que fosse além do xadrez na escola, o educando que se interessasse em participar de torneios e campeonatos deveria saber jogar o xadrez dessa forma. Sendo assim, junto com as aulas no tabuleiro humano e no laboratório, a prática no tabuleiro oficial foi feita pelo menos em um dia de cada semana.

É interessante perceber, aqui, a progressão no rendimento de cada um. Para minha surpresa, não foi somente o interesse, mas a capacidade de jogo de cada educando foi aumentando semana a semana, embora tenha sido um pouco desgastante, tanto para eles quanto para mim, por se tratar de uma intervenção que foi observada em curto espaço de tempo.

A proposta de Sandra Mary Monteiro, nesse segundo momento, foi focada na juventude, diferente da pesquisa anterior, na qual relatava experiências de jogos com adultos da EJA. Essa intervenção teve como ponto inicial da pesquisa os educandos jovens da EJA, em seus diferentes tempos de vida, que buscavam frequentar o segundo segmento do Ensino Fundamental da Escola Municipal Centro Técnico Pedagógico (CETEPE), com perspectivas diferenciadas, que implicavam uma relação desafiadora, pois ficaram algum tempo sem estudar e receosos de voltar à escola. Com isso, muitas vezes se achavam incapazes de aprender. Esse problema afetava a autoestima, prejudicando o desempenho, pois é comum deixar de se envolver em alguma atividade, por se achar incapaz de realizá-la, sem mesmo ter tentado resolver as questões propostas. Os próprios educandos explicitavam isso, em conversas informais. Então, para facilitar o envolvimento dos educandos, foram propostas atividades partindo de situações do cotidiano.

Percebia-se que os conceitos matemáticos estavam presentes na vida deles, indicando que havia uma facilidade em aprendê-los. Mesmo com pouca escolarização, dominavam noções matemáticas que foram aprendidas, de maneira informal ou intuitiva, em suas vivências. Para dar novos significados a essas experiências, a prática lúdica, por meio de jogos planejados e escolhidos pelos educandos, foi o caminho trilhado.

Os próprios educandos confeccionaram os materiais para a realização dos jogos. Eles foram divididos em grupos e todos fizeram a leitura das regras escolhidas por eles e, depois, cada grupo discutiu o entendimento do jogo, após isso o relator explicou, para o restante dos colegas, aquilo que o grupo tinha entendido.

A parte prática dessa intervenção aconteceria nas semanas seguintes, duas vezes por semana. Dessa forma, os educandos jogariam e fariam observações, registrando suas impressões em um questionário após cada aula. Os educandos seriam observados e analisados, ainda, pela equipe de educadores, visando perceber o comportamento corporal dos educandos, principalmente pelas suas expressões faciais e o comportamento diante de uma prática diferenciada da tradicional.

Investiu-se, portanto, na utilização do lúdico como prática pedagógica, objetivando reduzir e eliminar o estigma dos educandos com a Matemática. Esse trabalho foi desenvolvido na turma 3 do 2º segmento, por essa concentrar um maior número de educandos jovens. Esta turma é composta de 23 educandos, dos quais 14 estão na fase da juventude. Mas a frequência é um tanto quanto flutuante; uma semana tem uma turma, na outra semana já é outra.

Isso, porém, não foi um dificultador; pelo contrário, foi um incentivo a mais para a participação dos educandos. Os jovens, frente ao desafio proposto, sentiram-se provocados e, de imediato, partiram para a confecção dos jogos. Os jogos selecionados pelos educandos foram: dominó de fatos, o jogo do resto e rouba-monte. A confecção dos jogos foi bem rápida, já que os jovens queriam experimentar o como jogar. Devido ao entusiasmo dos educandos jovens, que riam e conversavam animadamente, os adultos envolveram-se e participaram da atividade também com muita espontaneidade. Então, formaram-se quatro grupos, de acordo com a afinidade que tinham. Interessante foi perceber que os adultos formaram grupos separados dos jovens.

Cada grupo desenvolveu-se de acordo com sua habilidade. Num período de 30 dias, duas vezes na semana, os educandos participaram de situações lúdicas que caracterizaram a intervenção pedagógica, em nível coletivo. Os educandos discutiram, analisaram, confeccionaram os jogos e até elaboraram regras próprias. Por fim, eles explicitaram o quanto se divertiram e que nunca pensariam que, jogando, pudessem aprender algo de Matemática. E, ainda, disseram que jogar é muito sério, que envolve muita atenção.

O mais importante foi que conversaram com colegas que ainda não tinham tido oportunidade de conversar, que vivenciaram uma energia muito boa, o que vem a comprovar que o homem não vive só e nem no vazio; necessita do outro para produzir, transformar, dialogar, compartilhar, ou seja, ser solidário e sujeito do seu fazer. Freire (1983, p. 33) assim descreve: "Não há educação fora das sociedades humanas e não há homem no vazio".

A pesquisa de Maria do Carmo foi desenvolvida no âmbito da gestão, na Secretaria Municipal de Educação da cidade de Coronel Fabriciano/MG, em cinco escolas da rede municipal que oferecem a modalidade de EJA, no Ensino Fundamental. A proposta foi previamente analisada pela equipe gestora da Secretaria que, após a aprovação, levou ao conhecimento dos coordenadores e professores que apreciaram e discutiram a viabilidade de execução desta.

O projeto foi organizado em duas etapas: a primeira, em nível de cada escola, e a segunda, em nível municipal. A primeira etapa tinha por objetivo fazer uma sondagem entre os educandos jovens da EJA sobre o que gostam de fazer e o que são capazes de realizar. Com base nas respostas, uma equipe escolhida pelos educandos e educadores passou a observar, registrar e agrupar os educandos, de acordo com as capacidades apresentadas.

Cada grupo organizado recebeu uma tarefa conforme o que gostam e são capazes de fazer: Dimensão Linguística (texto, poema, panfleto e livreto); Dimensão Lógico-Matemática (pequenos experimentos e culinária); Dimensão Espacial (desenhos e vídeos); Dimensão Corporal (dança, teatro e esporte); Dimensão Musical (cantar e tocar instrumentos) e Dimensão Naturalista - envolver questões do meio ambiente (reciclagem e reflorestamento). Após a execução das tarefas, em nível escolar, uma comissão organizadora, de comum acordo com os educandos e educadores, escolheu qual delas iria ser apresentada em nível municipal.

A segunda etapa tinha, então, por objetivo, proporcionar a interação entre os jovens e adultos da EJA por meio de jogos, músicas, danças, poemas, exposições de trabalhos. Para o desenvolvimento das atividades propostas na segunda etapa, uma escola da rede municipal preparou o ambiente, de modo a favorecer as apresentações das tarefas organizadas pelas escolas.

Com a chegada dos educandos e educadores ao local do encontro, percebeu-se a espontaneidade das realizações das tarefas: exposição de poesias, desenhos, bordados, culinária e pequenos experimentos; apresentação dos atletas para o campeonato – futebol de salão; visitação aos estandes; exibição de vídeo apresentando os espaços vivenciados pelos educandos; teatro, música e dança organizados pelos educandos.

O ambiente tornou-se festivo e alegre, proporcionando a cada participante sentir-se acolhido pelo outro. Foi avaliado como positivo aquele momento, tanto é que veio, por parte dos participantes, a solicitação de se realizarem outros encontros nessa dimensão.

Com a finalidade de facilitar e tornar o trabalho de pesquisa mais interativo e prazeroso, Elaine e Natália uniram-se e trabalharam juntas no projeto de intervenção. Iniciaram esta intervenção com uma conversa informal com os educandos, comunicando-lhes a proposta de trabalho e pedindo-lhes opiniões a respeito dela. O trabalho foi facilitado porque ambas trabalham na mesma unidade escolar e com a mesma turma.

Foram realizadas dinâmicas envolvendo o corpo no contexto escolar: entre elas uma roda feita com vários jornais e cada aluno ficando de pé em uma parte do jornal. Colocaram, então, uma música da cantora Shakira, "Estoy aqui", para tocar. Os educandos tinham que dançar de mãos dadas com os colegas e, a cada vez que a música se repetia, os educandos tinham que ir dobrando o jornal, até este ficar em partes bem pequenas e os educandos muito próximos uns dos outros.

Desenvolveram, também, uma brincadeira que se chama pare-bola, para a qual fizeram um círculo e colocaram um funk e, ao tocar a música, a bola passava de mão em mão. A qualquer momento a música era interrompida e quem estivesse com a bola na mão tinha que fazer a tradução de uma palavra em espanhol, a qual se relacionava a uma parte do corpo humano. Além dessas atividades, realizadas em sala de aula, também foram realizadas algumas atividades esportivas na quadra, como: pula-corda, vôlei, mímica, pingue-pongue e peteca.

A partir daí, foi possível observar, na expressão dos rostos dos educandos e na satisfação com que realizavam as atividades, que eles gostaram muito das dinâmicas realizadas.

No final da pesquisa, concluiu-se que as brincadeiras e as dinâmicas são recursos favoráveis para se trabalhar em sala de aula com os jovens da EJA, porque, além de promoverem a interação social e cultural dos alunos, tornam as aulas mais divertidas e o aluno mais interessado no conteúdo.

Sueli e Anderson são educadores na mesma unidade escolar. A proposta de junção de seus trabalhos ocorreu devido ao fato de seus trabalhos terem sido feitos com os mesmos educandos, o que contribuiu, então, para a realização de uma pesquisa voltada exclusivamente para os jovens presentes na EJA. Percebemos, então, que, para desenvolver uma proposta voltada para a corporeidade e de utilização de jogos na escola, seria preciso que a percepção de que o lúdico pode ajudar na melhoria da convivência dos jovens, uma vez que os jovens gostam de jogar, fosse ampliada.

Assim, a partir dessa percepção, verificou-se que a convivência no jogo proporciona aos educandos meios para desenvolver habilidades que agem como facilitadores dos processos de aprendizagem. Essas habilidades podem ser observadas no aumento do vocabulário e nas argumentações durante os jogos. Foram, assim, utilizados jogos de baralho com o intuito de propiciar aos jovens condições de aproximar o jogo do lazer.

Nesses jogos, a proposta era a de avaliar o comportamento dos jovens envolvidos e o aprimoramento de cálculos mentais. A ideia era a de que, aos poucos, os educandos fossem interagindo, assimilando as regras e relacionando-as ao cotidiano. Os jogos foram realizados dentro de uma sala de aula que havia sido preparada para a realização dos seguintes jogos: Detetive, Uno, Truco, Buraco e Chegando a zero.

Tínhamos quatro grupos com quatro adolescentes cada um. Os grupos foram formados por meio da dinâmica da bala, quatro balas de quatro sabores diferentes são distribuídas entre os participantes. Formavam-se os grupos conforme o sabor das balas. Assim, os grupos se formariam sem correr o risco de agrupamentos por afinidades. Fizemos os jogos em forma de rodízio, para que todos passassem por todos os jogos.

Segundo os Parâmetros Curriculares Nacionais de Matemática, o aspecto mais relevante no trabalho com jogos é o fato de eles provocarem desafios genuínos nos educandos, interesse e prazer. Por isso, recomendam que eles façam parte da cultura escolar, e não como atividades extras. Pedagogicamente, o jogo se apresenta produtivo ao educador – ou seja, facilitador na aprendizagem de estruturas, muitas vezes, de difícil assimilação – e produtivo ao aluno, que desenvolve a capacidade de pensar, analisar, refletir, compreender conceitos matemáticos, etc.

Em princípio, houve certa rejeição dos grupos, pois seus integrantes tinham o receio de que, na execução desses jogos, teriam que sair vencedores. A insegurança e o medo daquela situação deixaram-nos um pouco apreensivos. Com o desenvolver dos jogos, começaram a perceber como estava sendo bom participar e, assim, teve início o processo avaliativo do grupo. Os educandos não tinham noção do que realmente estava acontecendo, pois fazia parte dos objetivos da proposta que eles agissem espontaneamente e não ficassem presos às reações, comuns para quem é submetido a um processo de avaliação.

Como primeiro resultado dessa intervenção, em relação às respostas dos educandos, foi possível observar que elas foram positivas, já que eles demonstraram interesse em apresentar suas opiniões acerca das atividades, além de levantarem possibilidades de o jogo ser trabalhado para recordar ou revisar determinados conteúdos.

Outro resultado foi o apontamento para a possibilidade de aprender o que não se sabia com a ajuda dos colegas, mesmo se isso acontecesse nas discussões das rodadas, o que, segundo Lara (2004, p. 25),

> [...] pode auxiliar no desenvolvimento de um pensamento dedutivo ou lógico mais rápido. Muitas vezes, é através de exercícios repetitivos que o/a aluno/a percebe a existência de outro caminho de resolução que poderia ser seguido, aumentando, assim, suas possibilidades de ação e intervenção.

Avaliando o comportamento dos jovens, percebemos, então, que, para desenvolver uma proposta voltada para a utilização de atividades de corporeidade e de jogos na escola, é preciso ampliar a nossa percepção de que o lúdico pode ajudar na melhoria da convivência dos jovens.

A proposta de trabalho da Janice foi desenvolver uma intervenção voltada para a juventude, sendo que, também, nessa proposta, os jogos pedagógicos seriam construídos pelos próprios educandos. A diferença é que eles iriam propor o trabalho da forma que achassem melhor, além de pesquisar sobre o que fariam e como fariam na semana de aplicação do projeto. Poder-se-iam basear em jogos já conhecidos ou levar outras ideias para a sala, formando os grupos de trabalho de acordo com a habilidade de cada um para executar as tarefas.

Durante uma reunião, ficou estabelecido que todos os educandos participariam dos jogos e que eles poderiam alterar as regras de acordo com a necessidade de adequação à capacidade de todos. Foi discutida, também, a exposição que fariam dos trabalhos realizados durante a mostra cultural da escola.

Para facilitar as escolhas, criamos três grupos específicos para a elaboração dos jogos: o de Português, o de Matemática e o grupo temático. Este último definiu que faria seus jogos de acordo com a temática "trânsito", já que, naquela semana, estava sendo comemorada a "semana do trânsito". Todos participaram ativamente da reunião, colaborando, inclusive, com os outros colegas.

A partir desse primeiro encontro, os grupos deveriam escolher os jogos e indicar o material necessário para as confecções. Cada grupo era autônomo e se responsabilizaria pela distribuição das tarefas entre os participantes, já que teriam que recortar papel, medir, colorir, criar regras especificas dos jogos escolhidos, entre outras coisas.

O material necessário para desenvolver o trabalho foi dado e os grupos, depois de confeccionarem os jogos, deveriam testá-los para avaliar se havia algum problema. No dia da exposição, deveriam, também, explicar às pessoas visitantes os objetivos do jogo e a forma de se jogar.

Na escolha dos jogos, aconteceram coisas interessantes. O grupo de Matemática escolheu seus jogos baseados em fatos fundamentais, o que era uma dificuldade da sala inteira. Os jogos foram: bingo de fatos, trilha de produtos, encontre os produtos, dominó de fatos e complete a tabela.

O grupo de Português escolheu os jogos de acordo com o conteúdo que já havia sido trabalhado em sala e que eles dominavam. Houve um destaque para jogos sobre ortografia, que também era uma dificuldade de toda a turma. Os jogos foram: jogo da memória, visando às dificuldades ortográficas (ch - lh - nh - h inicial - rr - r brando), bingo de sinônimos, bingo de antônimos e trilha do alfabeto.

O grupo temático foi, também, surpreendente, já que, a partir do assunto do momento, o trânsito, criou o jogo rodoviário matemático, que envolvia regras e operações matemáticas, além de abordar o assunto temático.

O trabalho teve a duração de uma semana e os educandos desenvolveram as atividades de uma forma bem alegre. Ressalto o seguinte fato: o que era para ser trabalho em grupos separados transformou-se num único grande grupo, porque todos se ajudavam, dando ideias e discutindo entre eles.

No dia da exposição, os educandos chegaram cedo para arrumar a sala onde ficariam. Foi agradável vê-los trazer uma faixa com dizeres que eles escolheram para nomear o trabalho realizado: "Como é bom aprender brincando". Eles ficaram muito entusiasmados com a exposição. Receberam muito bem todos os visitantes da sala e fizeram questão de mostrar como se jogava cada um dos jogos. Os visitantes elogiaram bastante a iniciativa dos educandos e ficaram encantados com o empenho de cada um em mostrar o que havia sido produzido.

4 Considerações finais

A partir da aplicação dos projetos de intervenção e das análises realizadas, percebemos que a utilização dos jogos e brincadeiras, no processo pedagógico, pode ser um grande instrumento para desenvolver o gosto pela participação de todos os educandos, proporcionando e facilitando a socialização, incentivando, também, o raciocínio na construção de conceitos matemáticos, entre outros. Era nítida a alegria da convivência e cooperação entre os grupos. Por meio dos jogos e brincadeiras, todos os participantes e integrantes dos grupos colaboraram para que ocorresse a motivação entre eles, fazendo com que, bem espontâneos, mergulhassem na sua participação, a fim de alcançarem êxito.

Como o foco deste trabalho foi a juventude, pudemos perceber e compreender as especificidades de cada educando, buscando atender suas necessidades e adaptar os jogos e as brincadeiras de acordo com suas necessidades e vontades.

Em relação à metodologia aplicada em todas as intervenções, embora a corporeidade tenha sido amplamente discutida e trabalhada, todos os resultados dos trabalhos foram vinculados a: como o corpo deve ser instrumento de comunicação e que, por meio dele, devemos promover um processo de "corporalização" na escola.

> A idéia central é que a escola possa produzir uma cultura corporal de movimento, o que não significa ficar alheia ao mundo para além de seus muros. Em outras palavras: ao invés de a escola reproduzir as práticas corporais da sociedade (ou a falta delas!), ela deve realizar uma filtragem crítica, uma transposição didática que também trabalhe essas práticas já consolidadas, sem as absorver simplesmente, mas que estabelecendo uma relação de fluxo e refluxo. (VAGO, 1996, p. 4)

Quando falamos corporeidade, não nos referimos ao corpo somente em sua dimensão biológica, mas a um corpo que, também, participa e está presente em outras dimensões da vida humana. Um corpo inscrito com os signos de seu pertencimento, com dores e com desejos, afetos e sentimentos, com as alegrias e as tristezas da infância, com os medos e as disposições que atravessam a experiência de vida das pessoas, as quais foram se construindo durante suas histórias de vida. Pensamos, assim, que é muito importante trabalhar a expressão e a expressividade do corpo, pois é com ele que cada um aprendeu a entender o mundo que nos rodeia e a estar nele. E é com esse entendimento que vivemos neste mundo.

Entendemos que a prática da ludicidade, por meio dos jogos, é um bem cultural a que nossos educandos jovens, assim como crianças e adultos, têm direito. A escola precisa atentar-se ao desenvolvimento de práticas que procurem aproximar o educando da ludicidade, do jogo, pois acreditamos que ensinar é também estimular o desejo de saber. Esta pesquisa refletiu sobre a importância da ludicidade no processo ensino/aprendizagem, tendo o jogo como eixo norteador nas turmas de EJA. Buscamos, ainda, discutir o lazer e a cultura na ludicidade, analisar os jogos pedagógicos como instrumento motivador do aluno e compreender a importância do lúdico no processo interdisciplinar.

O trabalho realizado foi, também, de grande importância para nós, educadores, pois ele possibilitou o enriquecimento de nossa vida acadêmica e profissional, já que nos levou a refletir que o educador, o tempo inteiro, precisa avaliar sua postura educativa, analisando e criticando sua relação com o educando, considerando que essa relação é primordial no processo de aprendizagem. "Através do diálogo, a relação educador e educando deixa de ser uma doação ou imposição; é uma relação horizontal, eliminando as fronteiras entre os sujeitos" (FREIRE, 1983, p. 68).

Em linhas gerais, reafirma-se que esta pesquisa não é um ponto final, mas o resultado de reflexões e percepções que traduzem as concepções humanas, ampliando saberes que permeiam as práticas pedagógicas no emaranhado das relações estabelecidas no processo ensino/aprendizagem.

Entendemos, ao final, que o lúdico apresenta valores específicos para todas as fases da vida humana. Assim, na idade infantil e na adolescência, a finalidade é essencialmente pedagógica. A criança, o jovem e mesmo o adulto opõem uma resistência à escola e ao ensino, porque, acima de tudo, ela não é lúdica, não é prazerosa.

Sendo assim a escola, e principalmente a EJA, deveria considerar o lúdico como um importante instrumento e seu aliado no processo ensino/aprendizagem, passível de ser utilizado amplamente para atuar no desenvolvimento e na aprendizagem dos jovens e adultos. O lúdico deve ser valorizado e estimulado pela sua importância na função pedagógica, tornando-se fundamental para a atuação do educador.

Referências

ALMEIDA, Miguel. *Apostila capítulo 1*: juventude, identidade e território: a construção das trajetórias na cidade de Belo Horizonte. Belo Horizonte: [s.n.], 2006. 5p.

ARMSTRONG, Thomas. *Inteligências múltiplas*: na sala de aula. Porto Alegre: [s.n.], 2001. p. 13-18.

ARROYO, Miguel. *30º Fórum da EJA*. Coronel Fabriciano: [s.n.], 2010.

ARROYO, Miguel. *Apostila educação popular em tempo de exclusão*: desafio para educação de jovens e adultos. Belo Horizonte: [s.n.]. 9p.

DAYRELL, Juarez. O jovem como sujeito social. *Revista Brasileira de Educação*, Rio de Janeiro, p. 41, 2003.

FOUCALT, Michel. *Vigiar e punir*. Petrópolis: Vozes, 1987.

FREIRE, João Batista. *Educação de corpo inteiro*: teoria e prática da educação física. São Paulo: Scipione, 1996.

FREIRE, João Batista; SCAGLIA, Alcides José. *Educação como prática corporal*. São Paulo: Scipione, 2009. (Coleção Pensamento e Ação na Sala de Aula).

FREIRE, Paulo. Educação como prática da liberdade. Rio de Janeiro: Paz e Terra, 1983.

GARAUDY, Roger. *Dançar a vida*. 2. ed. Rio de Janeiro: Nova Fronteira, 1980.

GONÇALVES, Maria Augusta Salin. *Sentir, pensar e agir*: corporeidade e educação. Campinas: Papirus, 1994.

GUIMARÃES, Maria T. C.; DUARTE, Aldimar J. Jovens da Educação de Jovens e Adultos (EJA): escola e o trabalho na mediação entre o presente e o futuro. GT-18: Educação de Pessoas Jovens e Adultos. Pontifícia Universidade Católica de Goiás. 2008. p. 5. Disponível em: < http://www.anped.org.br/reunioes/31ra/1trabalho/GT18-3968--Int.pdf > Acesso em: 20/07/2011.

LARA, Isabel Cristina Machado de. *Jogando com a matemática de 5ª a 8ª séries*. São Paulo: Rêspel, 2004.

MINAYO, Maria Cecília de Souza (Org.). *Pesquisa social*: teoria, método e criatividade. Petrópolis: Vozes, 1993. p. 21-22.

PACHECO, Ana Julia Pinto. O corpo escolarizado. *In*: EnFEFE - Encontro Fluminense de Educação Física Escolar. Rumos da Educação Física Escolar, 2., Niterói, 1997. *Anais*... Disponível em: <http://cev.org.br/biblioteca/o-corpo--escolarizado>. Acesso em: 9 jul. 2011.

SOARES, Leôncio. *Educação de jovens e adultos*. Rio de Janeiro: DP&A, 2002. p. 43.

VAGO, Tarcísio Mauro. O "esporte na escola" e o "esporte da escola": da negação radical para uma relação de tensão permanente. *Movimento*, ano 3, n. 5, p. 4-17, 1996.

Os livros do PNBE interessam aos jovens da EJA?

Chrisley Félix Soares
Elaine Barbosa da Silva Ozório
Graciana de Abreu Paula
Jane Luísa Corrêa
Kátia Angélica de Queiroz Rocha
Maria da Glória Riblas de Moraes
Marilda Lima Ribeiro
Monica Vidigal Alves Neves
Rosinalva Almeida Santos de Jesus
Silma Rodrigues de Oliveira

1 Introdução

Os alunos da Educação de Jovens e Adultos (EJA) são pessoas que não tiveram a oportunidade ou a possibilidade de concluir a sua escolaridade no tempo certo. No Brasil, as taxas de analfabetismo vêm apresentando constantes diminuições em termos nacionais, como apontam os dados do INEP, mas há outra preocupação, além da não conclusão do ensino fundamental, que é o analfabetismo funcional, motivo pelo qual foi criado o INAF (Índice Nacional de Alfabetismo), que tem como objetivo avaliar a capacidade de domínio da leitura, escrita e cálculo.

> É considerada alfabetizado funcional a pessoa capaz de fazer frente às demandas de seu contexto social e usar essas habilidades para continuar aprendendo e se desenvolvendo durante a sua vida. (SOARES, 1998, p. 53)

Ribeiro (1999, p. 9) afirma que:

> Primeiramente, devemos considerar a necessidade de consolidar a alfabetização funcional dos indivíduos, pois estudos atuais indicam que é preciso uma escolaridade mais prolongada para se formar usuários da linguagem escrita, capazes de fazer dela múltiplos usos com o objetivo de expressar a própria subjetividade, buscar informação, planejar e controlar processos e aprender novos códigos de conhecimento.

Utilizar a capacidade de leitura e escrita para atender as suas necessidades e para continuar aprendendo é um processo que não se encerra no domínio do código escrito. Capacidade de leitura e escrita é mais complicado e, por isso, exige apropriação que depende de um processo que se inicia antes do domínio do código escrito em si e não se encerra nele.

Os educandos da Educação de Jovens e Adultos encontram-se em um momento da história da humanidade em que a ciência e a tecnologia determinam o modo de vida de cada um. Assim, por que eles se interessariam por textos literários ou literatura em geral? A maioria dos educandos que não tiveram a oportunidade e a possibilidade de concluir sua escolaridade, e que hoje estão absorvidos pela própria sobrevivência, talvez nem tenha conhecimento de que exista a literatura.

Os poemas e obras de ficção dizem sobre os grandes temas da vida humana. Mesmo aqueles que não leem convencionalmente, mas pelo ouvido e como a vida dos educandos da EJA é prática, acreditam que precisam de soluções, de respostas e de experiências úteis, de resolver seus problemas.

Para que a literatura na Educação de Jovens e Adultos? Para que possam viajar por mundos, cidades, sentimentos dos personagens e cenários dos livros e textos literários, sem perder o pé na realidade, levantando questões fundamentais, abrindo seus mundos pequeninos, feitos de minúsculos fatos do dia a dia, ao grande painel da reflexão humana.

Segundo Colomer (2002, p.89):

> Compartilhar as leituras não apenas estabelece vínculos entre os leitores de alguns livros em um momento determinado, como os conecta com sua tradição cultural. A escola deve velar para que assim seja, já que as novas gerações têm direito a não ser despojadas da herança literária da humanidade. Sem ela, os jovens e os adultos se acham condenados, como Peter Pan, a viver em um lugar de eterno presente, em que tudo se esquece de imediato.

A leitura, lida ou ouvida, é o meio que o educador tem de propiciar ao sujeito da EJA a conviver e a conflitar seus valores e ideias, espaço e tempo, modo de vida dos personagens das histórias, poesias, figuras da literatura. De acordo com Frank Smith (1999, p. 154), a compreensão de um texto está relacionada com que o leitor sabe e com o que quer saber; a compreensão implica fazer perguntas e obter as respostas.

Sabe-se que a escola tem papel primordial na incorporação dos educandos à cultura letrada, ao incentivo e conhecimento da literatura a fim de eles serem leitores competentes, capazes de recorrer aos textos em diferentes situações.

É necessário ter claros os objetivos das situações de leitura, o porquê da Literatura, ensinando os alunos a construírem sentido para o que leem, colocar em ação seus conhecimentos prévios, a fazer antecipações acerca do significado e da forma, a controlar sua compreensão e fazer com que tenham cada vez mais autonomia para realizar essas ações.

Acredita-se, também, que, para formar leitores na escola, o educador da EJA deve buscar caminhos (conhecendo os gostos dos estudantes) que não serão definitivos nem únicos, pois ensinar não só envolve como também exige uma constante investigação e um questionamento da prática.

Assim, este trabalho é fruto de um estudo desenvolvido durante o curso de especialização de jovens e adultos, e teve por objetivo investigar práticas de leitura literária e a formação do educando da EJA, por meio dos livros selecionados pelo Programa Nacional da Biblioteca Escolar (PNBE).

2 Leitura enquanto prática social

> A escola deve oferecer múltiplas oportunidades de recorrer à leitura para cumprir diversos propósitos, de entrar em contato com materiais diversos, de participar em situações de intercambio com outros leitores. Trata-se de formar leitores: que exerçam o direito de construir sua própria interpretação da obra, que estão lendo, e estejam dispostos a confrontá-la com a de outros leitores; que comecem a perguntar-se pelas intenções do autor, a tomar posição frente ao que leem. (*Pre Diseño Curricular para la Educación General Básica*, p. 361)

A escola é a instituição responsável por promover o contato dos alunos com os livros e de contribuir para que aqueles se tornem leitores autônomos e capazes de fazer leituras voluntárias. Por isso, toda vez que se identifica, em crianças ou adultos, uma dificuldade no uso da escrita ou um desinteresse pela leitura, é atribuído à escola o fracasso "no desenvolvimento de habilidades de usos social da leitura e da escrita e na promoção de atitudes positivas em relação à leitura" (SOARES, 1999, p. 89).

Como afirma Candido (1995, p.23):

> A literatura corresponde a uma necessidade universal que deve ser satisfeita sob pena de mutilar a personalidade, porque pelo fato de dar forma aos sentimentos e à visão do mundo, ela nos organiza, nos liberta do caos e, portanto nos humaniza. Negar a fruição da literatura é mutilar a nossa humanidade. Para esse autor, a literatura pode ser um instrumento consciente de desmascaramento, pelo fato de focalizar as situações de restrição dos direitos, ou de negação deles, como a miséria, a servidão, a mutilação espiritual. Tanto num nível quanto no outro ela tem muito a ver com a luta pelos direitos humanos.

A formação inicial do leitor, em nossa sociedade, dá-se, sobretudo, através do texto literário. Muitas crianças têm contato com a leitura de ficção desde o nascimento, e este se intensifica com a entrada na escola. Grande parte dos jovens e adultos que chegam à escola não teve a oportunidade de frequentá-la na idade ideal e, apesar de apresentarem uma vivência de mundo muito grande, têm pouco acesso e contato com livros de literatura.

Segundo Cosson (2006, p. 30):

> Na escola, a leitura literária tem a função de nos ajudar a ler melhor, não apenas porque possibilita [...] o hábito de leitura ou porque seja prazerosa, mas sim, e, sobretudo, porque nos fornece, como nenhum outro tipo de leitura faz, os instrumentos necessários para conhecer e articular com proficiência o mundo feito linguagem.

De acordo com Lajolo (2001, p. 206):

> É a literatura, como linguagem e como instituição, que se confiam os diferentes imaginários, as diferentes sensibilidades, valores e comportamentos através dos quais uma sociedade expressa e discute simbolicamente seus impasses, seus desejos, suas utopias.

O acesso ao texto literário pode capturar os neoleitores jovens e adultos para a prática social da leitura e torná-los leitores ativos por excelência. O texto literário possibilita a produção de significados e sentidos, e contribui para que os sujeitos façam leituras críticas do mundo e para que possam criar novas possibilidades para a vida. Calvino, em seu livro *Seis propostas para o próximo milênio*, diz-nos que "do universo infinito da literatura sempre se abrem outros caminhos a explorar, novíssimos ou bem antigos, estilos e formas que podem mudar a nossa imagem de mundo" (MACIEL, 2006 p 47).

Os textos literários provocam reflexões de natureza cognitiva e afetiva. Permitem ao leitor a entrada em um mundo desconhecido, que instiga e que desenvolve o imaginário. Acredito que, assim, a leitura passa a ser vista como algo que fascina, que leva a um mundo desconhecido e mágico, que desperta a curiosidade e o desejo pelo saber.

Considerando a leitura como ato de ressignificar e de se apropriar dos conhecimentos de mundo, a literatura possibilita a formação de um cidadão capaz de entender a realidade social, atuar sobre ela e transformá-la.

A leitura do mundo precede a leitura da palavra, daí que a posterior leitura desta não possa prescindir da continuidade da leitura daquele. Linguagem e realidade prendem-se dinamicamente. A compreensão do texto a ser alcançada por sua leitura crítica implica a percepção das relações entre o texto e o contexto (FREIRE, 1988, p. 11).

Saraiva (2001, p. 13) afirma que:

> A aprendizagem da leitura é uma experiência que deve ultrapassar o domínio da decodificação significa, para transformar-se em meio de autoconhecimento e apreensão do real. E como arte, é a literatura, em suas diferentes formas, que propicia ao leitor o acesso à sua interioridade e o estabelecimento de relações de seu mundo interior com o exterior.

Falar de leitura literária remete ao conceito de letramento quando se focaliza a formação do leitor. Para se formar o leitor, não basta adquirir a "tecnologia" do ler e escrever; é preciso apreender a técnica da codificação e da decodificação, procedimentos atribuídos ao processo de alfabetização. É necessário acrescentar à aprendizagem e ao domínio da "tecnologia" a convivência com textos de circulação social, o que leva ao *letramento*, que é "o resultado da ação de ensinar ou de aprender a ler e escrever: o estado ou a condição que adquire um grupo social ou um indivíduo como conseqüência de ter-se apropriado da escrita" (SOARES, 1999, p. 18).

De acordo com Soares (2000, p. 48-49), o letramento é um

> *continuum* e, por isso, é difícil de ser medido, principalmente porque envolve dois fenômenos bastante diferenciados e muito complexos, a leitura e a escrita. Uma pessoa pode ser capaz de ler um bilhete ou uma história em quadrinhos e não ser capaz de ler um romance ou um artigo de jornal; ou ser capaz de escrever uma carta e não ser capaz de escrever uma argumentação defendendo um ponto de vista. Nesse sentido, a autora conclui "que há diferentes tipos e níveis de letramento, dependendo das necessidades, das demandas do indivíduo e de seu meio, do contexto social e cultural".

Seguindo a ideia desenvolvida por Soares, percebemos uma contradição: as práticas de letramento literário estão entre as inúmeras práticas de letramento que existem, porém, a despeito de serem pouco demandadas e ofertadas socialmente, "são valorizadas culturalmente como componente essencial de formação" (SOARES, 1999).

Tal valorização está refletida, por exemplo, no fato de o texto literário ser considerado imprescindível para a formação dos educandos, sendo parte integrante dos livros didáticos, motivo de concursos diversos, dentre os quais está inclusa a *Coleção Literatura para Todos.*

Assim, podemos dizer que há um tipo de letramento, que é o literário, mas

> o processo de letramento que se faz via textos literários, compreende não apenas uma dimensão diferenciada do uso social da escrita, mas também, e, sobretudo, uma forma de assegurar seu efetivo domínio. (COSSON, 2006, p. 12)

Para Cosson (2006, p. 27),

> não é possível aceitar a simples atividade de leitura como sendo a atividade escolar de leitura literária. Para promover o letramento literário é preciso ir além. É preciso se ensinar mecanismos de interpretação e exploração do texto literário, tendo o cuidado de não "cercear a leitura direta das obras criando uma barreira entre elas e o leitor".

É necessário promover uma interpretação solidária da leitura, na qual as trocas de sentido não sejam apenas entre o autor e o leitor, mas também com a sociedade em que estão localizados.

Ser leitor de literatura

> [...] é mais do que fruir um livro de ficção ou se deliciar com as palavras exatas da poesia. É também posicionar-se diante da obra literária, identificando e questionando protocolos de leitura, afirmando ou retificando valores culturais, elaborando e expandindo sentido. Esse aprendizado crítico da leitura literária, que não se faz sem o encontro pessoal com o texto enquanto princípio de toda a experiência estética é o que temos denominado aqui de letramento literário. (COSSON 2006, p. 120)

Freire (2000, p. 89) destaca que:

> Ler é algo mais criador do que simplesmente ou ingenuamente "passear" sobre as palavras. Leio tanto mais e melhor quanto, inteirando-me da substantividade do que leio, me vou tornando capaz de re-escrever o por mim ainda não escrito.

A história literária é uma tarefa sempre em andamento, cabendo a cada geração refazê-la e completá-la. No estado em que esses conhecimentos haviam sido deixados pelos antecessores, fazia-se sentir a necessidade de uma atualização.

O objetivo de pensar sobre o letramento literário é o de apresentar uma proposta de intervenção para a Educação de Jovens e Adultos (EJA), desse objeto tão discutido e questionado. Buscar explicitar alguns termos, compreender alguns questionamentos, debates e leituras, que circulam nos espaços e ambientes educacionais. Compreender essas discussões, debates e leituras é construir um referencial teórico que possa orientar e, de alguma maneira, sustentar a construção dessa proposta, sem perder de vista o público-alvo, os jovens alunos da EJA. Dentro dessa perspectiva, considera a necessidade de explicitar, inicialmente, o que é letramento e o que é letramento literário.

O termo letramento é um termo recente na literatura educacional brasileira. Alguns estudiosos da educação afirmam que esse termo apareceu na literatura em 1986 e foi utilizado inicialmente por Mary Kato. De maneira simples, podemos dizer que letramento são as competências e habilidades que os indivíduos têm de utilizar os recursos da leitura e da escrita para viverem em sociedade. Assim sendo, o letramento está relacionado às habilidades de uso que os indivíduos fazem da leitura e da escrita no seu cotidiano.

O fazer uso da leitura e da escrita vai além do domínio da decifração do código linguístico que permite aos indivíduos relacionar grafemas e fonemas (letras e sons), decifrando palavras e frases, o que, para alguns autores, lhes asseguram a condição de alfabetizados.

Sendo assim, Soares (1998) distingue esses dois processos e afirma ser alfabetização o domínio da tecnologia da leitura e da escrita, mas, que o fato de decifrarem o código lingüístico relacionando os grafemas e fonemas (letras e sons) não garante que estes sujeitos sejam letrados. Por outro lado a autora diz que pessoas analfabetas podem ser consideradas letradas quando fazem uso da tecnologia da leitura e da escrita, mesmo, que para isso precise recorrer a outras pessoas, ainda, nessa discussão a autora destaca duas categorias de letramento, sendo uma, individual e outra social.

Em relação à categoria individual, a autora diz:

> Estende-se da habilidade de traduzirem sons silabas sem sentido a habilidades cognitivas e metacognitivas; inclui entre outras a habilidade de decodificar símbolos escritos; a habilidade de captar significados; a capacidade de interpretar sequências de idéias ou eventos, analogias, comparações, linguagem figurada, relações complexas, anáforas, e ainda, a habilidade de fazer previsões inicial sobre o sentido do texto, de construir significados combinando conhecimentos prévios e informação textual, de monitorar a compreensão e modificar o significado do que foi lido, tirando conclusões e fazendo julgamento sobre o conteúdo. (SOARES, 1999, p. 69)

As habilidades elencadas pela autora como sendo determinantes do letramento individual estão relacionadas ao letramento escolar e se justificam devido à sua complexidade o uso do termo letramentos, pois, aponta para a necessidade de trabalhar os diversos tipos de texto que circulam na sociedade. Dentre eles, sem duvida nenhuma, está o texto literário, considerando que, muitas das habilidades citadas pela autora, como as de interpretar sequências de ideias ou eventos, analogias, comparações, linguagens figuradas, relações complexas e anáforas, são elementos que exigem habilidades de leitura mais apuradas, e estão ligadas a elementos constitutivos dos textos literários. Dessa forma, não se desenvolverão através das leituras de textos informativos e utilitários.

O que é o letramento literário?

Segundo Versiani, o termo letramento literário foi utilizado pela primeira vez pela autora Graça Paulino, e é o estado ou condição daquele que faz uso da literatura.

A expressão letramento literário para designar parte do letramento como um todo, fato social caracterizado por Magda Soares como inserção do sujeito no universo da escrita, através de práticas de recepção/produção dos diversos tipos de textos escritos que circulam em sociedades letradas como a nossa. Sendo um desses tipos de textos o literário relacionado ao trabalho estético da língua, à proposta de pacto ficcional e à recepção não-pragmática, um cidadão literariamente letrado seria aquele que cultivasse e assumisse como parte de sua vida a leitura desses textos, preservando seu caráter estético, aceitando o pacto proposto e resgatando objetivos culturais em sentido mais amplo, e não objetivos funcionais ou imediatos para seu ato de ler.

Retomar a definição de Magda Soares para letramento e aceitar que o letramento literário é parte do processo de letramento como um todo, leva-nos a entender que trabalhar buscando o letramento literário dos alunos deixa de ser uma opção e precisa ser compreendido como uma responsabilidade das escolas, pois, segundo Paulino (2006), reduzir o letramento da maioria dos brasileiros ao nível funcional é expropriá-los de vivências textuais.

A compreensão desses fatos, porém, não é, por si só, suficiente para implementar uma proposta de intervenção, pois é preciso que se considere aqui que o trabalho com a literatura nas escolas tem sido objeto constante de críticas e questionamentos. E, na tentativa de compreender melhor essa questão, retornar-se-á, então, a algumas observações de Magda Soares sobre a escolarização da literatura.

A respeito do termo escolarização da literatura, a autora diz que este vem sendo usado de maneira pejorativa e afirma que discorda, em tese, dessa conotação pejorativa, pois, todo o conhecimento que passa pela escola é escolarizado, uma vez que a escolarização é elemento constitutivo da essência da escola, desde que esta foi criada, tendo em vista que a escolarização é:

> O processo de ordenação de tarefas e ações, procedimentos formalizados de ensino, tratamento peculiar dos saberes pela seleção, e conseqüente exclusão, de conteúdos, pela ordenação e sequenciação desses

> conteúdos – e a esse processo que se chama escolarização, processo inevitável porque e da essência da escola, e o processo que a institui e a constitui. (SOARES, 2003, p. 21)

Portanto, diz Soares (2003, p. 22): "não há como evitar que a literatura ao se tornar saber escolar se escolarize, e que não se pode negar ou criticar essa escolarização, pois seria negar a própria essência da escola".

E ainda afirma:

> O que se pode criticar, o que se deve negar não e a escolarização da literatura, mas a inadequada, a errônea, a imprópria escolarização da literatura, que se traduz em sua deturpação, falsificação, distorção, como resultado de uma pedagogização ou uma didatização mal compreendida que ao transformar o literário em escolar, desfigura-o, desvirtua-o, falseia-o. (SOARES, 2003, p. 22)

Quando Soares faz essas observações a respeito da inadequada e errônea escolarização da literatura, ela nos alerta para o fato de que não pretende, neste texto, descrever uma metodologia para o ensino de literatura nas escolas, mas que apontará algumas práticas que contribuem para a inadequação do trabalho com os textos literários, o que, de certa maneira, orienta para o que é possível e adequado.

A autora nos diz, ainda, que, tanto a biblioteca quanto os textos literários são instâncias de escolarização da literatura: a biblioteca pela forma de organização, e os textos pelas intervenções pedagógicas que, entre outros fatos, têm por objetivo sempre, por mais que se mascare a avaliação do que foi lido, a escola. Portanto, nunca será um "ler por ler", mas, que esses fatos, por si só, não constituem problemas.

O que precisa ser considerado, então, no trabalho com o texto literário na escola?

Segundo Magda Soares, são quatro os aspectos que devemos considerar:

> A questão da seleção de textos: gêneros, autores e obra; a questão da seleção do fragmento que constituirá o texto a ser estudado; a questão da transferência do texto – do seu suporte didático para um suporte literário; e, finalmente, e talvez o mais importante, a questão das intenções e dos objetivos da leitura e estudo do texto. (SOARES, 2003,p.23)

Por meio das observações da autora, podemos dizer, em relação a gêneros, autores e obras, que não é aconselhável trabalhar com uma seleção limitada de autores e obras, sobretudo para não formar um conceito de que literatura é certos autores e certos textos.

A autora ressalta, ainda, a importância de desenvolver, no aluno, o conceito de autoria, de obra, de fragmento de obra, pois não devemos desapropriar o autor de sua obra e nem esta do seu suporte. É interessante, portanto, que, ao trabalharmos um poema, por exemplo, não deixemos de citar, além do autor, o livro em que ele foi publicado e outros fatos que sejam relevantes para a caracterização da obra e do autor.

Em um segundo momento, Soares chama-nos a atenção para o tratamento que os livros didáticos dão às obras literárias quando trazem fragmentos de textos maiores, buscando adequá-los aos objetivos de ler e analisá-los no tempo limitado e imposto pelo currículo e horários escolares.

Soares (2003) ressalta as questões relativas à transposição de um texto do seu suporte próprio – no caso, o livro de literatura – para o livro didático. E ilustra a sua observação mostrando como a transposição do poema "A Chácara do Chico Bolacha", da autora Cecília Meireles, para um livro didático em forma de uma história em quadrinhos, perdeu a sonoridade, o ritmo, a musicalidade, a disposição gráfica, ou seja, todos os elementos que o caracterizavam como um texto poético e, portanto, literário. E, em relação a isso, Magda Soares diz que não há como não alterar o texto, ao transportá-lo do seu suporte próprio para o suporte escolar, mas afirma que é preciso fazê-lo

> respeitando o que é a essência caracterizadora do texto, é preciso fazê-lo sem distorcer, desvirtuar, desfigurar. Em síntese: se e inevitável escolarizar a literatura que essa escolarização obedeça a critérios que preservem o literário, que propiciem a vivencia do literário e não uma caricatura dele. (SOARES, 2003, p.32)

Em relação aos objetivos e intenções do trabalho com textos literários, a autora nos diz que este deve objetivar, apenas, o que é especifico do texto literário, privilegiando habilidades e atitudes necessárias à formação de um bom leitor de literatura.

Em síntese, a mesma autora alerta-nos, em seu texto, para o tratamento inadequado que a literatura tem recebido nas instâncias escolares, apontando os elementos estruturais dessa inadequação como a seleção, a fragmentação, e a transposição dos textos dos suportes literários para os escolares. Ressalta, ainda, a inadequação específica do processo ensino/aprendizagem quando os textos literários são transformados em textos informativos, dos quais os professores tentam extrair informações e responder questionamentos formulados por autores dos livros didáticos ou pelos próprios professores. E, em outros momentos, os textos literários são utilizados como textos formativos, que têm a intenção de transmitir algum ensinamento moral, que diz respeito às atitudes, procedimentos e opiniões, e, na maioria das vezes, são reduzidos a pretextos para exercícios de metalinguagem, ou seja, exercícios de gramática e ortografia.

Refletir as discussões sobre o trabalho com a literatura poderá auxiliar na elaboração de uma proposta que considere o letramento literário nas suas especificidades, inicialmente:

> Considerando que o texto literário e uma produção de arte, e por isso sua leitura vai também tornar o leitor um criador. A própria democratização da leitura tem de ser vista enquanto possibilidade de acesso a uma linguagem artística que é a literária. Criar enquanto se lê literariamente um texto e se apropriar de uma linguagem artística em sua riqueza, em sua beleza, em suas possibilidades de ampliações de horizontes e de percepções diferenciadas do mundo. (PAIVA; MACIEL, 2005, p. 120)

As motivações para a leitura literária teriam que ultrapassar o contexto de urgência dos textos informativos e utilitários e ser encarada em nível cultural mais amplo que o escolar, para que se relacionem à cidadania crítica, à vida social, ao cotidiano, tornando-se um letramento literário de fato, ao compor o cotidiano da vida da maioria dos indivíduos.

Retomaremos Paulino, no que ela define como sendo elementos constitutivos da formação de um leitor literário, tendo em vista que, a princípio, é esse o objetivo dessa proposta de letramento literário na EJA.

> A formação do leitor literário significa a formação de um leitor que saiba escolher suas leituras, que aprecie construções e significações verbais de cunho artístico, que faça disso parte de seus afazeres e prazeres. Esse leitor tem que saber usar estratégias de leitura adequadas aos textos literários, aceitando o pacto ficcional proposto com reconhecimento da marca lingüística de subjetividade de intertextualidade, interdiscursividade, recuperando a criação de linguagem realizada em aspectos fonológicos, sintáticos, semânticos e situando os textos adequadamente em seus contextos históricos. (PAULINO, 2004, p. 56)

Buscamos, nas leituras que constituem esse referencial, entendermos e refletirmos sobre os termos, as discussões, os questionamentos e as possibilidades do trabalho com os textos literários nos ambientes escolares. Visando à construção de uma proposta de intervenção que assuma o desafio de que é necessário considerar o letramento literário numa perspectiva de democratização social, proporcionando aos sujeitos educandos da EJA a oportunidade de ampliação das suas leituras através do resgate de espaços e convivência com os textos literários, acreditando que essa convivência conduzi-los-á a uma formação intelectual e estética a que todo cidadão tem direito, para que possa, então, fazer livremente as suas escolhas.

3 Conclusão

Este artigo teve por finalidade conhecer as concepções e sentidos de livro, leitura, escrita e biblioteca expressa pelos educandos jovens da EJA.

Ao mesmo tempo, propôs-se conhecer as práticas escolares decorrentes da política de implementação do programa de distribuição de obras literárias individuais e coletivas, os impactos produzidos por essa política e como se dá o reflexo desse programa na prática pedagógica. Além disso, propôs-se verificar e garantir a apropriação, pelos jovens de EJA, dos livros literários disponibilizados pelo Fundo Nacional do Desenvolvimento da Educação (FNDE) por intermédio do Programa Nacional da Biblioteca na Escola (PNBE).

Por meio do projeto de intervenção foi possível, para além da identificação de problemas, perceber a importância do professor no processo de formação de leitores literários, pois este abriu caminhos para que os alunos tivessem oportunidade de manipular, explorar e desenvolver a leitura de textos de diferentes gêneros e autores.

A culminância aconteceu de diversas maneiras nas referidas escolas, nos respectivos municípios de Ribeirão das Neves e Divinópolis, por meio de sarau, recital, reconto, peça teatral, chá literário, entre outros. Entretanto, os problemas detectados chamaram a atenção para ações que necessitam ser tomadas, tanto no âmbito das políticas públicas quanto na esfera da estrutura das escolas.

Foi possível perceber certo descaso por parte das equipes de direção das instituições escolares, principalmente, no que se refere à modalidade EJA. Muitos gestores desconhecem o termo PNBE, apesar de saberem que os livros chegam às escolas e que deveriam desenvolver projetos dentro do planejamento escolar para incentivar e desenvolver o gosto pela leitura literária nos alunos.

Os educandos da EJA não desenvolveram o hábito da leitura. Esse fato pode ser explicado pela dificuldade de acesso ao livro, devido ao seu valor de mercado, por não terem vivenciado o ambiente escolar - mais especificamente a biblioteca escolar –, porque não tiveram estímulos para que se constituíssem enquanto leitores literários.

Nesse sentido, a pesquisa identificou um sério problema: a maior parte das escolas tem biblioteca, mas não há funcionamento no horário noturno. Algumas têm a biblioteca funcionando em espaço inadequado, com os livros guardados em lugares inapropriados.

O PNBE é um programa que tem por objetivo levar a leitura literária aos estudantes e, sendo a biblioteca o local onde os livros se encontram (ou deveriam se encontrar), a ausência de um educador responsável pelo espaço e por fazer esses livros circularem, dificulta o acesso do educando à leitura, e faz com que os objetivos do programa se percam.

Para garantir a apropriação, pelos jovens e adultos, dos livros literários do PNBE e de outras obras, são necessários projetos de intervenção escolar que aproximem os jovens e adultos da biblioteca e que os incentivem, motivando-os para a prática da leitura, incluindo a cobrança no processo de avaliação dos educandos, "amarrando" a sua certificação ao processo de apropriação da leitura literária.

Para contribuir para a formação de novos leitores que se apropriem de livros literários, é fundamental a existência de elementos estruturantes, quais sejam:

a) o acesso aos diversos textos literários e suas possíveis leituras (buscando sempre a leitura de mundo junto à leitura do texto escrito);

b) a escolarização realizada junto aos jovens e adultos na EJA (vivenciar o direito à educação como um instrumento de cidadania para o hoje, na perspectiva da intervenção cultural no mundo desigual e injusto de hoje, e não um direito preso apenas à trajetória escolar negada no passado);

c) A paixão dos educadores e educadoras pela leitura, que como mediadores, podem despertar nestes novos leitores as maravilhosas experiências estéticas na EJA.

A autora Sonia Carbonell, no livro *Educação estética para jovens e adultos* (2010), propõe a estética no currículo escolar da EJA, pois, para ela:

> Fazer emergir a natureza estética de cada disciplina pressupõe uma relação de ensino e de aprendizagem que coloca a experiência humana no centro da cena pedagógica, mantendo em relevo a interação entre experiências particulares e a experiência comum da humanidade. O conhecimento se revela, assim, como um eco da própria experiência, que o sujeito vê desdobrar-se para testemunhar a experiência humana universal. E Educação Estética desvela o homem em sua verdadeira grandeza, em um modo de existência essencialmente humano, afastado da animalidade. (ALVARES, 2010, p. 64)

Então, foi no intuito de colocar em destaque essa interação entre as experiências particulares de nossos educandos e a experiência comum da humanidade (podendo ser experimentada pela vivência de outras pessoas nos livros literários), que foi realizado este trabalho, que verifica a apropriação pelos jovens educandos da EJA dos livros literários do PNBE. Dessa forma, foi possível aos educadores que participaram deste trabalho coletivo desenvolver o interesse em construir práticas educativas, introduzindo o letramento literário dentro de suas respectivas escolas, e num processo de ação e reflexão. Esse grupo de educadores, juntamente com seus educandos, terão a possibilidade de criar, desenvolver e replanejar projetos de intervenção pedagógicos, que visem à expansão do nível de consciência dos educandos para que se apropriem dos livros literários, criando em si mesmos o hábito da leitura.

Referências

ABREU, Márcia. *Cultura letrada*: literatura e leitura. São Paulo: UNESP, 2006.

ABREU, Márcia (Org.). *Leitura, história e história da leitura.* Campinas: Mercado de Letras; Associação de Leitura do Brasil; São Paulo: Fapesp, 1999.

ABREU, Márcia. A escolarização da literatura infantil e juvenil. *In*: EVANGELISTA, Aracy de *et al.* (Org.). *A escolarização da literatura*: o jogo do livro infantil e juvenil. Belo Horizonte: Autêntica, 1999.

AGUIAR, Vera Teixeira de. Leitura literária e escola. *In*: EVANGELISTA, Aracy de *et al.* (Org.). *A escolarização da literatura*: O jogo do livro infantil e juvenil. Belo Horizonte: Autêntica, 1999.

ALBUQUERQUE, Eliane; LEAL, Telma. *A alfabetização de jovens e adultos*: em uma perspectiva de letramento. Belo Horizonte: Autêntica, 2004.

ALVARES, Sonia Carbonell. Educação estética para jovens e adultos: a beleza no ensinar e aprender. São Paulo: Cortez, 2010.

ÁLVARES, Sônia Carbonell. *Educação estética para jovens e adultos*: a beleza no ensinar e no aprender. São Paulo: Cortez, 2010. (Coleção Questões de Nossa Época, v. 10).

ALVES-MAZZOTTI, Alda J.; GEWANDSZNAJDER, Fernando. *O método nas ciências naturais e sociais*: pesquisa quantitativa e qualitativa. São Paulo: Pioneira Thomson Learning, 2004.

ALVES-MAZZOTTI, Alda J.; GEWANDSZNAJDER, Fernando. As variadas formas de ler. *In*: PAIVA, Aparecida *et al.* (Org.). *No fim do século*: a diversidade: o jogo do livro infantil e juvenil. 2. ed. Belo Horizonte: Autêntica, 2003. p. 121-134.

BATISTA, Antonio; GALVÃO, Ana (Org.). *Leitura*: práticas, impressos, letramentos. Belo Horizonte: Autêntica, 1999.

BRASIL. *Biblioteca na escola*. Brasília: MEC; SEB, 2006. 57 p.

BRASIL. *Por uma política de formação de leitores*. Brasília: MEC; SEB, 2006. 35 p.

BRUNEL, C. *Jovens cada vez mais jovens na educação de jovens e adultos*. Porto Alegre: Mediação, 2004.

BUENOS AIRES. GOBIERNO DE LA CIUDAD. SECRETARIA DE EDUCACIÓN. *Disenõ Curricular Para La Escuela Primaria*. Segundo Ciclo – Tomo 2: Prácticas Del Lenguage. Disponível em: <http://www.buenosaires.gov.ar/areas/educacion/curricula/primaria.php?menu_id=20709#primaria>. Acesso em: 11 abr. 2009.

CADEMARTORI, L. (Org.). *Literatura para todos*: conversa com educadores. Brasília: Ministério da Educação, 2006.

CANDIDO, Antonio. O direito à literatura. *In*: CANDIDO, Antonio. *Vários escritos*. São Paulo: Duas Cidades, 1995.

CARDOSO-SILVA, Emanuel. *Leitura*: sentido e intertextualidade. São Paulo: Unimarco Ed., 1997.

CASTANHEIRA, Maria Lúcia. *Aprendizagem contextualizada*: discurso e inclusão na sala de aula. Belo Horizonte: Ceale; Autêntica, 2004.

COLOMER, Teresa. *Andar entre livros*: leitura literária na escola. São Paulo: Global, 2002.

COSSON, Rildo. *Letramento literário*: teoria e prática. São Paulo: Contexto, 2006.

CULLER, Jonathan. *Teoria literária*: uma introdução. São Paulo: Beca Produções Culturais, 1999.

CUNHA, Maria. *Literatura infantil teoria e prática*. São Paulo: Ática, 1989.

FREIRE, Paulo. A importância do ato de ler. São Paulo: Cortez, 1988.

______. Pedagogia da indignação. São Paulo: UNESP, 2000.

FONSECA, Cláudia. Quando cada caso NÃO é um caso: pesquisa etnográfica e educação. *Revista Brasileira de Educação*, São Paulo, n. 10, p. 58-78, jan./abr. 1999.

INSTITUTO NACIONAL DE ESTUDOS E PESQUISAS EDUCACIONAIS - INEP. *Geografia da Educação Brasileira*. Brasília, 2001.

LAJOLO, Marisa. *Literatura*: leitores e leitura. São Paulo: Moderna, 2001.

LAJOLO, Marisa; ZILBERMAN, Regina. *A formação da leitura no Brasil*. São Paulo: Ática, 1999.

LEAL, Leiva. Leitura e formação de professores. *In*: EVANGELISTA, Aracy de *et al.* (Org.). *A escolarização da literatura*: o jogo do livro infantil e juvenil. Belo Horizonte: Autêntica, 1999.

LEAL, Leiva. Leitura e democracia cultural. *In*: PAIVA, Aparecida *et al.* (Org.). *Democratizando a leitura*: pesquisas e práticas. Belo Horizonte: Autêntica; CEALE; FaE/UFMG, 2004. (Coleção Linguagem e Educação). Associação Nacional de Pós-Graduação e Pesquisa em Educação: São Paulo, 2000. p. 108-130.

LEAL, Leiva. *Letramento*: um tema em três gêneros. 2. ed. Belo Horizonte: Autêntica, 2000.

LOPES, Alice Casimiro. Discursos nas políticas de currículo. *Currículo sem Fronteiras*, v. 6, n. 2, p. 33-52, jul./dez. 2006.

MACIEL, Ira. *Coleção literatura para todos*. Brasília: Ministério da Educação, 2006.

MARTINS, Aracy *et al.* (Org.). *A escolarização da leitura literária*: o jogo do livro infantil e juvenil. Belo Horizonte: Autêntica, 1999. (Coleção Literatura e Educação).

OLIVEIRA, Marta Kohl de. *Jovens e adultos como sujeitos de conhecimento e aprendizagem*. Trabalho encomendado pelo GT "Educação de pessoas jovens e adultas" e apresentado na 22ª Reunião Anual da ANPEd – 26 a 30 de setembro de 1999, Caxambu. Disponível em: <http://www.acaoeducativa.org.br/downloads/kohlp.pdf>.

PAIVA, Jane. Literatura e neoleitores jovens e adultos – encontros possíveis no currículo? *In*: PAIVA, Aparecida. *Democratizando a leitura*: pesquisas e práticas. Belo Horizonte: Autêntica; CEALE; FaE/UFMG, 2004. (Coleção Linguagem e Educação).

PAIVA, Aparecida. *Leituras literárias*: discursos transitivos. Belo Horizonte: Ceale; Autêntica, 2005. (Coleção Linguagem e Educação).

PAIVA, Aparecida *et al.* (Org.). *Literatura e letramento*: espaços, suportes e interfaces: o jogo do livro. Belo Horizonte: Autêntica: 2005. p. 111-126.

PAULINO, Graça. Formação de leitores: a questão dos cânones literários. In Revista Portuguesa de Educação, vol. 17, nº 1, Braga: Universidade do Minho, 2004.

PREFEITURA MUNICIPAL DE DIVINÓPOLIS. *Diretrizes para a implantação da educação de jovens e adultos – EJA – na Rede Municipal de Ensino de Divinópolis*. Divinópolis: Secretaria Municipal de Educação de Divinópolis/MG, ago. 2006.

RIBEIRO, V. M. A formação de educadores e a constituição da educação de jovens e adultos como campo pedagógico. *Educação & Sociedade*, Campinas, ano XX, n. 68, dez. 1999.

RIBEIRO, Vera (Coord.). *Educação de jovens e adultos*: proposta curricular para o 1º segmento do ensino fundamental. São Paulo; Brasília: MEC, 1997.

SARAIVA, Juracy. *Literatura e alfabetização*: do plano do choro ao plano da ação. Porto Alegre: Artmed, 2001.

SMITH, Frank. Leitura Significativa. 3.ed. trad. Beatriz Affonso Neves. Porto Alegre, Artmed,1999

SOARES, Leôncio (Org.). *Formação de educadores de jovens e adultos*. Belo Horizonte: Autêntica; SECAD-MEC/UNESCO, 2006.

SOARES, Magda. *Letramento*: um tema em três gêneros. Belo Horizonte: CEALE; Autêntica, 1998.

SOARES, Magda. Letramento e escolarização. *In*: RIBEIRO, V. M. (Org.). *Letramento no Brasil*. São Paulo: Global, 2003.

SOARES, Magda. Um olhar sobre o livro didático. *Presença Pedagógica*, Belo Horizonte, v. 2, n. 12, p. 52-63, nov./dez. 1996.

SOARES, Magda. A escolarização da literatura infantil e juvenil. In: EVANGELISTA, Aracy et al.(Orgs.). *A escolarização da literatura:* o jogo do livro infantil e juvenil. Belo Horizonte: Autêntica, 1999.

TEIXEIRA, Vera. Leituras e leituras na educação de jovens e adultos. *In*: PAIVA, Aparecida (Org.). *Democratizando a leitura*: pesquisas e práticas. Belo Horizonte: Ceale; Autêntica, 2004.

VERSIANI, Zélia. A diversidade da produção poética para crianças e jovens. *In*: PAIVA, Aparecida *et al.* (Org.). *No fim do século*: a diversidade: o jogo do livro infantil e juvenil. 2. ed. Belo Horizonte: Autêntica, 2003. p. 49-60.

APÊNDICE – PROPOSTA DE INTERVENÇÃO PEDAGÓGICA

Como mostra Possari e Neder (2006, p. 12), qualquer que seja a raça, a cultura, o espaço que ocupe, o tempo em que vive, o homem está sempre em contato com outros homens, interrelacionando-se, comunicando-se, e essa interrelação se dá sempre através da linguagem.

Nesse sentido, torna-se importante refletir sobre a importância de vivenciar, na escola, a interação da linguagem por obras literárias.

Paulo Freire lembra-nos que nossa capacidade de perceber a vida passa, necessariamente, pela nossa leitura dos textos, das palavras e do contexto em que vivemos, criando-nos e recriando-nos constantemente.

Por isso, a leitura é de suma importância para a construção de nossa identidade. O texto da vida é escrito com palavras, objeto, lugares, etc.

Considerando que a leitura propicia uma reflexão aprofundada do mundo em que vivemos, vimos a necessidade de inseri-la no currículo escolar, buscando aguçar o prazer pela leitura, a curiosidade e a sensibilidade dos educandos, visando ao desenvolvimento para a formação cultural, social e éticos destes.

Objetivo geral

Proporcionar aos alunos um ambiente que os favoreçam ao desenvolvimento das habilidades e a percepção no ouvir, falar, ler, escrever, refletir e sentir, trabalhando a originalidade e a criatividade em uma proporção do resgate cultural mediante a linguagem verbal.

Objetivos específicos

– Recitar poesias e contar histórias.

– Apresentar peças teatrais com temas trabalhados na sala de aula e sala de leitura.

– Ler histórias literárias.

– Expor os trabalhos realizados em sala de aula (*stands*).

– Envolver a comunidade externa na execução de poesias.

– Aprender a expressar-se num grupo.

– Conhecer a prática social de um sarau (e tudo que a envolve) em que as pessoas se reúnem para apreciar e declamar poesias, além de interagir com um público ouvinte.

Diagnóstico

A turma da EJA é uma turma que tem em comum a impossibilidade de cursar a vida escolar na idade própria e que, atualmente, busca, na escola, a formação plena do cidadão, numa perspectiva crítica, criativa e atuante na sociedade atual. São trabalhadores de serviços informais, mas sujeitos capazes de demonstrarem suas capacidades de sensibilidade ao mundo da literatura.

São comprometidos e assíduos, além de demonstrarem interesse na proposta de trabalho solicitada.

O sarau literário vem, assim, qualificar e incentivar de maneira a formar alunos leitores e, consequentemente, auxiliá-los no desenvolvimento das habilidades de fala e escrita, na formação de opiniões, na formação de sua identidade, na compreensão do mundo que os cercam e na expansão de seus horizontes de expectativa.

Se desejamos formar seres criativos, críticos e aptos para tomar decisões, um dos requisitos é o enriquecimento do cotidiano com inserção da leitura de livros literários. Vygotski (1988) revela que o imaginário só se desenvolve quando se dispõem de experiências que se organizam. As riquezas das obras literárias construirão o banco de dados de imagens culturais utilizado nas situações interativas. Além de proporcionar um mundo encantado para o leitor, ele abre lacunas para se trabalhar o processo da composição da linguagem oral e escrita.

Cronograma

1ª etapa

Acomodar os alunos em roda, escolher nos livros do PNBE poesias e ler para a turma (realizado durante cinco dias de leitura de alguns exemplares), Expressando os sentimentos que aparecem no texto durante a leitura, como: medo, espanto, alegria, tristeza, humor.

2ª etapa

Sugerir que pesquisem com familiares se gostam e conhecem de cor alguma poesia ou se lembram de livros lidos. Criação do mural de literatura a partir dessas contribuições e de visitas à biblioteca.

3ª etapa

Listagem dos livros escolhidos que são preferências do grupo com os títulos das poesias preferidas do grupo.

- *O califa de Bagdá* (contém CD de áudio);
- *O olho de vidro do meu avô*;
- *Formosa princesa Magalona e o amor vencedor do cavaleiro Pierre D. Provença*;
- *A odisséia*;
- *A cabeça de Medusa* (contém CD de áudio);
- *Contos de assombração*;
- *A árvore vermelha*;
- *O nariz*;
- *Memórias de um sargento de milícias*;
- *A árvore do Brasil.*

4ª etapa

Propor ao grupo a ideia de organizar um sarau (apresentação) de partes do livro lido ou poesias. Cada um deverá ler e explicitar parte da íntegra do livro ou o que mais gostou, memorizar uma poesia (empréstimo dos livros ou o texto para que possam levar para casa e tenha auxílio de um adulto para decorar). Mesmo que não saiba ler convencionalmente, o sujeito pode estabelecer relações entre o que é falado e o que está escrito, pois tem o texto sabido de cor.

5ª etapa

Promover situações de escrita e desenhos a partir dos livros e poesias. Por exemplo: completar lacunas com as palavras que estiverem faltando, recortar e ordenar versos para formar a poesia, ou, ao contrário, palavras para formar o verso, escrita espontânea de títulos e exploração de rimas (terminação igual das palavras). Os textos memorizados retiram a dificuldade de saber o que escrever fazendo com que os(as) alunos(as) ainda em fase de alfabetização inicial possam pensar somente no como escrever. A tarefa é facilitada, no caso das poesias, pelas rimas e repetições das palavras. Você poderá também promover jogos de leitura relacionando o título da poesia com algum verso, ou o título com o nome do autor, ou alguma ilustração relacionada ao título, sempre a partir de poesias já memorizadas.

Adequação das atividades gráficas usando recursos próprios dos alunos com o que eles já sabem com autonomia ou com ajuda.

6ª etapa

Promover a produção de cartazes para serem apreciados no dia do sarau. Propor a escrita das poesias e a confecção dos cartazes. É importante prever situações de revisão da escrita (para que os(as) alunos(as) possam avançar em suas produções).

7ª etapa

Tirar dúvidas e auxiliar no que será promovido no dia do sarau, distribuição e relação das tarefas para cada aluno(a), o que deverão trazer para o chá no dia previsto.

8ª etapa

Os alunos devem fazer uma autoavaliação quanto à entonação e expressão de voz, à fluência, ao ritmo e à dicção, além de buscar estratégias para aperfeiçoar a apresentação.

Quando o aluno tiver alteração na motricidade oral e sua expressão não atender a esses quesitos, incentive a participação dele com expressões corporais, ou então reduza o tamanho do texto, propondo um verso em coro ou algumas palavras de uma estrofe em evidência, numa parceria com o colega.

Execução

No sarau, o objetivo é desenvolver uma extensa programação, com atividades como: recitação de poesias, leitura de livros, recitais, ouvir algumas histórias que contêm áudio, exibição ou indicação de filmes, discussão filosófica, produção de poesia, pintura. Queremos uma troca de cultura e experiências pessoais, em clima reflexivo e informal, além de aprimorar o gosto pelas letras e pela cultura.

A ideia é resgatar a importância de ouvir poesia e leitura, desenvolvendo o interesse pela arte poética, bem como incentivar a declamação e produção de poemas.

Os participantes terão a oportunidade de se manifestar, escolhendo um livro e poema para recitar durante o sarau. Serão colocados à disposição dos interessados exemplares de livros e poesias, trechos escolhidos da literatura brasileira e universal.

As apresentações serão individuais e podem ser intercaladas por recitais de música.

Objetivamos destinar um espaço para exposição de poemas e trabalhos artísticos dos participantes interessados em expor trabalhos.

Durante as apresentações, teremos momentos de descontração, de modo que sejam compartilhados chás, biscoitos, bolos, etc.

Os apresentadores deverão estar caracterizados de acordo com a época referente à obra selecionada.

Avaliação

Ao final do projeto, espera-se que os alunos sejam capazes de reconhecer características do texto poético e da obra lida pelos colegas (divisão em versos e estrofes e rimas, por exemplo), se expressem e se apresentem em público, de maneira eficaz e adequada, transmitindo sentimento nas apresentações.

Replanejamento

Devido à greve na rede, foi necessário um replanejamento de partes do projeto.

Referências

BARBOSA, M. A. *Léxico, produção e criatividade*. 3. ed. São Paulo: Plêiade, 1996.

CEREJA, William Roberto. *Português*: linguagens: 7ª Série. *In*: CEREJA, William Roberto; MAGALHÃES, Thereza Cochar (Org.). *Língua portuguesa*. São Paulo: Ed. Atual, 2002.

OLIVEIRA, Suze S. *Caderno da pós-graduação em lingüística, técnica de produção de texto*. Cuiabá: UNIC, 2005.

PINTO, Leila Mirtes Santos de Magalhães. *Presença pedagógica*. [S.l.: s.n.], 2005.

POSSARI, Lucia Helena Vendrúculo; NEDER, Maria Lúcia Cavalli. *Linguagem* (o ensino: o entorno, o percurso). Cuiabá: EdUFMT, 2006. Fascículo 4.

VYGOTSKY, L. S. *A formação social da mente*. 2. ed. São Paulo: Martins Fontes, 1988.

Perspectivas e desafios no trabalho pedagógico com os jovens da Educação de Jovens e Adultos

Adriana de Jesus Silva Resende
Magda Ana Moreira Lopes
Márcia de Souza dos Santos Colares
Oldair José Davi
Ramuth Pereira Marinho
Rui do Porto Seabra
Rodrigo Alexandre de Souza Silva

1 Introdução

O trabalho que se segue é uma construção coletiva do grupo de trabalho VI do Curso de Pós-Graduação Especialização *Lato sensu* em Docência da EJA na Educação Básica: Juventudes Presentes na EJA – ESPECEJJA, ofertado pela Faculdade de Educação da Universidade Federal de Minas Gerais (FaE/UFMG).

Esse curso concretizou-se como uma ação indutora do Ministério da Educação (MEC) por meio do Conselho Deliberativo do Fundo Nacional de Desenvolvimento da Educação (FNDE) e da Secretaria de Educação Continuada, Alfabetização e Diversidade (SECAD), para formar educadores e educadoras da EJA na Educação Básica (EB), em nível de especialização *lato sensu*, a partir das provocações e discussões empreendidas pelo poder público com a rede de Fóruns de EJA do Brasil.

As prefeituras de Coronel Fabriciano, Divinópolis, Ipatinga, Nova Lima, Raposos, Ribeirão das Neves, Sabará e Santa Luzia responderam, prontamente, à chamada pública realizada pela UFMG, sendo que os cursistas contemplados são profissionais da docência que atuam na modalidade, em sala de aula, na coordenação pedagógica ou na gestão pública da EJA.

Durante a trajetória formativa dessa especialização, os cursistas foram divididos, em alguns momentos, em grupos de trabalho com diferentes educadores orientadores, os quais propuseram a dinâmica de trabalho, construíram as orientações e os processos de escrita de cada coletivo, balizados pela estrutura teórico-metodológica já existente para esse curso.

Entre as exigências acadêmicas para a conclusão da especialização, os cursistas construíram, primeiramente, um artigo individual a partir de um projeto de pesquisa na temática proposta (juventudes na EJA) e, logo em seguida, foi proposta a confecção de um artigo coletivo a partir de projetos de intervenções no cotidiano escolar, propostos e executados por cada especializando. Desse modo, o texto subscrito foi resultado da ação coletiva dos autores, que propuseram, analisaram e retificaram as diversas intervenções pedagógicas realizadas - em momentos de encontros pessoais e outros tantos "virtuais" - e que tentaram constituir um *élan* textual-reflexivo neste artigo.

Não obstante essa intencionalidade, optamos por apresentar um pequeno consolidado de cada intervenção pedagógica concretizada, a fim de garantir a precisão com o planejamento e esforço reflexivo de cada cursista, e, ao final deste, apresentaremos parte das intensas e profícuas discussões e avaliações realizadas no grupo. Da mesma forma, tanto na execução de cada projeto como no exercício de alinhavá-los discursivamente, pretendemos manter-nos condizentes com os eixos norteadores presentes em todo o curso, ou seja, uma requalificação do olhar docente sobre a inserção e a presença das diversas "juventudes" presentes nos cursos de educação de jovens e adultos nas cidades participantes.

Objetivou-se reconfigurar a percepção comumente emanada do senso-comum, dos(as) jovens como "sujeitos da ausência" (não escolarizados, não educados, não civilizados); pertencentes uma subclasse (alienados e não portadores de direitos) e, necessariamente, violentos e/ou violentados. Em resumo, durante todo o processo formativo vivido pelos estudantes, propôs-se uma ruptura entre a sinonímia entre *desigualdade* e *diferença*. Essa nossa análise reitera a argumentação de Silva (2007, p. 1), quando apresenta:

> As análises sociais, jornalísticas e acadêmicas têm privilegiado a juventude pobre como objeto de estudo de questões ligadas à delinqüência e violência urbana. Nelas, a juventude pobre ocupa lugar de destaque nas estatísticas sobre vitimados e agressores; sobre o mercado de trabalho informal, quando não ilegal; sobre evasão e/ou fracasso escolar; sobre violência nas escolas, sobre consumo de drogas.

Por outro lado, as dificuldades enfrentadas pelos educadores, no percurso da implementação desse projeto de intervenção – e outros tantos entraves cotidianos próprios da atividade docente no trato com os sujeitos da EJA – não foram escamoteadas nesse processo criativo. Percebemos, ao analisar determinados relatos de experiências educativas, com estudantes da EJA, a tendência de "absolutizar" a análise: ou a experiência é apresentada como um grande êxito ou como uma grande dificuldade. O espaço para o contraditório, da tensão, da superação exitosa com permanências dos elementos da situação ultrapassada ou das mudanças empreendidas em tentativas identificadas como insatisfatórias raramente aparecem nos encontros e registros em que ocorrem esses relatos.

Ainda que premidos pelos limites dimensionais deste texto, procuramos externar algumas perspectivas e desafios no trabalho pedagógico com os jovens da EJA, a partir das questões reconhecidas e vividas pelos educadores-cursistas desta Pós-Graduação. Não ambicionamos, porém, criar um painel definitivo e fundamentado sobre o assunto. A diversidade potencial de enfrentamento dessas questões é enorme, assim como a diversidade de sujeitos e estruturações da EJA em Minas Gerais e no Brasil. Mas inspirados em nossa própria trajetória profissional, pretendíamos colaborar, em função dessas situações exemplares, com o debate contemporâneo sobre a Educação de Jovens e Adultos no País e, em especial, com as juventudes presentes na EJA.

2 PROJOVEM E A EJA

Entre os artigos individuais produzidos com uma equivalência a um Trabalho de Conclusão de Curso (TCC), produzido pelo coletivo de trabalho VI, o primeiro aqui apresentado teve como foco as percepções dos estudantes do ProJovem Urbano, do município de Ribeirão das Neves sobre o próprio programa. Foi realizada uma pesquisa qualitativa com alguns estudantes do ProJovem Urbano, que funciona em uma escola municipal, em Justinópolis, distrito do supracitado município.

O objetivo daquela pesquisa foi o de reconhecer as percepções dos jovens em relação ao programa, especificamente as relacionadas aos motivos que os levaram a procurar o ProJovem e a avaliação que fazem deste.

Como resultados, observou-se que o motivo principal para voltarem a estudar é a pressão exercida pelo mercado de trabalho para elevação da escolaridade. Os discentes entrevistados ainda afirmaram que precisam continuar os estudos depois de concluírem o ProJovem – que certifica para o Ensino Fundamental –, pois acreditam que só serão reconhecidos socialmente a partir da conclusão do Ensino Médio ou Superior. Sendo assim, o programa é apenas o começo de uma retomada aos estudos.

Já em relação à avaliação, o ProJovem, para os entrevistados, é um programa muito positivo, principalmente devido ao empenho dos docentes, à pertinência das aulas, do conteúdo e à duração do curso – apenas 18 meses.

Uma observação relevante é que, segundo a coordenação da escola, o ProJovem Urbano não continuará a ser ofertado no município nos próximos anos, pois não houve renovação do acordo entre os governos federal e municipal. Essa informação foi repassada aos participantes do programa, ao final de 2011.

Outro fato a ser levado em consideração é que, por intermédio da pesquisa supracitada, puderam ser concluídas duas constatações que contrariam outros estudos relacionados (SILVEIRA FILHO, 2010; SILVA, 2011; SILVEIRA, 2009; LIMA, 2010): a primeira é sobre o aspecto da qualificação profissional. Diferente dos estudos anteriores, que apontam a qualificação profissional como o aspecto de maior atratividade do programa. Nessa, os estudantes sequer a mencionaram como motivo para se inscreverem no ProJovem; a segunda é em relação ao auxílio financeiro. Para os estudantes entrevistados, a bolsa de cem reais mensais não era relevante para a escolha do programa. Nas pesquisas anteriores, o dinheiro pago pelo governo federal aos estudantes foi uma das temáticas mais abordadas pelos jovens.

Assim, a partir desses resultados, decidiu-se elaborar um projeto de intervenção, comprometido com uma ação prática e exequível na realidade objetiva, pois, geralmente, as pesquisas em ciências humanas restringem-se a observações de certa realidade e a contribuir com problematizações e/ou apontamentos acerca dela, mas desvinculadas com as mudanças imediatas no foco estudado.

Com base nesses argumentos, decidiu-se, a partir das reflexões do artigo, buscar alterações nessa realidade educacional apresentada da EJA em Ribeirão das Neves. Havia, para isso, duas pretensões: sugerir melhorias para o ProJovem e para a EJA. Mas, como citado anteriormente, o ProJovem está sendo extinto no referido município, então, não fazia sentido sugerir mudanças para algo que já está fadado a terminar. Restava, apenas, fazer intervenções para a EJA municipal.

Logo, a primeira ação do projeto de intervenção foi o de socializar o trabalho de pesquisa desenvolvido anteriormente, deixando uma cópia na Secretaria de Educação de Ribeirão das Neves, e promover o diálogo com os responsáveis, com a perspectiva da promoção de mudanças para a EJA, e encaminhar as sugestões para serem apreciadas pelas autoridades locais, que são o prefeito e vereadores.

Uma dessas melhorias, baseada nas opiniões dos próprios jovens do município, é o possível oferecimento do Ensino Médio na EJA, além da formação profissional nesse nível de ensino. Essas são as maiores reivindicações dos jovens do município. Não há a necessidade de uma bolsa financeira ou de ensino profissionalizante em nível fundamental, pois os discentes escutados na pesquisa suprarreferida afirmam que esse auxílio financeiro proporcionava pouca diferença em suas rendas mensais; por outro lado, há uma compreensão de que não existe uma valorização das atividades técnicas de nível fundamental perante o mercado de trabalho.

Assim, na segunda semana de outubro 2011, foi realizado o contato telefônico com as responsáveis pela EJA, em Ribeirão das Neves, para agendamento de visitas. Elas foram bastante solícitas e educadas e, prontamente, marcaram as reuniões.

Ocorreram dois encontros: o primeiro, realizado no dia onze de outubro, e o segundo no dia quatro de novembro. Neles, foram esclarecidas várias questões. A necessidade da continuidade de estudos já era um incômodo para as gestoras. Uma delas afirmou que o município não tem condições de ofertar o Ensino Médio, até por razões legais, pois, segundo a Lei de Diretrizes e Bases da Educação Nacional (LDB), sancionada em 1996, a responsabilidade do Ensino Médio é do governo estadual. Logo, irá utilizar a pesquisa supracitada para reforçar seus argumentos junto à Secretaria de Estado da Educação e cobrar do governo estadual a necessidade de continuidade da EJA até o Ensino Médio, preferencialmente atrelado ao ensino profissionalizante. Também afirmou que levará ao governo estadual as conquistas e avanços da EJA municipal, para colaborar e nortear o mesmo na implantação da EJA estadual. Ainda disse que a presente pesquisa será de muita valia para o aperfeiçoamento e o aprimoramento da EJA municipal.

Nas reuniões, houve, inclusive, a discussão sobre os motivos que levaram os jovens a buscar o ProJovem. Pelas conclusões da pesquisa, o ProJovem não possui nenhum atrativo a mais que a EJA tradicional. Como já citado, a única diferença entre o ProJovem e a EJA são os cem reais mensais concedidos aos estudantes do programa federal e o curso profissionalizante de nível fundamental. Entretanto, pelos resultados da pesquisa, nenhum dos dois fatores foram, de fato, atrativos aos estudantes, até porque estes afirmaram que a importância em dinheiro dada pelo governo federal não mudaria muita coisa na vida deles e os cursos profissionalizantes de nível fundamental não os atraía, por não serem valorizados pela sociedade e o mercado de trabalho.

Logo, concluímos também, nos encontros, que o provável fator de atração de alguns jovens ao ProJovem, em vez da EJA, foi a maior divulgação do programa federal perante a sociedade. O investimento técnico e midiático em torno do ProJovem foi mais contundente do que o da EJA, pois vários jovens que queriam voltar a estudar e não sabiam ao certo onde procurar enxergaram no programa uma nova oportunidade. Até aqueles que não estavam interessados em retornar aos estudos passaram a se sentir motivados após a divulgação do programa na mídia. Diante dessa conclusão, a representante da Secretaria Municipal também informou que procurará melhorar a divulgação da EJA perante a população local.

Por fim, ainda discutimos a necessidade da criação de um fórum permanente ou outro mecanismo, formado por membros da comunidade, professores, políticos e outras pessoas ligadas à educação do município, de forma a promover e garantir, de forma democrática e duradoura, as discussões, conquistas e avanços da EJA, independente de troca de prefeitos e/ou de secretários. Aquela representante da Secretaria Municipal irá providenciar maneiras para a formalização do fórum, o quanto antes.

Os encontros foram muito produtivos, pois fundamentaram, por meio de uma pesquisa científica, os anseios e desejos que já inquietavam as gestoras há algum tempo. Elas já tinham essas ideias, mas agora, com um trabalho científico escrito, embasará mais ainda seus argumentos perante as autoridades locais. Além da possível criação de um fórum permanente para garantir que as discussões continuem, pois, apesar das várias conquistas da EJA municipal ao longo dos anos, há muito ainda a realizar.

3 Normatização e exclusão na EJA

A educação de qualidade deve ter seus fundamentos teóricos alinhavados à realidade dos educadores e educandos. Tendo essa premissa em mente, realizou-se uma pesquisa que culminou, no mês de julho deste ano, com a conclusão de um artigo individual, apresentado a seguir. Esse artigo foi focado na realidade de jovens da Educação de Jovens e Adultos (EJA) de uma escola da rede municipal de Ribeirão das Neves, tendo por finalidade discutir as potencializações e/ou entraves da normatização para esses sujeitos, que se originam nos protocolos e formalidades do sistema de ensino municipal. Apontando, para isso, a atuação de um personagem que aparece como secundário no cenário escolar: o espaço da secretaria escolar e o profissional que nela atua e desempenha uma função administrativa, que é fundamental para legalizar a vida escolar do aluno.

O objetivo da pesquisa foi o de analisar os efeitos dos procedimentos e protocolos, estruturados pela Secretaria Municipal de Educação e Cultura (SEMEC), utilizados na secretaria de uma escola da rede municipal de Ribeirão das Neves.

Ao se retomarem os objetivos traçados, tem-se que a análise dos efeitos dos procedimentos, estruturados pela SEMEC – e utilizados nas secretarias das unidades escolares – apontou para os entraves, não dos estudantes, mas da questão ideológica educacional, presente no município e nas práticas de alguns profissionais da educação.

Em relação aos objetivos específicos, identificou-se que os procedimentos e protocolos não interferiram no acesso e, muito menos, na permanência dos estudantes, principalmente para os jovens, uma vez que a maioria dos jovens "analisados" não tem muito tempo de afastamento dos estudos, ou seja, o jovem tem mais facilidade de encontrar ou acessar sua documentação do que um sujeito que parou de estudar há mais de 20 ou 30 anos, ou ainda, que veio de outro estado.

Contudo, algumas orientações "oficiosas" são pautadas nas entrelinhas dos discursos diários e que não puderam ser mensuradas totalmente, como, por exemplo, a questão da inclusão e da permanência de estudantes envolvidos no mundo do crime – e previamente reconhecidos pelos profissionais da escola – estigmatizados como "alunos-problema".

Os protocolos e procedimentos legais, utilizados para estruturar e legalizar a vida escolar do estudante, caminham em uma dicotomia entre um trabalho efetivo de integração e acolhida de todos os jovens, inclusive aqueles marginalizados socialmente e um processo de desinstitucionalização e exclusão para aqueles ineptos aos padrões comportamentais e estéticos, esperados pelo coletivo de profissionais da EJA.

Pois se, de um lado, a documentação exigida para validar uma matrícula está pautada nos requisitos que fazem parte da burocracia, por outro, podem – e acabam por ser concretizados – constituir-se como escusas para excluir os sujeitos que não correspondem aos estudantes ideais do imaginário daquela comunidade escolar. Pelo menos, na escola em que se realizou esse acompanhamento, foi perceptível – para quem trabalha "internamente" na unidade escolar – que existem determinados crivos tácitos e impedimentos para alguns estudantes.

Como sujeitos de direitos, os estudantes – principalmente os jovens – buscam efetivar o direito à educação e à possibilidade de uma melhor inserção na configuração social. Contudo, um fato constatado, durante a pesquisa, é que há evasões constantes desses sujeitos, pois, embora ingressem nessa modalidade de educação, buscando encontrar um acolhimento sem nenhuma barreira que lhe desanime, logo no início, acabam se deparando com as dificuldades organizacionais, pedagógicas e psicológicas, muitas vezes promovidas pelo próprio aparato educacional, o que resulta na reincidência da evasão escolar.

Levando em consideração essa afirmativa, elaborou-se um projeto de intervenção, objetivando reingressar certa porcentagem dos estudantes evadidos registrados, durante o mês de agosto de 2011.

Em um primeiro momento, buscou-se quantificar os jovens evadidos no primeiro semestre 2011 utilizando-se para isso o registro de frequência dos estudantes, o diário escolar e a ata de registro de matrícula e transferência. Em seguida, tentou-se identificar os motivos que levaram os(as) estudantes a deixarem a unidade escolar; e, por último, objetivou-se criar condições para o reingresso/retomada da vida escolar, por parte do corpo discente.

Dentre os estudantes evadidos e que foi possível entrar em contato pessoal, quatro jovens (três do sexo masculino e um do sexo feminino) foram entrevistados e preferiram não autorizar o uso de suas imagens. Além disso, foi realizada uma observação na escola, durante uma semana, do horário de entrada dos estudantes do curso noturno. Bem como as movimentações, diálogos que os jovens estabelecem pelos corredores e foram feitas conversas informais com os jovens presentes, em que se perceberam alguns indícios das dificuldades que corroboram com o abandono da vida escolar, pois é fato que eles conhecem algum colega que, por algum motivo, teve que evadir das aulas.

As primeiras conclusões construídas, embora incipientes, permitem-nos afirmar que o motivo maior de afastamento dos jovens deve-se à incompatibilidade trabalho-escola, pois todos os sujeitos inquiridos (formal ou informalmente) descreveram que precisam trabalhar e que o dinheiro é fundamental para atender as necessidades básicas de suas famílias, incluindo, também, nessa discussão, aqueles que se assumem como trabalhadores em "atividades ilícitas" e/ou "marginais".

Apesar da importância atribuída ao "diploma" pelos estudantes, muitas vezes a realidade socioeconômica não lhes permite dar continuidade ao processo educativo, corroborando ainda mais com os mecanismos excludentes da sociedade. Percebemos, também, que, pelo menos em nível discursivo, os estudantes em questão estavam mais preocupados com a obtenção da certificação – elemento quase indispensável para uma concorrência menos desequilibrada no mercado de trabalho – do que a aquisição de conhecimentos e conteúdos escolares.

Nesse mesmo sentido, também inferimos que a unidade escolar em questão é muito refratária a essa percepção – e, de maneira geral, a qualquer forma de participação ativa dos sujeitos-educandos e consubstanciando-se em agente reprodutor da exclusão social. O que era para ser uma instituição inclusiva, acolhedora – e com firme convicção nos processos de transformação da realidade desses sujeitos – acaba por preteri-los, *aprioristicamente*, pelas marcas e histórias de exclusão constituintes identitárias desses sujeitos.

4 Formalismos e funcionamento da EJA

Essa reflexão foi realizada em uma unidade escolar situada na cidade de Ribeirão das Neves, em Minas Gerais. Reflete, basicamente, na juventude presente na EJA e algumas dificuldades concretas para a inclusão efetiva desses sujeitos no processo educativo.

Pensado e elaborado a partir de uma situação observada no espaço escolar dessa escola, em que alguns jovens com idade compreendida entre 15 e 17 anos costumeiramente são matriculados em turmas de segundo segmento da EJA municipal, sem apresentarem um desenvolvimento consolidado no processo de alfabetização.

Existe uma ampla conjuntura social, em que se complexifica o discurso sobre as responsabilidades educativas brasileiras e sobre o insucesso escolar. Pode-se constatar uma situação em que parte da sociedade critica a escola, a escola culpa a família desestruturada, a família o governo e, assim, forma-se um círculo vicioso, no qual não se discute, com propriedade, as possibilidades de superação desse quadro de exclusão e insucesso educativo.

Segundo o Estatuto da Criança e do Adolescente (ECA), em seu art. 53, "A criança e o adolescente têm direito à educação, visando ao pleno desenvolvimento de sua pessoa, preparo para o exercício da cidadania e qualificação para o trabalho". Sendo assim, acreditamos que se tornou necessária uma intervenção pedagógica que minimizasse o desafio de desenvolvimento pleno dos estudantes, independente da forma em que estes estão enquadrados nos esquemas escolares, fomentando um ambiente que propiciasse a construção coletiva de conhecimentos com esses sujeitos. Sobre esse aspecto, Arroyo (2005, p. 224) relembra-nos, com felicidade rara:

> Ter o ser humano e sua humanização como problema pedagógico. Não reduzir as questões educativas a conteúdos mínimos, cargas horárias mínimas, níveis, etapas, regimentos, exames, avanços progressivos, verificação de rendimentos, competências, prosseguimentos de estudos

etc. Institucionalizar a EJA nesses estreitos horizontes será pagar o preço de secundarizar os avanços na concepção de educação acumulados nas últimas décadas.

Para tanto, propomos a estruturação de aulas que explorem atividades extraclasse, como visitas a museus, idas a teatros, cinemas, parques, atividades de confraternização dentro e fora dos muros da escola, tendo como objetivo principal assegurar que os jovens e adultos que frequentam a EJA possam desenvolver-se integralmente, e explorar todos os espaços públicos de cultura, lazer e convivência.

Essa intervenção contribui/contribuirá, também, para o desenvolvimento da memorização, das habilidades linguísticas, na interação do grupo de educandos e também de educadores, pois se não houver uma ligação entre educando e educador não há processo de aprendizagem. Segundo Freire (2005, p. 96):

> Daí que, para esta concepção como prática da liberdade, a sua dialogicidade comece, não quando o educador-educando se encontra com os educando-educadores em uma situação pedagógica, mas antes, quando aquele se pergunta em torno do conteúdo do diálogo é a inquietação em torno do conteúdo programático da educação.

O diálogo é a forma mais correta de chegarmos a um processo de aprendizagem sólido. E este trabalho vem viabilizar tudo isso, pois no momento em que estamos organizando coletivamente com os estudantes passeios, visitas orientadas e atividades culturais expomos nossos desejos, anseios, concepções de mundo e opiniões.

Não obstante, embora articulado para que existisse a participação e interação de toda a comunidade escolar, o que se observou, em um primeiro momento, foi a baixa participação dos estudantes jovens. Por outro viés, foi nítida a mudança qualitativa dos educandos (em sua grande maioria adultos) que participaram das atividades até então desenvolvidas. Muitos educandos que apresentavam comportamentos mais retraídos ficaram mais comunicativos; alguns educandos que carregavam um semblante de sofrimento e angústia estavam mais alegres e, ao término de cada atividade, eles se interessavam mais pela próxima.

Mas o nosso grande objetivo era ampliar a participação dos educandos jovens. Incitar a reflexão do coletivo dos educadores nos motivos para a baixa adesão dos discentes é questão salutar. Será realmente que a escola "escuta" e reconhece as propostas dos estudantes, principalmente dos jovens? Em que medida a intencionalidade programática dos educadores dialoga com a realidade circundante dos estudantes? O projeto educativo da escola, em que pesem as balizas institucionais, é pensado e estruturado "para os estudantes" ou COM esses? Não seria possível uma reorganização interna do funcionamento da escola, mais consoante com as demandas reais pedagógicas dos estudantes?

5 A estruturação curricular na EJA

O registro do projeto de intervenção que se segue surgiu da necessidade observada na elaboração do artigo "Proposta curricular: revendo a elaboração do currículo escolar em Ravena", no qual foi possível detectar que, apesar de os educadores afirmarem que os educandos da Educação de Jovens e Adultos (EJA) em uma escola municipal daquele distrito são ouvidos e reconhecidos na elaboração curricular da unidade escolar, na prática não é isso que parece ocorrer. Na pesquisa desenvolvida, muitos educandos demonstraram total desconhecimento do que seja currículo escolar, o que é mais um indicativo desse silenciamento dos jovens na elaboração curricular, já que, ao desconhecer as especificidades da construção curricular, os educadores simplesmente reproduzem esse desconhecimento em relação às expectativas, anseios e projetos dos seus educandos.

Pensado nesse silenciamento dos principais interessados – os jovens educandos, na elaboração do currículo escolar –, foi proposto a estes que fosse revista a grade curricular da escola, na modalidade em questão. Para a realização desse projeto de intervenção, foi explicitado aos educandos o que era um currículo escolar e a sua importância na organização da escola.

Transcorrida essa primeira etapa, fomos para a segunda, que consistiu em separá-los em grupos e entregar, a cada um, as Diretrizes Curriculares da Secretaria Municipal de Sabará para a Educação de Jovens e Adultos. Assim feito, foi pedido que cada grupo analisasse a proposta curricular, observando o que eles achavam que era importante, o que eles gostariam de estudar e o que eles gostariam, mas não estava contemplado nas diretrizes. Os grupos entregaram, por escrito, as suas observações. A análise realizada a partir desse esforço é a que se segue.

Os educandos expressaram a importância que eles atribuem aos conteúdos de Língua Portuguesa e de Matemática, pois, em nenhum dos grupos, houve alteração e/ou sugestão. E, durante a realização da atividade, ao circular entre os grupos, pôde-se observar essa importância através de algumas falas, tal como a da educanda Ana, "[...] português e matemática tem que ficá tudo, porque é mais importante, é [...] nos ajuda a lê e a saber das coisas [...] igual matemática porque aí ninguém nos passa pra trás".

Com a Língua Estrangeira, eles demonstraram pouco apreço, sendo a matéria que mais teve observações feitas pelos grupos. Um grupo sugeriu que nem deveria ter, pois a matéria não tem nenhuma utilidade em sua vida. O perfil dessa turma é de alunos que retornaram aos bancos escolares em busca de uma melhor qualificação profissional em seus empregos ou a manutenção destes. Devemos ressaltar que o distrito é uma zona rural, e que as perspectivas e possibilidades são muito restritas, apesar da proximidade de Belo Horizonte.

Os mais jovens devotam uma grande importância à aula de Educação Física. O mesmo não acontece com os adultos, que alegam estarem cansados da jornada de trabalho e que preferiam estar em casa com a família descansando. Para os jovens, a aula de Educação Física está ligada, intrinsecamente, a alguma atividade esportiva, como, por exemplo, futebol de salão e peteca. Sendo outras atividades menos físicas não como regras, cuidados com a saúde e o corpo.

Com relação às demais disciplinas, História, Geografia e Ciências, eles acham importante, mas, muitas vezes, eles não conseguem estabelecer conexões com o cotidiano, questionando, às vezes: por que eu tenho que aprender isso? E que essas disciplinas deveriam estar mais ligadas à sua vida. No caso específico da História, verificou-se uma grande manifestação de alteração curricular, já que os estudantes desejam um número maior de aulas de História do Brasil, pouco vista na organização disciplinar atual da escola. Diante do que foi relatado, podemos inferir, primeiramente, que existe uma contradição entre a proposta curricular da escola com os anseios dos educandos. E, mais uma vez, foi comprovado o quanto eles são silenciados ou (mais grave) desconsiderados. Se o objetivo é promover uma educação com qualidade social para todos, é imprescindível a mudança nessa situação relatada, a começar por uma reorganização curricular abrangente e que considere os estudantes como polo propositor importante dessa discussão.

6 EJA E QUALIFICAÇÃO PROFISSIONAL

Na modernidade, os jovens são, normalmente, encarados autores ativos para as mudanças futuras. Por outro lado, existe uma multiplicidade de discursos contemporâneos em que as juventudes são desqualificadas – como exposto na introdução deste artigo. Então, o projeto de intervenção subscrito alicerçou-se nas observações realizadas em uma escola municipal de Ribeirão das Neves, local de trabalho de um dos cursistas do ESPECEJJA.

As apreciações acerca das possibilidades de inserção profissional de cada jovem estudante fizeram-nos concluir, em princípio, que há a necessidade premente de construir uma ligação do processo educacional com os direcionamentos para a vida profissional de cada estudante.

Avaliamos que a tríade *Educação*, *Qualificação* e *Realização* é uma proposta realizável, mas não de concretização imediata para o projeto, que cria a junção da Educação de Jovens e Adultos e a Educação Profissional e Formação Inicial e Continuada (PROEJA FIC). O tempo, as mobilizações dos estudantes e da comunidade, são marcos para as transformações necessárias para a qualidade de vida dos estudantes jovens, das famílias, e das comunidades.

Com o objetivo de ressaltar os questionamentos das dificuldades enfrentadas pelos estudantes para conseguir emprego, com a carteira profissional assinada, compreendemos que as possibilidades de transformar os anseios em prática devem compreender e delimitar o campo, os caminhos que se devem seguir.

A base para as possibilidades de construção de uma teoria é mostrar aos envolvidos que existem possibilidades, tudo é construído. Estudar as teorias que dominam esse foco de aprendizagem é questão primordial: primeiramente, devem-se descobrir e pontuar as pessoas que pesquisaram a temática de inclusão da educação profissional na EJA, descrevendo as posições de cada autor, por onde começaram, os questionamentos feitos por eles dentro das suas descobertas, construírem resenhas, que irão abarcar a solidez dos estudos feitos. Investigar instituições particulares, públicas que oferecem o PROEJA, desde a base de criação até a atualidade. Os estudos de campo, nas instituições que já trabalham nessa interação da EJA e a educação profissional, são práticas que propiciam um reconhecimento da eficácia dessa modalidade de ensino: as observações da rotina, das organizações dos espaços, do currículo, da eficácia no mercado de trabalho conquistado por ex-estudantes, compõem o quadro das aberturas e buscas pelo PROEJA dentro da comunidade vivida pelos estudantes.

Depois da compreensão que o PROEJA é a porta de entrada dos educandos para uma profissionalização segura, com ganhos salariais que satisfariam cada participante e a sobrevivência dentro de cada anseio e visão de mundo, o início para a construção do PROJETO que aponta os caminhos para o mundo do trabalho e o Ensino Fundamental, a construção coletiva que envolve segmentos dos jovens, professores, coordenador das práticas escolares, direção, especialista que poderá auxiliar e monitorar o delineamento do projeto e sua construção com bases legais sólidas.

Dados estatísticos das possibilidades de cursos que apreendem os anseios e as possibilidades de ascensão da vida produtiva do trabalho são indispensáveis para delinear qual proposta curricular deve ser amparada e colocada em prática, quais profissionais serão incluídos e recrutados, a quantidade de demanda que será alcançada, a estrutura física que se dispõe, e levar a proposta como responsabilidade para a equidade equalizadora das oportunidades.

As parcerias com entidades que recrutam mão de obra qualificada, que, atualmente, vem entrando em escassez, porque os profissionais estão se deslocando para outros cursos e pensamentos são necessárias. As empresas como a Fiat, a Petrobrás e as grandes construtoras, podem contribuir com recursos financeiros e humanos. Esse tipo de interrelação entre escola e entidades particulares é bastante comum, o que se precisa é de um projeto escrito e registrado, com bases argumentativas sólidas e a delimitação de recursos, as objetividades das propostas e a persistência.

As entidades superiores, que são especialistas em cursos como as Engenharias, a Enfermagem, entre outros, podem também ser parceiros, com recursos humanos: os estudantes podem ser preparados para ministrar aulas no PROEJA, em determinadas áreas de conhecimento, dependendo da grade curricular que teremos como proposta.

Organizando o projeto em bases teóricas, pedagógicas, delimitando as possibilidades de cursos, parcerias, recursos, a sincronia do tempo e do espaço, muito bem articulado, está na hora do registro e de seguir para a apresentação na coordenação geral da EJA do nosso município, apesar de ela ter que apresentar, em muitos momentos, o trabalho pronto, que passa a ser a centralidade e o início de um projeto piloto. No intercâmbio entre a nossa instituição de ensino e a Secretaria Municipal de Educação de Ribeirão das Neves, na produção do crescimento da aprendizagem para o campo profissional dos estudantes, há que se ter argumentos que ultrapassam valores materiais, mas que registram a importância de todos na sociedade para abraçar os jovens como autores das transformações que não podem esperar mais.

Ao abranger as leis e deliberar as responsabilidades para cada um, não poderemos deixar de compor as políticas públicas dentro das nossas parcerias: a equipe que promove o projeto precisa ser considerada, enfatizando os direitos à educação integrada.

A prefeitura, com todos os seus segmentos: prefeito, vice-prefeito, vereadores, secretários, entre outros, não se esquecendo da responsabilidade do Ministério da Educação (MEC), como entidade superior que delibera ações e recursos perante a necessidade da educação, deve ter ciência do projeto e seus encaminhamentos urgentes. Para isso, cronogramas deverão ser feitos, marcações de agendas e ofícios necessitam ser encaminhados e todas as linhas e páginas do projeto têm de estar propícios para alavancar, promovendo a condução da idealização na prática, efetivando com uma data o início do PROEJA na Escola Municipal Maria da Cruz Resende.

A escola tem que possibilitar crescimentos ideológicos, materiais; mais, que os jovens se reconheçam como pessoas de direitos, que constroem a história e participam ativamente das transformações e renovações das suas realidades de vida e da sociedade da qual participa. Ao propor a construção do projeto que salienta o dever da sociedade em oferecer o direito dos educandos em escolher, as relações cidadãs situam-se como parceiras, para elevar a qualidade de vida de todos, sejam eles participantes centrais ou os coadjuvantes.

As questões juvenis não estão contempladas no dia a dia escolar, isso é fato. Os jovens reconhecem o lugar e a seriedade social da escola, mas esta só lhes interessa no grau que ressalta as possibilidades de melhorar a qualidade de vida por meio da aquisição de um emprego. A posse de um diplomado é visto como se fosse a "luz no final do túnel", que resolverá os problemas e restrições que passam ao longo dos dias. Ao perceber que a escola não irá sanar os seus anseios, que os aspectos significativos não forem considerados, a evasão é certa, o conhecimento precisa ter sentido para que a aprendizagem seja significativa. Então, o estudante não evade da escola porque quer, apenas conclui a sua ineficácia para a construção de vida que se baseia em bens materiais.

O trabalho e a escola são conjuntos que se mostram necessários a cada pessoa, estudante ou não, ao firmar o projeto com "unhas e dentes", e a sua inerência para eclodir na transformação da vida, com conhecimentos significativos, que superam a fragmentação da vida, permitindo que as identidades participem da educação integrada e da (re)construção de conhecimentos e atitudes ligados à emancipação das pessoas, à cidadania e ao trabalho, condições necessárias para uma efetiva participação na vida social, política, cultural e a decência no mundo do trabalho.

7 Inferências inacabadas

Ao término deste trabalho, concluímos que todas as atividades indicadas pelo curso de Pós-Graduação ESPECEJJA, e, em relevo, este artigo coletivo, indicaram um caminho analítico em que as indagações e questionamentos se sobrepõem às respostas e certezas, o que avaliamos como extremamente positivo. Nesse mesmo caminho, é de fácil entendimento aos potenciais leitores dessas linhas que, embora os autores – ao escreverem este artigo – se encontrassem em um terreno movediço em relação às efetivas transformações pretendidas nas unidades escolares, por outro espectro, também estavam alinhavados na firme perspectiva de redescoberta e "releitura" dos sujeitos-educandos concretos com os quais conviviam. E, não podendo ser diferente, perceberam que os jovens presentes na EJA nos desafiam continuamente: a serem reconhecidos, ouvidos, provocados, educados. E que a modalidade de Educação de Jovens e Adultos, atavicamente é composta por adultos, mas também por jovens. E que, sob esse rótulo, trazem inúmeras outras marcas de identidade que precisam ser mais bem conhecidas, trabalhadas e superadas – quando essas se materializam em situações de exclusão social e solapamento da figura humana.

As diversas situações e interpretações apresentadas, até o momento, como exposto no início deste trabalho, tiveram, como ambição primordial, externar as tentativas reais de análise e intervenção das práticas educativas em escolas da EJA. Como tais, prescrevem uma leitura cuidadosa desse intricado mosaico empírico, que pode servir como modular para outras leituras e tentativas, sem que, contudo, seja entendido como suficiente para alicerçar outras experiências.

Referências

ARROYO, Miguel G. *Imagens quebradas*: trajetórias e tempos de alunos e mestres. Petrópolis: Vozes, 2004.

ARROYO, Miguel. A educação de jovens e adultos em tempos de exclusão. *In*: CONSTRUÇÃO coletiva: contribuições à educação de jovens e adultos. Brasil: UNESCO; MEC; RAAAB, 2005. p. 221-230.

BRASIL. *Constituição da República Federativa do Brasil*, 1988.

BRASIL. *Lei de diretrizes e bases da educação nacional nº 9394/96*. Brasília: Ministério da Educação e Cultura, 1996. Disponível em: <http://www.planalto.gov.br/ccivil_03/Leis/L9394.htm>. Acesso em: 8 jun. de 2011.

BRASIL. *Lei nº 9394*. Diretrizes e Bases para a Educação Nacional, Brasília, 1996.

BRASIL. Ministério da Educação. Conselho Nacional de Educação. *Parecer CNE/CEB nº 11/2000*. Brasília, 2000.

BRASIL. Ministério da Educação. *Documento Base – PROEJA*. Brasília: MEC; SETEC, 2006.

BRASIL. Ministério da Educação. Secretaria de Educação Fundamental. *Proposta Curricular para Educação de Jovens e Adultos*, 2002.

BRASIL. *Projeto do Programa PROJOVEM*. Programa Nacional de Inclusão de Jovens. Educação, qualificação e ação comunitária. Brasília: Presidência da República, Secretaria Nacional de Juventude; Coordenação Nacional do Programa Nacional de Inclusão de Jovens, 2005.

BRASIL. *Resolução nº 3, de 15 de junho de 2010*. Disponível em: <http://forumeja.org.br/mt/sites/...br.../Diretrizes_Operacionais_de_EJA_2010.pdf>. Acesso em: 10 maio 2011.

DA SILVA, Analise de Jesus da. *Juventude na EJA*: a "prática pedagógica diferente" vista teoricamente pela didática, 2011. 12f.

DA SILVA, Analise de Jesus da. DIDÁTICA DA PARTILHA DE SABERES COM JOVENS: UM ESTUDO A PARTIR DOS SIGNIFICADOS ATRIBUÍDOS POR

ESTUDANTES ÀS PRÁTICAS PEDAGÓGICAS INOVADORAS DE SEUS PROFESSORES. In: Reunião Anual da ANPED, 2007, Caxambu. 30ª reunião anual da ANPED. Rio de Janeiro: ANPED, 2007.

FERRARI, Shirley Costa; AMARAL, Suely. O aluno de EJA: jovem ou adolescente?. *Revista da Alfabetização Solidária*, v. 5, n. 5, p. 7-14. Disponível em: <http://www.cereja.org.br/pdf/revista_v/Revista_ShirleyCostaFerra.pdf>.

FERREIRA, Luiz Olavo Fonseca. *Ações em movimento*: Fórum Mineiro de EJA – da participação às políticas públicas. Dissertação (Mestrado em Educação) – Universidade Federal de Minas Gerais, Faculdade de Educação, Belo Horizonte, 2008. 123f.

FREIRE, Paulo. *Pedagogia do Oprimido*. Rio de Janeiro: Paz e Terra, 2005, 42.ª edição

GIOVANETTI, Maria Amélia; SOARES, Leôncio José Gomes. *Juventude, escolarização e poder local*. Relatório da primeira fase da pesquisa. Políticas Públicas de Educação de Jovens e Adultos na Região Metropolitana de Belo Horizonte.

HADDAD, Sérgio. Por uma nova cultura de educação de jovens e adultos, um balanço de experiências de poder local. *In*: NOVOS caminhos em EJA. [S.l.:s.n.].

LIMA, D. M. A. *ProJovem urbano da Escola Papa João XXIII do Bairro Vila União*: significados atribuídos pelos jovens na perspectiva da psicologia comunitária e da psicologia ambiental. Dissertação (Mestrado em Psicologia) – Universidade Federal do Ceará, 2010.

OLIVEIRA, Marta Kohl. Jovens e adultos como sujeitos de conhecimento e aprendizagem. *In*: RIBEIRO, Vera Masagão (Org.). *Educação de jovens e adultos*: novos leitores, novas leituras. São Paulo: Ação educativa, 2005.

PREFEITURA MUNICIPAL DE RIBEIRÃO DAS NEVES. *Educação de jovens e adultos*. Disponível em: <http://www.neves.mg.gov.br/index.php?option=com_content&view= article&id=928&Itemid=830>. Acesso em: 7 maio 2011.

PREFEITURA MUNICIPAL DE RIBEIRÃO DAS NEVES. *Organograma*. Disponível em: <http://www.neves.mg.gov.br/index.php?option=com _content&view=article&id=520&Itemid=139>. Acesso em: 9 maio 2011.

RIBEIRO, Vera Masagão. As estatísticas da alfabetização. *REVEJA*: Revista de Educação de Jovens e Adultos, v. 1, n. 0, p. 97-107, ago. 2007.

SANTOS, Javan Sami Araújo dos. *Gestão escolar e EJA*: um olhar no Projeto Político Pedagógico (PPP) de uma escola pública municipal de Maceió/AL.

SILVA, A.C.F. *Jovens e políticas públicas*: representações sociais de educação entre jovens do ProJovem Urbano na cidade de João Pessoa/PB. Dissertação (Mestrado em Educação) - Universidade Federal da Paraíba, 2011.

SILVA, Jerry Adriani da. *Educação de jovens e adultos*: histórias, memórias e movimento. [S.l.: s.n.], 2011. 12f.

SILVEIRA, O. M. C, FILHO, D. B. O eixo de qualificação profissional do ProJovem: o que pensam os egressos do programa em Salvador-BA. *In*: SEMINÁRIO POLÍTICAS PÚBLICAS SOCIAIS E CIDADANIA, 3., 2010.

SILVEIRA, O. M. C. *O unicórnio e o rinoceronte*: uma análise do ProJovem a partir da percepção de seus beneficiários. Dissertação (Mestrado em Educação) - Universidade da Bahia, 2009.

Sites consultados

RIBEIRÃO DAS NEVES. Disponível em: <http://www.neves.mg.gov.br>.

PROJOVEM. Disponível em: <http://www.projovemurbano.gov.br>.

RIBEIRÃO DAS NEVES 2. Disponível em: <http://ribeiraodasneves.net>.

Sociabilidade na EJA: desvendando os jovens sujeitos

Ana Paula Messias
Ângela Santiago Lima Apolinário
Claudete Maria de Freitas Cunha
Cláudio Emanuel dos Santos
Denise Lima Nascimento Silva
Elaine Teles de Souza
Luciene da Paixão Araújo
Maria Irene Ferreira Teixeira
Sirlei Gonçalves Santos
Tatiana Gonçalves da Silva

1 Introdução

Tendo em vista um crescente aumento da juventude na educação de jovens adultos, algumas questões vão surgindo no horizonte dessa modalidade de ensino, a saber: para além da questão quantitativa, instaura-se uma situação de estranhamento, ou melhor, em muitos casos, há uma perspectiva de conflitividade diante dos modos de ser dos jovens que impõem seus "estilos e valores, desafiando a compreensão e requerendo uma aproximação que possibilite um entendimento" (SANTOS, 2003). Nesse sentido, como consolidar um processo significativo de "escolarização" (CARRANO, 2007) que leve em conta esse contingente juvenil – oriundo das classes populares – emaranhado em outras esferas socioculturais presentes no contexto onde mora, circula e constrói sua existência? Como compreendê-lo em sua inteireza?

Nesse processo, uma rota possível foi investigar, a partir de um enfoque prático-reflexivo, em que medida a sociabilidade se torna uma forma própria de relações sociais entre os jovens e abre uma via de diálogo efetivo entre os diferentes atores da EJA, ou seja, propicia uma ambiência em que "escutar a si e ao outro se torna, portanto, a condição para o reconhecimento e a comunicação" (CARRANO, 2007).

Pensar a juventude, e suas formas de apropriação do mundo, é pensar como é capaz por si mesma de

> Mobilizar solidariedades primárias que nenhuma organização complexa poderia estavelmente ter em conjunto; no permitir flexibilidade, uma maleabilidade e uma imediaticidade que organizações mais estruturadas não podem assegurar; no fornecer, enfim, canais de expressão direta a questões conflitais e necessidade de participação, difíceis de agregar de outra forma. (MELUCCI, 2001, p. 95-98)

Nesse aspecto, Melucci demonstra a importância que a sociabilidade ganha nas relações sociais da juventude, enfatiza o quanto é central o encontro e o estar junto. Os jovens manifestam o quanto é importante "celebrar", na forma mencionada por Mafessoli (1994), modos de vida, de relações, de convivência.

A noção de sociabilidade de Simmel (*apud* DAYRELL, 2005, p. 183-184) ajuda-nos a compreender os processos analisados acima nos modos de ser da juventude contemporânea, dessa necessidade de comunicação. A saber: "a sociabilidade é uma das formas de sociação", ou seja, ela faz parte dos processos de interações que conformam a formação social, a sociedade, e, ao mesmo tempo, estrutura-se como forma autônoma, dito de outra maneira, "no campo da sociabilidade, os indivíduos se satisfazem em estabelecer laços, e esses laços têm em si mesmos sua razão de ser".

Esses jovens sujeitos presentes na escola têm suas histórias, suas particularidades e ali estão presentes procurando estabelecer laços, ocupar um espaço que por muitas vezes lhes é negado. As músicas, as danças, as vestimentas, as gírias, a inquietude são características desses jovens e manifestam-se constantemente como forma de autoafirmação ou como simbolismo de um grupo ou tribo específica.

As instituições parecem não perceber que deve haver uma linguagem em comum para consolidar um processo educativo, a mediação de conflitos ou mesmo o ensinamento de valores.

E é nesse sentido que foram desenvolvidas diferentes propostas de ação em escolas públicas da Região Metropolitana de Belo Horizonte. Essas propostas foram realizadas por alunas do curso de Pós-Graduação Especialização *Lato Sensu* na Educação Básica: Juventudes Presentes na EJA (UFMG/MEC/Prefeituras). A intenção era promover um diálogo entre a escola, seus educadores e esses jovens, "oriundos de famílias com baixo 'capital cultural' e que experimentaram acidentadas trajetórias que os afastaram do 'tempo certo' da escolarização" (BOURDIEU *apud* CARRANO, 2007, p. 55).

Além de promover tal diálogo, proporcionar um espaço de convivência em que ocorram ricas trocas de conhecimento, os sujeitos assumam suas identidades e respeitem as de outrem. Assim, concretizar, reflexivamente, experiências que enfatizam aquilo que é vivido não na perspectiva do distante, impessoal e abstrato, mas naquilo que está na ordem "tátil" *(o tocar, o próximo) próprio do localismo*, como sugere Maffessoli (1994), ou, como também aponta Dayrell (2005), a centralidade que a *troca de ideias* adquire para o efetivo exercício da *razão comunicativa.*

Foi por essa perspectiva que surgiram as seguintes propostas focadas nos jovens da EJA e foram desenvolvidos planos de ação direcionados às sociabilidades juvenis: *Gíria: a variedade linguística como expressão da interação juvenil*; *Esporte e sociabilidade: uma ponte entre a escola e os jovens ali presentes*; *EJA vai ao cinema*; *O Cinema: (re)construindo elos na EJA*; e *Sociabilidade e identidade racial.*

2 Gíria: a variedade linguística como expressão da interação juvenil

As gírias têm um significado expressivo na comunicação oral juvenil como um todo e também no processo ensino/aprendizagem dos sujeitos da EJA. Elas possibilitam entender a relação de linguagem nos grupos e como esta relação tem sentido de pertencimento.

Por meio do estudo das gírias usadas pelos jovens em seu cotidiano, foi possível observar, no desenvolvimento do projeto de ação na Escola Municipal Polegar, diversos comportamentos, tais como: interação e sociabilidade em grupos, relação de proximidade entre os pares e valorização dos sujeitos e o que de fato os jovens consideram importante na construção do sentimento de pertença, bem como a necessidade de se garantirem "formas de comunicação mais autênticas". Esse processo indica radicalmente que "a busca do bem-estar" passa por uma "dimensão coletiva" (DAYRELL, 2001).

Para tanto, foram desenvolvidas as seguintes atividades: transcrição de textos escritos em linguagem formal para linguagem coloquial; diálogos sobre os diferentes modos de falar e produção de listas de palavras usadas no dia a dia; produção textual coletiva; construção de um dicionário e de um jornal; bem como ênfase nas gírias e seus significados e a observação das interações dentro da sala de aula e em outras dependências da escola.

Trabalhar a gíria enquanto variedade linguística de expressão da interação juvenil oportunizou aos educandos se expressarem livremente como fazem em seus grupos de relacionamentos. Assim, a escola tornou-se mais próxima e familiar, bem como melhorou significativamente as relações entre professores e educandos, facilitando, assim, o processo de ensino e aprendizagem.

No decorrer da execução do projeto, alguns educandos disseram que "essa parada que a professora de português estava dando era muito doida". Essa menção, referente à atividade de transcrição da fábula da Cigarra e a Formiga, da escrita de acordo com a norma padrão para a coloquial, era uma expressão de mistura de sentimentos. Essa atividade escolar tinha um conteúdo que era a própria realidade da juventude, e fomos vendo a satisfação dos jovens em realizá-la.

No dia da produção das gírias e seus significados, uma aluna disse que havia comentado em casa sobre a atividade. Então a mãe disse "esta escola está de enrolação, ao invés de ensinar, fica é dando corda pra esse palavreado chulo de vocês". Logo o Felipe respondeu: "Qual é a da sua mãe doidim? Fala pra ela que agora é nóis na fita. E que a professora tá ligada que a gente tem coisa boa pra dá. Já é!". Houve um grande alvoroço na sala, a professora e os educandos concordaram que as pessoas têm dificuldade de entender e aceitar que este jeito peculiar e autêntico dos jovens se comunicarem, a gíria, é fator significativo e de contribuição para o cotidiano da sociedade.

O projeto foi elaborado e desenvolvido especificamente com o objetivo de aplicar uma atividade pedagógica direcionada para a interação juvenil. Mas, depois de algumas dinâmicas e atividades realizadas, ficou perceptível que os educandos estavam mais motivados. Descobriram que são capazes de contribuir, com uma coisa que é própria deles, para uma aprendizagem significativa e, por consequência, mais rica.

A linguagem informal transcrita para o papel, a descontração e "zuação" durante as atividades e a valorização do jovem por meio das gírias promoveram aproximação entre os educandos e a escola. Segundo eles, esse momento de oportunizar a expressividade foi "mil grau, pela ordi".

3 Esporte e sociabilidade: uma ponte entre a escola e os jovens ali presentes

Uma possibilidade de a escola entender a sociabilidade juvenil e atuar positivamente junto a esses sujeitos em suas relações é o esporte, bem como o ato de falar dele e das questões surgidas a partir daí.

Por meio da prática esportiva e da possibilidade de os educandos discursarem, exporem suas ideias acerca do esporte, podem-se trabalhar vários pontos importantes, como os observados na intervenção desenvolvida na Escola Municipal Indicador: a baixa autoestima, a sociabilidade e a formação de grupos, a visão machista dos garotos, e também a relação educando-aprendizagem e frequência.

A partir desses problemas ou questões levantadas, como menciona Carrano (2007, p. 57), "torna-se cada vez mais improvável que consigamos compreender os processos sociais educativos escolares se não nos apropriarmos dos processos mais amplos de socialização". Assim, foram desenvolvidas as seguintes intervenções: o torneio de futebol com times masculino e feminino; a prática de jogos como UNO e xadrez; e ainda dinâmicas e discussões em relação a essas atividades desenvolvidas e o benefício delas para os educandos.

Devido às questões que surgiram em relação à baixa autoestima de alguns, pode-se, por meio das intervenções, perceber que os educandos conheceram um pouco mais da realidade um do outro e passaram a respeitar as diferenças.

No decorrer das dinâmicas, pôde-se perceber que, com o esporte, houve uma abertura dos grupos para outros membros, ou mesmo para um diálogo aberto entre os diferentes grupos. O educando Michael fez a seguinte afirmação: "Legal! Joguei bola mesmo! Fiquei até amigo daquela moça, a Adriele".

Assim, o nordestino que era rechaçado pelo seu modo de vestir é um excelente atacante no futebol e conseguiu admiração de grande parte dos educandos, sendo elogiado no grupo, como mostra a fala de Danglard: "Nossa, o cara é fera, mudou em 100% o que eu pensava dele. Só achava ele um cara baixinho e de cabeça chata. Mas, agora eu respeito, não só pelo futebol, ele também é gente boa. Ele é fera..."

Podem-se perceber novas relações sendo desenvolvidas e um espaço de sociabilidade, de conversação, de troca de ideias entre os sujeitos. Levando-se em consideração que os grupos formados para cada jogo (seja futebol, xadrez ou mesmo no UNO) eram grupos diversificados. Como argumenta Dayrell (2005, p. 185):

> Como se trata de um jogar junto, de uma interação em que o que vale é a relação, cada qual deve oferecer o máximo de si para também receber o máximo do outro. É a dimensão do compromisso e da confiança que cimentam as relações.

As dinâmicas e jogos também foram favoráveis para que alguns os educandos reconstruíssem a visão que tinham das garotas. Eles puderam expor a mudança de visão preconceituosa que tinham das garotas ao vê-las jogando de igual para igual com o time de garotos e obtendo bons rendimentos nos jogos. O educando Michael afirmou que "tem menina que joga melhor que muito homem" e completou que elas deveriam, sim, ser respeitadas.

Apesar de ainda minoria, um único time, essas alunas comentaram as expectativas que tiveram e como se sentiram bem tendo um lugar na atividade proposta. A aluna Daniele afirmou que "me senti importante ao ver a galera gritar meu nome, isso me fez sentir muito bem".

Durante as dinâmicas, os sujeitos (educandos) puderam elencar qualidades dessas alunas que se dispuseram a formar um time e participar da atividade em questão. E chegaram à conclusão de que os papéis podem ser invertidos e um homem realizar tarefas ditas femininas e vice-versa. Wesley afirmou que "que somos iguais (homens e mulheres) e devemos ter mesmas oportunidades".

Os educandos, no decorrer do campeonato, desenvolveram danças para comemorar os gols e as vitórias, e isso também chamou a atenção deles pela possibilidade de se expressarem no ambiente escolar. Segundo Spósito (1996), as manifestações de sociabilidade aparecem na juventude mais na dimensão da expressividade que ocupam de forma mais significativa o imaginário juvenil.

As dinâmicas e os debates foram também um espaço para os educandos de diferentes grupos se conhecerem melhor e desmistificarem as "tribos" já reconhecidas, pois os times de futebol ao serem formados não se detiveram nos grupos preexistentes (funkeiros, pagodeiros, roqueiros, axé etc.). Segundo Sawitzkll (2008, p. 132), "a prática esportiva escolar pode contribuir de forma significativa com o processo de formação humana e com o desenvolvimento da cidadania".

Os esportes também promoveram mudanças nos aspectos da frequência e do aprendizado. A frequência dos educandos aumentou consideravelmente a partir destes esportes na escola, segundo o educando Walisson: "agora me interesso mais por vir a escola. Primeiro, porque tem o campeonato de futebol, segundo porque o pessoal da escola parece estar olhando para gente de forma diferente, melhor". Essa opinião é compartilhada por outros colegas.

Já em relação ao aprendizado, os professores afirmaram que os educandos andam mais motivados devido às práticas esportivas, vão para a sala mais entusiasmados e têm assimilado melhor o conteúdo. O educando Ananias afirmou: "aprendi que jogar xadrez faz a gente concentrar mais e tenho concentrado nas aulas também". Essa opinião também é compartilhada por Flaviano, que acrescenta: "também quando jogo futebol fico num entusiasmo só e parece que vou também mais animado para aprender a tal da matemática, é engraçado".

As discussões promoveram uma aproximação do educando em relação à escola, bem como foram um fator importante para a aprendizagem por meio da motivação de estar ali interagindo com os colegas e também com os professores. Segundo os relatos dos educandos, os esportes e o ato de falar deles tornaram-se momentos prazerosos dentro da escola, momentos em que puderam expor suas opiniões.

4 EJA VAI AO CINEMA

O acesso à linguagem cinematográfica pode ser uma via fecunda de recurso interdisciplinar, de ampliação dos espaços de lazer e aprendizagem dos educandos da EJA e incentiva a formação crítica desses educandos.

Assim, por meio do cinema, o professor tem a oportunidade de trabalhar a questão da sociabilidade, resgatando valores, tais como: solidariedade, amizade, respeito, dignidade, honestidade, cooperação, fraternidade, igualdade e justiça. Assim, podem-se criar momentos de reflexões sobre o cotidiano da juventude da EJA, aproximando os jovens da narrativa audiovisual como fonte de cultura e agente transmissor de conhecimentos.

Partimos, portanto, para a elaboração do Projeto "EJA vai ao cinema", na Escola Municipal Médio, com o objetivo de levar o educando a conhecer o cinema, desenvolver a sociabilidade e proporcionar um momento de lazer. Mesmo porque, como mencionou a aluna Mariana, "condições financeiras e mesmo as oportunidades para realização sempre foram motivos de impedimentos, mas que sempre pensava que um dia teria a oportunidade". A mesma opinião foi compartilhada por outros membros do grupo.

Antes ou após a sessão de filme, utilizamos o tema para enriquecer as atividades na sala de aula, aprofundando as discussões e os debates iniciados anteriormente, fazendo com que o aprendizado fosse um momento rico e contextualizado; sempre explorando os elementos importantes, vestuários, mensagem, efeitos especiais, trabalho do cineasta etc. O relato do educando Felipe demonstra como foi importante o ato de falar sobre o filme e a oportunidade de fazer isso de forma coletiva: "Já visitei o cinema antes, mas a experiência de ir em grupo, com muitas pessoas, e falar sobre o filme, discutir o assunto foi muito interessante". O educando afirma que, havendo novas oportunidades, não deixará de participar.

Segundo Dayrell (2005, p. 180), "é pela via da socialização que os homens aprendem os significados sociais, e mais, identificam-se com eles, transformando-os em seus próprios significados". O ato de ir ao cinema em grupo e proporcionar discussão posterior promove um aprendizado significativo para os jovens, pois se identificam com os personagens do filme, relacionam a história com suas situações cotidianas, além de melhorar a relação com o conhecimento.

Nesse movimento, quando a "EJA vai ao cinema", a trama educativa que se instaura não é algo pronto, estabelecido, portanto, são teias tecidas no curso das interações que abrem caminho para a perspectiva ativa dos sujeitos. E isso possibilitou, segundo a aluna Meire Maria, "ir ao cinema fez conhecer mais um pouco a minha professora. Achei legal!". E qualificou mais o trabalho escolar, ou seja, as aulas ficaram mais interessantes, o envolvimento dos educandos aumentou e ocorreu a oportunidade de trabalhar o conteúdo de forma tranquila e consolidar muitos conceitos.

De uma forma geral, a visita foi surpreendente até mesmo para nós, professores envolvidos com a proposta, pois não esperávamos tais reações dos educandos. Percebemos, também, o quanto os educandos se concentraram durante a sessão: alguns podiam descrever com precisão cada detalhe do filme, outros até contextualizaram certas situações cotidianas com as cenas apresentadas, enriquecendo a temática discutida em sala, e certos educandos demonstraram tanto entusiasmo com as atividades que pediram que o projeto pudesse ser implantado definitivamente no currículo.

Enfim, quando a "EJA vai ao cinema", amplia e abre um leque de relações e situações significativas para todos os envolvidos, no tocante à sociabilidade, amplifica-se o número de parcerias e os possíveis contatos. Os jovens e os educadores não estão *inseridos numa rede do anonimato ou impessoal, mas há um reconhecimento recíproco que precisa ser manifesto* que pode ser em pequenos gestos que, mesmo aparentemente banais, *têm força para criar vínculos afetivos e de confiança entre as pessoas* (SANTOS, 2003).

5 O cinema: (re)construindo elos na EJA

A escola precisa considerar o universo do educando, em sua amplitude, e conduzir para seu interior a realidade sociocultural vivida por ele, buscando alternativas para uma melhor sociabilidade, considerando a diversidade cultural e as necessidades individuais e coletivas.

> O novo público que freqüenta escola, sobretudo adolescente e jovem, passa constituir no seu interior um universo cada vez mais autônomo de interações, distanciado das referências institucionais trazendo novamente, em sua especificidade, a necessidade de uma perspectiva não escolar no estudo da escola, a via não escolar [...]. (SPOSITO, 2003, p. 19-20)

Logo, a proposta de ação em questão, realizada na Escola Municipal Anelar, surgiu exatamente do interesse dos educandos, e uma aluna demonstra isso com muita clareza, de forma direta e também propositiva: "Professora, por que a gente não poderia ir ao cinema com os colegas da nossa turma? Seria legal, sairmos um pouco de dentro da escola e fazermos algo diferente."

A atividade proposta foi extremamente relevante, porque proporcionou aos jovens um espaço de interação, conversas e "troca de ideias", desencadeando nos educandos um sentimento de valorização de suas identidades diante da escola e dos professores, como menciona P.:

> "Vocês tratam a gente com respeito, sempre fazem aulas interessantes, conversam e ouvem a gente e principalmente nos respeitam. Tem professor que chega aqui e nem olha para a nossa cara, e começa a aula já enchendo o quadro, nos tratando como se não fôssemos gente."

Além disso, a fala do educando aponta para qual direção as relações devem acontecer no âmbito da escola, ou seja, expõe o desejo de que aquilo que está sendo proposto tenha sentido e desperte sua curiosidade, e que os elementos das interações, principalmente com os professores, se pautem no diálogo, na escuta e no respeito. O teor crítico do relato demonstra o quanto é necessária e fundamental a consolidação do *exercício da razão comunicativa* (DAYRELL, 2005) ou *espaços de comunicação em que os diferentes interlocutores exerçam a capacidade de escuta e argumentação* (CARRANO, 2007) na Educação de Jovens e Adultos.

Segundo Carrano (2007, p. 60), "as escolas têm se apresentado como instituições pouco abertas para a criação de espaços e situações que favorecem experiências de sociabilidade, solidariedade, debates públicos e atividades culturais".

Para a realização da proposta de ação, foi alugada uma Van e vinte educandos foram ao cinema do Shopping Cidade para assistir ao filme *Sem saída*. Esse filme conta a história de um jovem que busca sua própria identidade e, para conseguir, ele é perseguido por muitas pessoas perigosas. A realização desse projeto foi tão significativa para os professores como para os educandos, pois a escola, como reflexo da sociedade, é capaz de projetar suas interações, tendo a função de promover o desenvolvimento potencial dos jovens da EJA.

As falas e as expressões dos educandos deixaram explícito que eles estão em busca de uma linguagem em comum entre educador e educando e anseiam por processos educativos.

Carrano (*apud* SANTOS, 2003, p. 117-118) aduz:

> Aconteçam na ordem do vivido, nas formas de interação criadas, nas configurações de valores, comportamentos, enfim, dirigir o foco para as trilhas invisíveis do aprender que se podem perceber nas muitas biografias confessadas que revelam ser a **educação um amplo processo social** que não se resume aos cotidianos institucionais de aprendizagens.

Uma fala de um educando é esclarecedora sobre a questão: "Sair com os meus colegas e professoras foi muito diferente. Eu percebi que *criar laços vai além dos muros da escola*. Quero repetir" (grifo nosso).

Outro educando, com a mesma clareza e com uma radicalidade tocante, diz: "Ter ido ao cinema com os professores, *me fez sentir ser humano*" (grifo nosso). Ou seja, os elos possíveis, (re)configurados numa atividade de lazer, inscrevem nos sujeitos uma consciência de sua real condição, diante de um contexto que os despersonaliza, retira suas possibilidades de serem sujeitos. Nesse sentido, pensar a relação escola e juventude presente na EJA é pensar numa perspectiva, segundo Arroyo (2000, p. 7), em que vejamos *os sujeitos na sua totalidade*, isto é, de que forma acontece o *processo de formação e humanização plena, nas formas que articulam a produção e a reprodução da existência*.

Os jovens que entram na escola estão em busca de novidades, querem romper com o sistema dotado de conteúdos, aulas expositivas, professores "donos" da fala: "Adorei esta forma de aprendizagem, porque muitos professores chegam, dão suas aulas e mal falam com a gente" (aluna da EJA). A roda de conversa com os educandos sobre a experiência de assistir a um filme fez com que eles se socializassem melhor uns com os outros, o que é comprovado com a fala de um educando: "Nunca vivi essa experiência, foi muito bom *ser tratado de igual pra igual*" (grifo nosso).

O desenvolvimento desse projeto com os educandos da EJA demonstra o quanto os jovens necessitam de um "olhar diferente", um trabalho diferenciado. Para Carrano (2007), *a presença de jovens educandos na EJA deveria ser expressão de que a escola é parte efetiva de seus projetos de vida*. A visita ao cinema com os educandos foi o início do reconhecimento desses jovens, como sujeitos culturais.

6 SOCIALIZAÇÃO E IDENTIDADE RACIAL

Atualmente, não se pode negar que a escola está vivenciando um processo contínuo de mudanças, no que tange à questão das diversidades. Grupos anteriormente marginalizados e excluídos do sistema educacional vão conquistando seus espaços e ocupando lugares que lhes são próprios, num país onde a educação é um direito de todos.

As diversidades presentes na escola exigem dos docentes um olhar apurado para a diferença, no sentido de transformá-la em material didático e metodológico, evitando, assim, a manutenção da desigualdade e das discriminações tão comuns no ambiente escolar. De acordo com Silva e Dias (2010, p 34), "um dos atuais desafios observados no cotidiano da escola consiste em entender a presença dos jovens no espaço escolar e, sobretudo, a forma como estes são vistos pelos docentes".

Gomes, citando Juarez Dayrell, afirma que:

> A juventude não se reduz a um momento de transição, a um tempo de prazer e de expressão de comportamentos exóticos e nem tampouco se restringe a uma fase de crise dominada por conflitos com a auto-estima e/ou personalidade [...] embora não seja fácil construir uma definição da juventude, como categoria, uma vez que os critérios que a constituem são históricos e culturais, podemos entendê-la [...] como uma condição social e um tipo de representação. Essa compreensão poderá alargar a nossa visão sobre esse importante tempo/ciclo de vida, no que ele apresenta de universal [...] e também particular nas suas variações e diversidade de condição social, sexual, de gênero, de raça, de valores, de localização geográfica entre outros. (GOMES, 2004, p 7)

Tentando compreender um pouco sobre os jovens da EJA e sua identidade racial, focamos naquilo que Simmel (*apud* DAYRELL, 2005, p. 185) coloca como aspecto da sociabilidade, a saber: *nas formas de interação os indivíduos conversam em razão de algum conteúdo que queiram comunicar*. Para os jovens, isso ganha centralidade, pois "trocar ideias", para eles, é exercer efetivamente em suas vidas a *razão* comunicativa, tendo vista um quadro social que disponibiliza poucos *espaços de diálogo para além do grupo de pares*.

Para tanto, a partir de uma oficina intitulada *Educação: uma reflexão sobre a identidade* – proposta de ação desenvolvida na Escola Municipal

Mindinho –, buscamos perceber como os jovens, em suas experiências, carregam consigo as marcas de uma sociedade excludente, no que se refere ao pertencimento racial, e como se posicionam diante do problema.

Nesse movimento, muitos compartilharam, durante a oficina, experiências de discriminação que observaram em locais de trabalho, na rua e na própria escola. Porém, uma contradição se configurou, embora a maior parte deles reconheça o problema do racismo na nossa sociedade, poucos assumem que o problema os atinge de perto. Em sua maioria, os jovens afirmaram assistir a cenas de discriminação, mas não foram eles as pessoas envolvidas.

Por meio da oficina, compartilhamos momentos de troca de experiência e analisamos vários dados que nos ajudaram a perceber a forma pela qual os jovens se identificam quanto à questão racial e também a enxergar como a população negra ainda é desfavorecida no nosso país, e como se faz urgente uma ressignificação do "ser negro", no sentido de resgatar valores e autoestima, a fim de fortalecer os grupos que lutam pela equidade racial no Brasil. A oficina abriu espaço para falas, desabafos, risadas e também para a expressão artística de alguns educandos que produziram desenhos sobre sua identidade que realmente impressionaram os professores presentes. Assim, percebemos que "a sociabilidade para esses jovens parece responder às suas necessidades de comunicação, de solidariedade, de democracia, de autonomia, de trocas afetivas e, principalmente, de identidade" (DAYRELL, 2005, p. 186).

A oficina mostrou-se como um importante instrumento de conscientização e como um espaço de "trocas de ideias" que poucas vezes é oferecido nos ambientes escolares. Compreendemos que, como afirma Gomes,

> no contexto da desigualdade racial brasileira, as trajetórias de jovens negros/as e brancos/as, mesmo quando pertencem ao mesmo grupo socioeconômico, desenvolvem-se de forma diferenciada. O componente étnico/racial é um fator que interfere na construção e nas possibilidades de "ser jovem" em nosso país. (GOMES, 2004, p 8)

Partindo disso, questionar a diversidade racial presente na escola e utilizar-se dela como material pedagógico num momento de socialização entre os jovens torna-se um caminho possível para se pensar a complexidade da relação racial e suas consequências para a sociedade, além de despertar, nos educandos, uma afirmação positiva do "ser negro" no Brasil, livre de estereótipos e preconceitos.

Conclusão

Ao percorrermos esse percurso reflexivo coletivo, é necessário destacar alguns aspectos: primeiro, o que representou os desafios e a riqueza de uma produção acadêmica, realizada numa condição em que éramos professores da EJA, e, ao mesmo tempo, educandos(as) do curso de Especialização em Juventude. Esse percurso trouxe a possibilidade de estabelecer uma ponte efetiva entre a dimensão teórica e as questões oriundas do trabalho com os jovens presentes na EJA e contribuiu para um amadurecimento pessoal e também para a forma como enxergamos a educação e a juventude. Sobre os jovens educandos, ficamos mais atentas(os) à escuta do que eles estão trazendo e demonstrando e também às suas especificidades e diferentes capacidades.

Esse debruçar-se sobre a juventude da EJA e olhá-la pelo prisma da sociabilidade mostrou-nos o quanto podemos criar, de forma eficaz, e a partir de pequenas ações permanentes, espaços realmente democráticos, em que o foco é o pleno exercício da razão comunicativa ou a concretização de uma trama educativa que se paute na capacidade de escuta e argumentação entre os diferentes interlocutores.

Assim, as diferentes propostas colocadas em movimento indicam que existem diferentes fios (a gíria como forma de expressão, o esporte, o cinema e oficinas de "trocas de ideias"), por onde podemos desenrolar relações sociais e educativas da EJA; elas buscam criar uma ambiência em que todos, num processo contínuo, aberto e incompleto, estão imbuídos de uma reflexão sobre si mesmos, sobre a natureza e a sociedade. Seria uma tentativa, pela via da sociabilidade, de compreender os jovens educandos da EJA a partir do seu cotidiano, das questões que trazem, dos seus desejos, enfim, como foi dito acima, compreender esses sujeitos emaranhados em outras esferas socioculturais, destacando, assim, seus estilos, suas práticas culturais, seus diferentes modos de ser, os processos identitários e os projetos que elaboram.

Procuramos fazer um movimento em que, ao mesmo tempo que realizávamos as vivências com os jovens da EJA, também fazíamos um processo de aprofundamento teórico e discussões coletivas. Não sabemos se atingimos nosso intuito, mas temos um sentimento comum: procuramos enfrentar os diferentes dilemas que a questão da juvenização da EJA coloca, e temos a noção de como é complexo e dinâmico entender os modos de vida da juventude contemporânea. O que aqui ficou traduzido pode contribuir para a produção de espaços culturalmente significativos para uma multiplicidade de sujeitos jovens.

Referências

CARRANO, Paulo. *Educação de jovens e adultos e juventude*: o desafio de compreender os sentidos da presença dos jovens na escola da "segunda chance", 2007. Disponível em: <http://www.reveja.com.br/sites/default/files/REVEJ@_0_PauloCarrano.pdf>.

DAYRELL, Juarez Tarcísio. *A música entra em cena*: o rap e o funk na socialização da juventude. Belo Horizonte: Ed. UFMG, 2005.

GOMES, Nilma Lino. Ações afirmativas: dois projetos voltados para a juventude negra. *In*: SILVA, Petrolina Beatriz Gonçalves e; SILVÉRIO, Valter Roberto. *Educação e ações afirmativas*: entre a injustiça simbólica e a injustiça econômica. Brasília: Instituto Nacional de Estudos e Pesquisas Educacionais, 2003.

MAFFESOLI, Michel. O poder dos espaços de celebração. *Revista Tempo Brasileiro*, Rio de Janeiro, n. 116, p. 59-70, jan./mar. 1994.

MELUCCI, Alberto. *A invenção do presente*: movimentos sociais nas sociedades complexas. Rio de Janeiro: Vozes, 2001.

NEVES, Natalino da Silva; DIAS, Fernanda Vasconcelos. Juventude e relações étnico raciais. *Presença Pedagógica*, v. 16, n. 96, nov./dez. 2010.

SANTOS, Cláudio Emanuel dos. *A música percursiva*: uma experiência sócio-cultural dos jovens do Bloco Oficina Tambolelê, 2003. 189 f. Dissertação (Mestrado em Educação) – Faculdade de Educação, Universidade Federal de Minas Gerais, Belo Horizonte, 2003.

SAWITZKI, Rosalvo Luis. Esporte escolar: aspectos pedagógicos e de formação humana. *Motrivivência*, ano XX, n. 31, p. 132-142, dez. 2008.

SIMMEL, George. *In*: MORAES FILHO, Evaristo (Org.). *Sociologia*, v. 34, p. 167-181, 1983.

SPOSITO, Marília Pontes. Uma perspectiva não escolar no estudo sociológico da **escola. *Revista USP*, Seção textos, n. 57, p. 2010-2026, mar./maio 2003.**

Tecendo histórias da EJA a partir das juventudes e da diversidade étnico-racial

Ana Paula Vieira Matos
Célia Margarida de Araújo
Cirlene Aparecida Inácio de Resende
Guilherme Vieira
Maria Eunice Rodrigues
Natalino Neves da Silva
Neusa Pereira de Assis

1 Um começo de conversa

A chegada cada vez maior de jovens na Educação de Jovens e Adultos (EJA) vem levantando uma série de questões, mobilizando pesquisas e, mais que isso, causando certa reflexão, em especial, naqueles que atuam nessa modalidade de ensino.

Interrogar sobre a chegada e permanência (ou não) desses jovens, refletir a prática pedagógica, além do currículo voltado para a diversidade e as questões étnico-raciais, tem sido o atual desafio dos docentes que atuam na EJA.

O curso de Pós-Graduação em Especialização em Docência na Educação Básica em EJA: juventudes presentes na EJA, iniciado em outubro de 2010, propõe-se à real demanda no âmbito da formação inicial e continuada de professores. A proposta inicial do curso destina-se a professores(as) do Ensino Fundamental e Médio das redes municipais de Coronel Fabriciano, Divinópolis, Ipatinga, Nova Lima, Raposos, Ribeirão das Neves,

Sabará, Santa Luzia e Timóteo do Estado de Minas Gerais.[10] Percebe-se que a proposta de formação além de inovadora é bastante audaciosa, tendo em vista a reunião no mesmo espaço de formação congregar profissionais da educação dos mais diferentes setores (professores(as), diretores(as), supervisores(as), secretários(as) de educação, etc.). O ambiente de formação constituía-se assim espaço rico de troca de saberes pedagógicos, políticos e culturais.

Em outubro de 2010, iniciou-se o curso e, ao longo da formação, várias atividades foram requisitadas aos participantes. É notório que, em função dos compromissos de trabalho durante a semana, o grau de leituras e exigências do mundo acadêmico é difícil de ser superado. Cabe ressaltar que, às vezes, as produções e leituras realizadas aconteceram nas madrugadas, nos domingos à noite e até mesmo entre uma aula e outra. A formação do curso em Pós-Graduação exigiu-nos um sobre-esforço que, de certa forma, afetou até mesmo as relações afetivas familiares e amorosas. Nessa direção, indaga-se: valeu a pena? Na avaliação final, pondera-se que a real formação acontece no processo do percurso, na consolidação de novas amizades e, sobretudo, na tentativa de aquisição de novos saberes em torno da juventude, EJA e, em específico, as relações étnico-raciais.

No âmbito das demandas apresentadas pelo curso, foi proposto aos professores(as) que produzissem um artigo individual, pautado em um tema comum a todos, o qual foi discutido, coletivamente, direcionando esse assunto de acordo com as vivências apresentadas pelos educadores cursistas, nos municípios de atuação sobre um olhar para o rejuvenescimento da EJA, a diversidade e as questões étnico-raciais.

Na ocasião, cada professor(a) desenvolveu o seu trabalho referente à demanda sobre os aspectos a serem investigados. No município de Timóteo, a professora Ana Paula realizou seu artigo voltado para "As questões de indisciplina sob a ótica dos jovens"; em Coronel Fabriciano, as professoras Célia e Maria Eunice pesquisaram, respectivamente, "O preconceito e a discriminação enfrentados pelos alunos jovens da EJA" e "As jovens negras no mercado de trabalho". No município de Nova Lima, o artigo desenvolvido pela professora Cirlene voltou-se para os desafios de "Como lidar com o público jovem presente na EJA em suas diversidades e diferenças", principalmente as questões étnico-raciais.

---

[10] Informações contidas no Edital do Curso.

Já no município de Ribeirão das Neves, os professores Guilherme e Neusa pautaram as respectivas análises: "A imagem no livro didático e a construção da autoestima para os negros" e "Ocupação dos espaços pelos estudantes negros a partir da sala de aula".

Com os resultados obtidos na construção desses artigos, partimos para a construção coletiva do presente estudo, no qual todos deveriam construir uma proposta de intervenção, tendo em vista a análise dos resultados obtidos nos textos supracitados e realizá-las nas respectivas escolas de atuação. Desse modo, as questões trabalhadas no primeiro artigo em que as temáticas centrais eram juventude, diversidade e as questões étnico-raciais subsidiaram a elaboração de uma proposta de intervenção, bem como a sua realização.

O desafio foi lançado ao coletivo de cursistas que, por sua vez, se viu na tarefa de observar, problematizar e interrogar sua prática pedagógica, seu espaço e mecanismos de trabalho, perceber os diferentes sujeitos com que lida no fazer docente, enfim, a educação em diferentes ângulos e aspectos. Para tal, nosso olhar deveria ser um olhar de estranhamento, de não aceitação do que está posto, do que está dado. Fomos convidados a fazer do olhar um elemento que compõe a prática educativa.

A partir das interrogações realizadas, tínhamos a pretensão de nos aproximarmos dos(as) jovens educandos(as), de modo a conhecer melhor suas realidades e, assim, pensar e realizar uma educação própria para este público na EJA.

Deparamo-nos com a situação de questionar alguns dos pressupostos básicos de certos defensores da ciência moderna que defendem que "não há raças", mas, sim, raça humana. Já é de amplo conhecimento que, política e socialmente, as raças se diferenciam, de modo que nós, brasileiros, vivemos em uma sociedade pluri e multirracial.[11] Daí nosso propósito de pensar a juventude negra presente na EJA.

Refletir sobre juventude, EJA e as questões raciais conduz-nos a um importante debate para toda a sociedade brasileira. Embora formalmente a educação seja um direito de todos, verifica-se, a partir do levantamento dos dados oficiais, que o segmento da população negra constitui um dos

---

[11] Podemos buscar, nos escritos de Carlos H. Hasenbalg e Lilia Mortiz Schwarcz, um aprofundamento em relação à forma como ocorre a racialização e a hierarquização das raças na sociedade brasileira.

principais eixos excluídos do processo educacional, seja por não ter acesso à escola, seja pela evasão ou de maneiras mais sutis, como o fato de que essa população não se vê no ambiente escolar.

O fato de sermos professores(as) de diferentes áreas, atuando em diferentes municípios, contribui, e muito, para enriquecer o debate: são pessoas diversas, com olhares múltiplos, estranhando o que, para muitos, pode parecer comum.

Assim, acreditamos que a produção deste trabalho coletivo busca na reflexão e mudança efetiva na prática pedagógica, com o olhar para a diversidade, as questões étnico-raciais, compreender de fato os jovens sujeitos educandos com os quais trabalhamos na tentativa de aprender a lidar com eles, caminhando para a construção do respeito mútuo, da dignidade humana e da valorização do sujeito em suas singularidades econômicas, culturais, sociais, educativas, etc.

Nosso texto foi estruturado de modo a apresentar, na primeira parte, o aporte teórico com que trabalhamos. Na sequência, são apresentados os relatos sobre as diferentes intervenções realizadas em nossos espaços de trabalho. Esse coletivo de trabalho teve, ainda, o cuidado, e por que não dizer a ousadia, de dedicar algumas linhas ao que chamamos de *Recomendações*, cuja intenção é, a partir do caminho percorrido e do que aprendemos na caminhada e nos tropeços, contribuir com a caminhada de outros. Afinal, desde o início, a nossa meta é uma educação melhor e com acesso para todos.

2 Tecendo diálogos com as produções acadêmicas

A Educação de Jovens e Adultos é uma modalidade de ensino de acordo com a Lei de Diretrizes e Bases da Educação Nacional (LDBEN nº 9.394/96), que tem ganhado vulto no cenário acadêmico nacional.[12] Diante disso, faz-se necessário perceber as especificidades e dificuldades encontradas nesse campo da educação para compreender melhor seu público.

Pode-se perceber, hoje, a heterogeneidade do alunado presente na sala de aula. São homens e mulheres, jovens e adultos, negros e brancos,

[12] Cabe ressaltar que se optou por não apresentar o percurso histórico da EJA, bem como a relação com o legado da Educação Popular. A esse respeito, conferir: Arroyo (2005), Beisiegel (1974), Fávero (1983), entre outros.

empregados, desempregados, pessoas em busca do primeiro emprego e pessoas deficientes, em sua maioria moradores de comunidades periféricas dos grandes centros urbanos e em busca da escolaridade como possibilidade para melhoria da sua condição sócio econômica e cultural (SILVA, 2009, p. 62).

Diante da heterogeneidade do público da EJA, Haddad e Di Pierro (2000, p.127) enfatizam que "o perfil dos estudantes da EJA assume uma nova identidade a partir do final do século XX, diferente das décadas anteriores que eram atendidas principalmente por adultos oriundos de origem rural". É perceptível, pelos profissionais que atuam nessa modalidade de ensino, o seu rejuvenescimento, corroborando com a percepção de Andrade (2004, p. 51) que "a entrada de jovens na EJA é um dos atuais desafios da educação, ou seja, as demandas apresentadas por esses sujeitos são diferentes das demandas dos sujeitos adultos".

A pesquisa nessa temática tem ganhado, portanto, cada vez mais complexidade, devido ao aumento da heterogeneidade dentro das salas de aula da EJA. Assim sendo, Almeida (2006, p. 25) diz que:

> Não é possível pensar em uma homogeneidade entre todos os jovens, pois a constituição da juventude como categoria social se dá pela formação de várias "juventudes", que são heterogêneas culturalmente, diferentes em suas experiências e trajetórias de vida, variadas em suas formas de organização e visões de mundo.

Ao percebemos a heterogeneidade do público presente na EJA, conforme apontam os autores acima, acreditamos que a escola deve estar aberta à juventude e compreender as especificidades desses sujeitos jovens, uma vez que

> entender a relação entre juventude e escola nos leva a refletir sobre o sujeito jovem que existe fora do espaço/tempo circunscrito da sala de aula. É preciso considerar que as experiências vividas pelos jovens encontram-se imersas na realidade social contemporânea, que sofre influências do mundo do trabalho, dos meios informacionais e tecnológicos e das relações sociais de consumo. (DIAS; SILVA, 2010, p. 34)

A juventude que chega à escola da EJA provoca os profissionais da educação a refletirem sobre o ambiente escolar, pois os jovens trazem consigo novos questionamentos que desafiam os adultos (alunos e professores) a refletirem suas condutas e práticas educativas na escola. Percebe-se, também, que são jovens críticos e com menor grau de dificuldade nos conteúdos propostos na sala de aula, embora tenha, em sua maioria, uma defasagem de aprendizagem.

Para os próprios alunos jovens, também é perceptível que o espaço escolar não está adequado para recebê-los, pois se percebe que ainda muitos dos professores não estão ou não foram formados para lidarem com esse público. A partir daí, surge a necessidade de estabelecimento do diálogo por parte dos professores e da própria escola para com esses jovens.

De forma geral, verifica-se que os professores da EJA consideram que a indisciplina está atribuída ao rejuvenescimento do alunado da EJA e à defasagem de aprendizagem, acumulada ao longo do percurso escolar deste. A partir de alguns relatos obtidos com profissionais que atuam conosco, indagamos: existe relação entre a indisciplina e a defasagem de aprendizagem? É possível relacionar juventude e indisciplina? O que podemos perceber é que o processo de rejuvenescimento do alunado da EJA trouxe um elemento novo para essa modalidade de ensino. Nesse sentido, percebemos que a entrada da juventude leva-nos a indagar se estamos conseguindo desenvolver metodologias adequadas, de forma a atender às demandas apresentadas por esse novo público presente na EJA.

Segundo Dias e Silva (2010), no cotidiano da escola observa-se uma tensão entre as expectativas dos professores, em relação ao comportamento e atitudes dos jovens, vistos somente como "alunos" e a forma real como estes agem como "sujeitos jovens".

Nesse sentido, faz-se necessário compreender o(a) jovem aluno(a) e verificar se as ações propostas pelas escolas estão contemplando o novo perfil dos alunos da EJA. Afinal, toda a estrutura escolar e os livros didáticos foram editados voltados para o antigo modelo educacional, no qual as diversidades de ordem social, étnico-racial, identitária e cultural eram pouco ou quase nunca discutidas e questionadas.

A esse respeito, Abramovicz e Oliveira (2011, p.7) caracterizam a diferença como:

> A contemporaneidade tem se caracterizado como um momento no qual as diferenças estão sendo exaltadas e até cultuadas como a cultura negra: suas músicas, suas danças, seu jeito de ser, o estilo do cabelo etc. No entanto, essa exaltação da cultura negra vem acompanhada também de

uma nova forma de racismo que se veste de uma nova roupagem, pois se organiza a partir de uma inclusão diferenciada. A cultura é usada para cumprir o papel que a biologia desempenhava.

A sociedade busca práticas, para que os preconceitos e problemas nela vivenciados não sejam assumidos, e pauta-se em discursos politicamente corretos, a fim de omitir a realidade.

Esses fatos, quando trazidos para a área da educação, elucidam algumas reflexões: diante da grande heterogeneidade do alunado da EJA, as questões étnico-raciais têm sido discutidas? Como os professores e as escolas lidam com a dimensão étnico-racial dos jovens alunos presentes na EJA? Os livros didáticos, utilizados na EJA, têm trazido e problematizado essa questão, ou não?

Essas indagações perpassam o nosso cotidiano, vivenciado nas diferentes escolas em que atuamos, e, a partir da realização deste estudo, acreditamos que elas merecem ser discutidas.

Tendo em vista as reflexões e análises realizadas no artigo individual, bem como os questionamentos supracitados, realizamos em seis escolas que ofertam a modalidade de ensino da Educação de Jovens e Adultos que se situam nos municípios de Coronel Fabriciano, Nova Lima, Ribeirão das Neves e Timóteo, o trabalho de intervenção juntamente com os(as) jovens alunos(as) em busca da compreensão da relação entre a juventude, EJA e as questões raciais.

3 Percursos metodológicos para a realização das intervenções

O curso de Pós-Graduação apresentou como sugestão uma forma alternativa para o desenvolvimento dos Trabalhos de Conclusão de Curso (TCC), que, se por um lado constituem elemento obrigatório para a obtenção do título de especialista, por outro, demonstram, em significativos números de relatos, ser pouco eficazes. Dessa forma, com esse desafio, constituem-se dez Coletivos de Produção em EJA centrados em discussões dos temas de pesquisa propostos pelos formadores aos Pós-Graduandos, individual e coletivamente.

O nosso Coletivo de Produção em EJA teve como enfoque de análise os campos da juventude, EJA e a diversidade étnico-racial. Nesse sentido, adotamos os seguintes procedimentos metodológicos:

a) Buscamos refletir sobre a realidade educacional e as temáticas relacionadas.

b) Realizamos uma proposta de intervenção no campo de atuação de trabalho, bem como problematizamos o tema em questão.

c) Realizamos grupos de estudos, redação artigo acadêmico individual, buscando aprofundar os recortes epistemológicos, bem como a realização deste artigo coletivo, tendo em vista a intervenção realizada em cada escola.

d) Avaliamos sobre as possibilidades de execução da intervenção em outros contextos escolares e envolvimento de demais docentes e gestores de nossos municípios.

4 Universo consultado

A partir das informações contidas no QUADRO 1, a seguir, verifica-se que conseguimos envolver diferentes municípios e, conforme observaremos nos relatos de intervenção, encontramos realidades diversas no que se refere ao trato do rejuvenescimento da EJA. Cabe ressaltar que a realização da intervenção nas instituições escolares mobilizou diferentes atores sociais da escola, como: professores, diretores, coordenadores, serviços gerais, cantineiros, jovens, adultos, entre outros.

Vejamos a configuração do universo das intervenções realizadas por cada professor(a) conforme a distribuição por escola, município e níveis de ensino na EJA.

Além disso, o processo de intervenção alterou, de certa forma, a rotina escolar, uma vez que convidamos os jovens a participarem desse processo, bem como a escolha do lugar em que a proposta seria realizada. É oportuno dizer que a inserção dos jovens na EJA é avaliada de maneira negativa por alguns profissionais da educação de nossas escolas. Essa avaliação era também compartilhada por alguns integrantes desse coletivo de produção, sendo que, aos poucos, foi sendo questionada a partir do aprendizado adquirido no curso de Pós-Graduação.

QUADRO 1 - As escolas, os municípios e os níveis de ensino na EJA

Nome da Instituição[1]	Município	Níveis de Ensino
a) Escola Municipal Coronel Fabriciano (1)[2]	Coronel Fabriciano	Fundamental
b) Escola Municipal Coronel Fabriciano (2)	Coronel Fabriciano	Fundamental
c) Escola Municipal Nova Lima (3)	Nova Lima	Fundamental
d) Escola Municipal Ribeirão das Neves (4)	Ribeirão das Neves	Fundamental
e) Escola Municipal Ribeirão das Neves (5)	Ribeirão das Neves	Fundamental
f) Escola Municipal São Timóteo (6)	Timóteo	Fundamental

Fonte: Elaboração dos(as) autores(as)

Desse modo, apresentaremos, então, as intervenções realizadas nas instituições em que cada professor(a) atua. A orientação de apresentação dos dados organiza-se da seguinte forma: a) a apresentação de cada intervenção conforme a ordem das escolas contidas no QUADRO. 1; b) utilizaremos somente o código para identificação das escolas; c) a estrutura textual da intervenção das escolas é a mesma (optamos por manter a mesma estrutura a fim de possibilitar a elaboração textual de forma mais coesa); d) cada intervenção é contida dos seguintes tópicos de análises: a proposta, os materiais, o desenvolvimento, os participantes envolvidos e os resultados.

5 As intervenções realizadas em cada escola

5.1 Proposta 1

A proposta de intervenção realizada na Escola Municipal 1 foi fruto das reflexões contidas no artigo "O jovem na EJA: reflexões sobre o preconceito social e racial". Na ocasião, o objetivo de nosso estudo foi levantar dados sobre a questão do preconceito social e racial, vivenciado pelos jovens, e verificar a existência de alguma relação entre esse fenômeno e a evasão, a indisciplina e a discriminação racial. Em síntese, o estudo buscou entender a forma como os(as) jovens alunos(as) percebem a diferença e as várias desigualdades da sociedade onde vivem, bem como na sala de aula.

Os materiais

O espaço da sala de aula foi o lugar escolhido para a realização de rodas de conversas com os jovens estudantes.

O desenvolvimento

A "roda de conversa" foi pautada por intermédio das seguintes questões: afinal, como vocês percebem as desigualdades sociais e raciais na sociedade? O que entendem por preconceito, racismo e construção de identidade étnico-racial? Tendo em vista tais questionamentos, como pano de fundo, a organização da intervenção deu-se da seguinte forma, a saber:

1º momento: exposição do objetivo do trabalho proposto;

2º momento: dialogamos sobre o significado de racismo, preconceito e formação de identidade étnico-racial;

3º momento: abriram-se as conversações sobre a construção de identidade, o preconceito dentro do espaço escolar. Como a dificuldade de se expressar foi grande, talvez pelo tema abordado, utilizou-se do instrumento de escrita, solicitado por eles, que justificaram que se torna mais fácil escrever do que expor suas ideias.

Os participantes envolvidos

Jovens alunos(as) da faixa de idade de 16 a 24 anos da 8ª série do segundo segmento do Ensino Fundamental, marcados por vivências negativas diversas.

Os resultados

Os jovens consideram a escola como um espaço importante de diálogo e debates sobre as questões relacionadas ao preconceito, pois o trato de maneira positiva e afirmativa sobre a construção de suas identidades étnico-raciais ocorre também nesse espaço. De acordo com a argumentação deles, na escola e na EJA, encontram-se pessoas diferentes (raças diferentes) e com os mesmos direitos. Julgam que é preciso transformar opiniões, pensamentos e, até mesmo, mudar suas vidas no fortalecimento ou na construção de pontos de vista de mundo. A prática do racismo nega e inferioriza os negros, cujas experiências vividas por eles, na sociedade que o discrimina, fazem com que, negativamente, construa uma imagem de si próprios, produzindo a baixa autoestima e rejeitando sua origem; conflitos raciais que os desestabilizam e que são vistos como: desocupados, preguiçosos ou marginais, ocasionando, assim, a vergonha de si mesmo.

A escola é uma porta de acesso aos jovens para uma educação de qualidade, visando a buscar o direito não só ao conhecimento, mas à formação para uma cidadania responsável por uma sociedade justa e democrática, na qual "o racismo precisa ser superado nos atos das pessoas".

5.2 Proposta 2

A proposta de intervenção realizada na Escola Municipal 2 – fruto das reflexões contidas no artigo "As jovens negras no mercado de trabalho" – iniciou-se com uma seleção de algumas jovens do 1º e 2º segmento, com perfis diferenciados, com comportamentos diferentes, sendo seis escolhidas e convidadas a participar do trabalho proposto, ocorrendo uma boa aceitação e interesse por parte delas. Na ocasião, o objeto de nosso estudo foi perceber a inserção no trabalho doméstico de mulheres, em sua maioria, negras. Esse olhar deu-se a partir do projeto "Relações entre o trabalho e gênero", desenvolvido com a turma da EJA. Fomos percebendo que a discussão provocou uma reflexão nas jovens alunas. Dessa forma, buscou-se entender a forma como as jovens alunas analisam as relações entre a escolaridade, o gênero e as questões raciais.

Os materiais

Para a realização da intervenção, utilizamos a sala de aula. As cadeiras foram colocadas em círculo, propiciando um debate. Foram utilizados máquina para fotografar e o *data show* para a apresentação do filme (em DVD) "Vista a minha pele", produzido pelo CEERT e dirigido por Joelzito Araújo.

O desenvolvimento

A coordenadora, colegas e alunos ajudaram na organização da sala e dos aparelhos tecnológicos. Todos assistiram ao filme com muita atenção. No final, propusemos o debate, durante o qual as jovens relataram seus anseios, suas perspectivas e desafios. Elas falaram muito sobre o preconceito, a discriminação racial na escola e no trabalho. Consideram que "ninguém é superior a ninguém, depende da nossa força de vontade para alcançar os nossos objetivos".

Os participantes envolvidos

Jovens alunas negras e brancas, de faixa etária entre 15 e 29 anos, do 1º e 2º segmentos da EJA.

Os resultados

As alunas participaram ativamente do debate proposto e, de acordo com os relatos, a experiência foi muito significativa para as jovens, pois elas sentiram-se importantes ao poder pontuar suas opiniões, bem como revelar suas insatisfações diante das profissões ocupadas nos postos do mercado de trabalho. Assim, a EJA configura-se como uma modalidade de ensino muito importante para discutir sobre as questões raciais e de gênero, no mundo do trabalho, para que essas jovens desenvolvam um maior senso crítico acerca do lugar que elas ocupam na sociedade, além de vislumbrarem outras possibilidades para garantir-lhes um futuro mais promissor.

5.3 Proposta 3

A proposta de intervenção realizada na Escola Municipal 3 foi fruto das reflexões contidas no artigo "Como lidar com o público jovem presente na EJA em suas diversidades e diferenças". Na ocasião, o objetivo de nosso estudo foi levantar dados sobre o rejuvenescimento da EJA e sua vivência no que se refere às diversidades e diferenças. Em síntese, o estudo buscou, inicialmente, conhecer melhor o perfil dos jovens da EJA e, a partir daí, sondar esses alunos sobre sua relação com o espaço escolar, no que se referem às identidades, às diversidades, às etnias, às singularidades de cada um.

Os materiais

Os materiais utilizados para a realização da intervenção foram pincéis, folha de papel A4, CD, aparelho sonoro para aplicação de uma dinâmica.

O desenvolvimento

A intervenção iniciou-se com a seleção de alguns jovens de 5ª a 8ª séries, com perfis diferenciados, de ambos os sexos e idades, com comportamentos e personalidades diferentes, sendo dez escolhidos e convidados a participar do trabalho proposto, ocorrendo uma boa aceitação e interesse por parte deles.

O trabalho de intervenção foi iniciado com a realização de uma dinâmica, cujo objetivo foi a socialização, descontração e conhecimento do sujeito, além da importante participação dos alunos com opiniões, ideias críticas em relação aos assuntos rejuvenescimento da EJA; a diversidade e as identidades próprias e singulares de cada um; a relação e a leitura dos jovens com os espaços e pessoas que o integram; as suas percepções e interesses nesse espaço; críticas positivas ou negativas sobre a EJA em geral; entre outros.

A interventora iniciou a dinâmica colocando uma música suave e distribuiu folhas e pincéis para os alunos e os orientou, solicitando atenção para os comandos: a cada sinal seria feita a troca das folhas com os colegas da direita e, nessa folha, eles iniciariam o desenho de um rosto; primeiro, a sobrancelha e, a cada toque, eles iriam fazendo sucessivamente as outras partes: nariz, boca, olhos, até completa-lo.

Depois de realizado o desenho do rosto, eles teriam que completar o corpo, sem ficar trocando as folhas, colocando os traços pessoais para dar uma personalidade ao desenho. Feito isso, passou-se para a parte de discussão, na qual eles colocaram os sentimentos que surgiram na realização da atividade e revelando, pouco a pouco, as suas identidades.

A dinâmica transcorreu de forma tranquila e participativa, os jovens, de fato, ficaram muito à vontade e expressaram, com naturalidade, que o mais marcante na dinâmica foi a questão da desconcentração, em que eles se divertiram ao verem o desenho final.

E, à medida que cada um ia colocando os seus sentimentos, a interventora fez algumas pontuações relacionadas ao espaço escolar, ao rejuvenescimento da EJA, à diversidade e às identidades próprias e singulares de cada um, à relação desses jovens com os espaços e pessoas que o integram, solicitando, depois, que eles disponibilizassem seus pontos de vista, as suas percepções nesse espaço, os interesses, as relações, a leitura deles sobre escola e a juventude presente, críticas positivas ou negativas sobre a EJA em geral, entre outros.

Os participantes envolvidos

Os participantes foram, além da professora interventora, dez jovens alunos(as) de 5ª a 8ª séries, compreendidos na faixa etária entre 15 e 22 anos de idade, apresentando perfis étnico-raciais diferenciados (branco, preto e pardo), sendo seis do sexo feminino e quatro do sexo masculino.

Os resultados

A atividade com dinâmica foi muito significativa para os alunos, pois eles se sentiram importantes em poder falar, colocar suas opiniões, em interagir com outros grupos, de revelar suas identidades e de perceber que eles estão inseridos dentro desses grupos iguais e ao mesmo tempo diferentes, e que cada um possui suas características próprias e experiências diferenciadas ou parecidas nas trajetórias escolar, pessoal e profissional, além da sua importância, que deve, inclusive, ser respeitada e valorizada na escola.

Nessa dinâmica, pude perceber que os alunos, apesar de estarem na mesma faixa etária e terem coisas em comum, são bem diferentes, principalmente com relação a perspectivas para o futuro. Alguns dizem que pretendem avançar nos estudos e fazer uma faculdade, outros já não conseguem enxergar um futuro promissor com grandes conquistas.

Por meio de seus relatos, é possível perceber a ciência em relação à diversidade e questões étnico-raciais entre os jovens da EJA, mas eles não percebem ainda que o currículo proposto a eles é deficiente e precisa estar mais bem adequado ao público jovem, que é a maioria na escola.

Os jovens relataram, no debate, que se percebem diferentes uns dos outros, apesar de estarem numa mesma faixa etária e terem pertencimento na EJA, onde os vínculos de amizade, principalmente com os colegas de sala e até mesmo com alguns professores, já foram criados e fortalecidos na convivência diária e veem a importância, cada vez mais, da presença dos colegas para auxiliar nas atividades, para trocar confidências, independente da cor, da raça, da condição econômica e social. Em relação aos professores e demais funcionários que integram a escola, eles não têm ainda uma percepção mais apurada de como eles encaram de fato a diversidade, dizendo que os educadores são muito competentes, fazem o trabalho e não demonstram atitudes discriminatórias.

5.4 Proposta 4

A proposta de intervenção realizada na Escola Municipal 4 foi fruto das reflexões contidas no artigo "As imagens no livro didático como formadora de identidades e ideologias em sala de aula", cujo objetivo, em síntese, foi fazer um levantamento de todas as imagens de negros e brancos, contidas nos capítulos de *História do manual didático*, volume único, da EJA, de autoria de Edimar Araújo Silva e José Wagner de Melo. Verificou-se que as fotos ou pinturas de brancos trazem-nos sempre bem vestidos, em alta posição social ou associados à criação de teorias ou sistemas filosóficos. Já as de negros ostentam-nos em situação de pouco *status* ou num lugar de inferioridade em relação aos brancos. Isso ocorre desde as pinturas da época da escravidão, mas continua a ser observado, mesmo nas fotos contemporâneas. Mostrou-se que não há sequer uma exceção a essa regra em todo o livro de história e questionou-se de que maneira tais imagens contribuirão para a formação das identidades dos jovens que manuseiam tais livros. Mas, devido a uma paralisação docente que ocorria no município, os alunos, lamentavelmente, não foram ouvidos com relação a esse sintomático diagnóstico.

Nesse segundo momento, a intervenção então foi feita com a participação dos jovens presentes na EJA. O objetivo era abrir espaço para eles se expressarem, no que diz respeito às imagens, porém não apenas as dos capítulos de História e nem apenas as do manual didático, mas provenientes de diversos âmbitos de convívio social da juventude.

Os materiais

Para exibir as imagens selecionadas, era necessário agendar o aparelho projetor, quando se percebeu, com certa surpresa, que ele ainda não havia sido requisitado por professor do período noturno. Assim, devido à falta de procura, nenhum funcionário da EJA possuía as chaves. Contudo, ao serem estas solicitadas, transcorreram duas semanas até que o aparelho fosse devidamente separado e colocado acessível. E, ainda, permaneceu o problema, uma vez que o equipamento funciona apenas ligado ao computador, o qual estava trancado. Percebemos que ocorre uma maior dificuldade de obtenção de equipamentos para a EJA que para o ensino regular, parecendo estar ela em segundo plano para o município e para a escola. No final, acabamos utilizando a televisão ligada diretamente à maquina fotográfica pessoal do professor.

Exibimos fotos de corpos femininos e masculinos, cenas de extrema pobreza contrastando com alto luxo, além de imagens do manual didático, porém, não somente dos capítulos de História, mas também de outros conteúdos.

Os participantes envolvidos

Participaram da exibição de imagens e debate, voluntariamente, 12 alunos, todos eles jovens e moradores da comunidade do Jardim Santa Fé, também conhecida como favela Santa Fé. Esses alunos dividem-se em dois grupos bem distintos. As donas de casa e todos os que trabalham fora formam a turma dos interessados, participativos e mais sérios. Os mais novos integram o grupo dos "alunos-problema" egressos do ensino dito regular. Esses últimos não têm emprego, não praticam atividades culturais durante o dia e, em geral, não se interessam muito pela escola, apesar de sempre reconhecerem a importância da instituição quando questionados com relação ao motivo de estarem estudando.

O desenvolvimento

A princípio, ao verem as imagens dos corpos seminus, os alunos se agitaram, como é típico da juventude, mas se emudeceram diante das imagens de pobreza extrema. As primeiras imagens que geraram comentários acabaram sendo as do próprio livro. Parece que, diante de figuras alheias ao conhecimento que os alunos julgam ser "escolar", não quiseram se manifestar, mas quando nos voltamos para o livro didático, sentiram que retornamos para o universo apropriado da sala de aula. A aluna Joana,[13] ao observar a FIG. 1, que retrata a tela "Escravidão" de Jean-Batiste Debret, comentou: "O escravo está apanhando... ele deve ter feito alguma coisa de errado". Ora, percebe-se que a aluna acredita que, numa das mais injustas condições a que o ser humano pode ser submetido, ainda assim o dono do escravo podia ser a vítima de algum "erro" cometido por esse.

FIGURA 1 – *Regresso de um proprietário, Jean-Batiste Debret (1834-1839).*
Fonte: *História do manual didático da EJA, 2009, p.251.*

[13] Os nomes dos alunos são fictícios.

FIGURA 2 – *Regresso de um proprietário, Jean-Batiste Debret (1834-1839).*
Fonte: *História do manual didático da EJA, 2009, p.251.*

A segunda quebra de silêncio foi provocada pela FIG. 2, que retrata o “Regresso de um proprietário”, do mesmo pintor. Bruno se adiantou, comentando: “São escravos carregando uma pessoa”. Observemos que por trás do discurso de Bruno pode estar escondida a afirmação de que o escravo não é uma pessoa. Afinal, a linearidade do discurso deveria ter sido: “É um escravo carregando seu senhor” ou: “É um negro carregando um branco”. Ainda não seria sintomática a afirmação: “É um escravo carregando um branco”; afinal, poderíamos entender que o aluno quis destacar, no caso do carregador, o fato de ser escravo, e, no caso do carregado, o fato de ser branco. Mas ele disse que era um escravo carregando uma pessoa. Lembramos que outros escravos, pertencentes a etnias brancas europeias, foram considerados animais, inclusive por consagrados filósofos gregos. Isso tiraria o comentário do campo racial. Contudo, sabemos que, no caso brasileiro, a condição de escravização se restringiu aos negros (e indígenas), o que nos coloca, novamente, na temática do preconceito étnico.

Mais adiante, foi exibida a foto de duas mulheres, uma negra e uma branca, conversando num sofá. A imagem fazia parte de um diálogo do capítulo de Inglês (de autoria de Mirtes Iamane Abe e Renata Chimim) que ajuda a compor, com o já citado capítulo de História, a coleção completa.

O mesmo Breno praticamente repetiu a frase: “É uma negra conversando com uma pessoa”. As palavras dele foram precisamente estas, ele não disse nem mesmo que a negra estava conversando com uma mulher! Mas sim com uma pessoa. Dessa vez, o professor não se furtou a dar destaque ao seu comentário e repetiu a frase para que ele ouvisse o que acabara de dizer. Ele nada percebeu e ninguém fez comentário algum. Mesmo com receio de constrangê-lo, o professor sentiu o dever de insistir: "Mas a mulher negra não é uma pessoa?". A pergunta não gerou mais comentários, manifestações ou um suspiro sequer. Bruno apenas se defendeu dizendo que em sua opinião a negra é pessoa também. Mas, o mais surpreendente, é que nenhum outro aluno se pronunciou.

Os resultados

No decorrer da aula, a aluna Joana ao ser questionada sobre sua etnia respondeu que se considera negra. Ora, tínhamos uma jovem negra a defender os direitos do senhor branco, dono dos escravos. É preocupante que, ainda hoje, jovens estudantes vejam essa tela e concluam que o escravo cometeu um erro, que mereceu o açoite e que o senhor, representado pelo feitor, tenha sido a vítima dentro da relação retratada na tela. E, tão revelador quanto o comentário de Joana, é o de Bruno, que não considera o negro uma pessoa.

Por outro lado, ao invés de cobrarmos posturas maduras dos jovens alunos, nos perguntamos que espaços esses jovens têm para desenvolver sua criticidade a respeito das questões raciais. Que imagens eles veem? Que imagens são oferecidas a eles? Que imagens os formam, desde bebês? São, possivelmente, propagandas televisivas, *outdoors*, pôsteres, cartazes, imagens veiculadas em livros didáticos (que, infelizmente são ainda utilizados) sempre com mensagens alusivas à "supremacia branca" que, quando não neutralizam, depreciam o negro.

5.5 Proposta 5

A proposta de intervenção realizada na Escola Municipal 5 foi fruto das reflexões contidas no artigo "Ocupação dos espaços pelos estudantes negros a partir da sala de aula". Na ocasião, o objeto de nosso estudo vinha do incômodo de ver os jovens, sobretudo os negros, ocupando sempre os últimos lugares da sala de aula. O incômodo conduziu à seguinte indagação: em que medida essa ação naturalizada por eles e por muitos educadores não trazia em seu bojo o lugar reservado para a juventude negra na sociedade? A fim de buscar possíveis respostas a essa questão tão complexa, buscou-se investigar os jovens estudantes negros inseridos na escola.

Os materiais

Para a realização da intervenção, o espaço da cantina foi modificado de modo a virar um espaço de debate: as cadeiras foram colocadas em círculo, no centro, no chão, foi estendido um tecido colorido com algumas frases e palavras ligadas à juventude. Não foi necessário o uso de microfone, uma vez que apenas 12 pessoas formavam o grupo. Foi usada máquina digital para fotografar, além do uso de som.

O desenvolvimento

A intervenção contou com a participação de 10 jovens, sendo seis do módulo I e quatro do módulo II e uma estudante adulta, Rosa.

Na intervenção, propus aos jovens que realizássemos um momento de depoimentos e debates, no qual eles poderiam relatar como e quando ocupam os espaços da cidade e se, em suas opiniões, há lugares para a juventude em Ribeirão das Neves. Para aqueles que afirmassem não haver este lugar, a próxima pergunta seria: qual o papel do poder público e dos próprios jovens na construção e ocupação destes lugares?

O bairro onde a escola está localizada apresenta, como características: ocupação desordenada, ruas sem pavimentação, pequenos comércios, elevado número de moradores, ausência de áreas de lazer, de cultura e de recreação. Todas essas características podem ser vistas em outras partes do município de Ribeirão das Neves.

Na pesquisa, constatei que essa ausência de espaços públicos e privados, para lazer e cultura, tem levado muitos jovens a não gostarem (e não ocuparem) do lugar em que moram, buscando em Belo Horizonte seu espaço.

Os participantes envolvidos

Os participantes foram jovens alunos(as), cuja faixa etária oscilava entre 15 e 21 anos de idade. Destes, apenas um se autodeclarou negro – os demais se identificaram como pardos. Contamos, ainda, com a participação de uma estudante de 40 anos, a qual atua na comunidade por intermédio da associação de bairro.

Os resultados

Na intervenção, percebi que, mesmo inconscientemente, os jovens acham e/ou constroem brechas no sistema e vão se estabelecendo, seja nas esquinas das ruas, nos campinhos de terra ou nos fundos das salas de aula, demarcando seu território e criando sua identidade juvenil.

Ao final da intervenção, alguns jovens relataram que nunca haviam pensado sobre o assunto: como ocupam os espaços diversos da cidade e que gostaram da reflexão, achando importante a organização de grupos de jovens na comunidade. Puderam perceber, também, a omissão do poder público local quanto às questões da juventude. A identificação dessa omissão e ausência gerou uma carta redigida em duas vias, de forma coletiva, pelos estudantes, uma encaminhada à Coordenação de Educação de Jovens e Adultos de Ribeirão das Neves e a outra à Câmara de Vereadores.

5.6 Proposta 6

A proposta de intervenção realizada na Escola Municipal 6 foi fruto das reflexões contidas no artigo "As questões de indisciplina sob a ótica dos jovens". Na ocasião, pretendíamos entender como o rejuvenescimento da EJA e a indisciplina em sala de aula tem sido uma grande preocupação do professor. De forma geral, os professores e os próprios alunos veem o alunado como protagonista da indisciplina. Fomos identificando a materialidade presente nas relações existentes entre a juventude, a indisciplina e as relações étnico-raciais (uma vez que grande parte do aluno é autodeclarada preta e parda), na escola da Educação de Jovens e Adultos.

A partir dos resultados obtidos nesse artigo, foi elaborado um projeto de intervenção, a fim de que o tema discutido fosse mais profundamente compreendido.

Os materiais

A conversa foi realizada em uma sala de aula vazia, na qual as cadeiras foram dispostas de maneira a formar um círculo. Toda a conversa foi filmada e gravada para que nenhuma fala fosse perdida. O principal objetivo desse trabalho foi compreender a indisciplina sob a visão dos alunos.

O desenvolvimento

A conversa iniciou-se com as professoras, o que de fato coagiu os alunos. As professoras iniciaram a conversa culpando os alunos pela indisciplina, disseram que eles, alunos jovens, atrapalham os mais velhos e que, se não querem nada, para que frequentar a escola?!

A partir desse momento, os alunos não falaram nada e, quando questionados sobre a indisciplina, se culpavam também, dizendo que, muitas vezes, as amizades atrapalham e que conversam muito – o que é uma característica comum dos jovens.

Em determinado momento, uma professora disse para os alunos que "eles perturbam a sala de aula porque ali, na escola de EJA, não é lugar deles que, na idade em que eles estão, eles deveriam estar cursando o ensino médio e não deveriam estar no Ensino Fundamental".

Na escola em questão, havia, no início do ano letivo, 168 alunos do 2º segmento, que foi o público estudado, e, no mês de outubro, constatou-se uma evasão de 71 alunos, comprovando, mais uma vez, o quanto professores e a própria escola não estão abertos e preparados para atender às especificidades do público que chega nessa modalidade de ensino, o que auxilia para a desistência, mais uma vez, desses alunos.

Os participantes envolvidos

Para a realização dessa intervenção, foi realizada uma conversa com três professoras e cinco alunos, sendo quatro alunas e um aluno. Todos os alunos com idade entre 15 e 29 anos.

Os resultados

Quando iniciamos as nossas reflexões sobre a juventude, as relações étnico-raciais e a indisciplina, nós também acreditávamos que a culpa da indisciplina na EJA era dos alunos jovens e tivemos grande dificuldade em iniciar nosso trabalho. Após pesquisas e conversas com os alunos, pudemos perceber que existem muitas coisas por trás da indisciplina. Então, naquele momento da discussão, percebemos que, com os estudos realizados e com as conversas que tivemos com os alunos e com nosso orientador, que havíamos adquirido um novo olhar com relação à juventude que está presente na EJA.

Pudemos perceber que os alunos são coagidos a todo o momento e culpados por uma série de fatos malsucedidos que há na educação. Foi notável o quanto a escola e os professores não estão abertos a ouvir nossos alunos, a compreendê-los e a entender o que eles querem e precisam.

6 Principais achados

As reflexões dos educadores apontaram para uma presença ainda muito forte do preconceito racial, explícito ou invisível, dentro da sala de aula. Esse preconceito perpassa os livros didáticos e a inserção desses sujeitos nos vários espaços, desafiando a ideia proveniente do senso comum de que no Brasil impera uma democracia racial. O preconceito também pode ser observado em outros aspectos no que diz respeito à questão geracional: a associação automática entre juventude e indisciplina.

Dentre as experiências pessoais dos educadores envolvidos, relatam-se significativas mudanças na relação entre eles e seus alunos e o reconhecimento da importância de saber ouvi-los e conhecê-los. Em virtude deste trabalho, observamos que adquirimos um novo olhar com relação à juventude, à diversidade e às questões étnico-raciais presentes na EJA.

7 Recomendações

Destacamos a importância dos professores em relação ao exercitar o olhar para perceber o momento em que o racismo e o preconceito racial são vivenciados em práticas discriminatórias na sala de aula. A partir dessa percepção, faz-se necessário que novas atitudes sejam tomadas. Devem-se fazer intervenções para que o preconceito seja desnaturalizado, a fim de despertar mudanças, tanto nos alunos como nos próprios professores.

A escola deve atuar de forma a contribuir para a construção das identidades juvenis, em especial, dos jovens negros, de maneira positiva e afirmativa. Para tal, é de suma importância, a construção de novos currículos, cursos de capacitação para professores, elaboração de materiais didáticos que apresentem imagens positivas dos negros para esses jovens. É importante que os profissionais que atuam na EJA saibam ouvir seus alunos e que a escola promova, com os alunos, meios para que isso ocorra, incentivando, por exemplo, a criação de grêmios estudantis, de espaços de conscientização as questões étnico-raciais em nossa sociedade entre outros instrumentos.

Contemplar a diversidade étnico-racial em processos de escolarização na EJA significa adequar todo um processo de ensino-aprendizagem conforme estabelecido pela Lei 10.639/2003 e de suas *Diretrizes Nacionais*. Significa realizar um trabalho de visibilidade afirmativa no que se refere à história e cultura afrobrasileira e africana tanto dos jovens como dos demais sujeitos presentes no cotidiano escolar.

A promoção do direito à educação vinculada ao direito à diferença é de responsabilidade de todos os atores que estão envolvidos na modalidade de ensino da EJA. Não desconsideramos, porém que o docente desempenha um papel importante na promoção de uma educação antirracista. A atuação desse profissional pode ser capaz de impulsionar *mudanças* de forma efetiva. Tais *mudanças* possivelmente se darão, por meio de sugestões, de relatos de experiências, de observações atentas e sensíveis, etc., vivenciadas no cotidiano escolar. Esperamos que o conjunto das *mudanças* ocorridas seja capaz de impulsionar a construção de novas propostas pedagógicas que contemple a diversidade étnico-racial, bem como a singularidade dos tempos de vida humana.

Referências

ABE, Mirtes Iamane; CHIMIM, Renata. Língua Inglesa. In: SILVA, Cícero de Oliveira. *et all.* (Orgs.). *Tempo de Aprender*: segundo segmento do ensino fundamental. Rio de Janeiro: Instituto Brasileiro de Edições Pedagógicas Ltda., 2009. p.413-525.

ABRAMOVICZ, Anete; OLIVEIRA, Fabiana de. *A sociologia da infância no Brasil*: alguns aportes. Disponível em: <http://www.gpime.pro.br/grupeci/adm/impressos/trabalhos/TR15.pdf>. Acesso em: 1º out. 2011.

ALMEIDA, Miguel Renato de. *Juventude, identidade e território*: a construção das trajetórias na cidade de Belo Horizonte, 2006. Dissertação (Mestrado em Ciências Sociais) – Pontifícia Universidade Católica de Minas Gerais. f. 1-144.

ANDRADE, Eliane Ribeiro. Os jovens da EJA e a EJA dos jovens. In: OLIVEIRA, Inês Barbosa de; PAIVA, Jane (Org.). *Educação de Jovens e adultos.* Rio de Janeiro: DP&A, 2004. p. 43-54.

ARROYO, Miguel Gonzáles. Educação de jovens e adultos: um campo de direitos e de responsabilidade pública. *In*: SOARES, Leôncio; GIOVANETTI, Maria Amélia; GOMES, Nilma Lino (Org.). *Diálogos na educação de jovens e adultos.* Belo Horizonte: Autêntica, 2005. p. 19-50.

BEISIEGEL, Celso de Rui. *Estado e educação popular*. São Paulo: Pioneira, 1974.

DIAS, Fernanda Vasconcelos; SILVA, Natalino Neves da. Africanidades e educação: juventude e relações étnico-raciais. *Presença Pedagógica*, v. 16, n. 96, p. 32-37, nov./dez. 2010.

FÁVERO, Osmar (Org.). *Cultura popular e educação popular*: memória dos anos 60. Rio de Janeiro: Edições Graal, 1983.

HADDAD, S.; DI PIERRO, M. C. Escolarização de jovens e adultos. *Revista Brasileira de Educação*, n. 14, p. 108-130, 2000.

HASENBALG, Carlos. *Discriminação e desigualdades raciais no Brasil*. Rio de Janeiro: Graal, 1979.

HASENBALG, Carlos A.; SILVA, Nelson do Valle. Raça e oportunidades educacionais no Brasil. *Caderno de Pesquisa*, São Paulo, n. 73, p. 5-12, maio 1990.

SCHWARCZ, Lilia Moritz (Org.). *História da vida privada no Brasil*: contrastes da intimidade contemporânea. 2. ed. São Paulo: Companhia das Letras, 2002. v. 4. p. 173-244.

SCHWARCZ, Lilia Moritz. *O espetáculo das raças*: cientistas, instituições e questões racial no Brasil 1870-1930. 4. ed. São Paulo: Companhia das Letras, 2002.

SILVA, Edimar Araújo; MELO, José Wagner de. História do manual didático da EJA. In: SILVA, Cícero de Oliveira. *et all.* (Orgs.). *Tempo de Aprender*: segundo segmento do ensino fundamental. Rio de Janeiro: Instituto Brasileiro de Edições Pedagógicas Ltda., 2009. p.235-345.

SILVA, Natalino Neves da. *Juventude, EJA e relações raciais*: um estudo sobre os significados e sentidos atribuídos pelos jovens negros aos processos de escolarização da EJA. 2009. 127 f. Dissertação (Mestrado em Educação) - Faculdade de Educação, Universidade Federal de Minas Gerais.

Aula Final

Carlos Roberto Jamil Cury

Hoje é um dia de festa. Então não vou ocupar muito tempo, porque é o momento de vocês comemorarem. Por isso, ao final de minha saudação, nós vamos cantar. Vamos ver se vocês conhecem a música!

No momento de formatura de vocês, é preciso chamar à cena a figura do professor, da professora, porque vocês já o eram e se tornaram um pouco mais. Um filme francês recentemente exibido na cidade *Minhas tardes com Margarida*, nos diz de um trabalhador que não conseguiu concluir o ensino primário na França. Daí ele se torna um pouco de tudo: um pouco de caminhoneiro, um pouco de trabalhador da horta, um pouco alguém que faz pequenos serviços de reparos, e assim por diante. Fala mal o francês, com erros e mais erros. Imaginem só, falar errado na língua francesa na França sendo francês! Entrementes, ele é um sujeito bom. E aí, numa das tardes em que ele está limpando o jardim da praça, resolve escrever com garatujas o nome dele em letras maiúsculas no monumento em homenagem aos soldados da Primeira Guerra! Vendo isso, lá vem o prefeito da cidade e lhe dá uma espinafrada mandando ele parar com aquilo. E ele sai ali meio desenxabido e senta-se no banco, recolhido em si e envergonhado. Nisto chega uma velhinha que está recolhida num centro de idosos e senta-se do lado dele e começa a ler um livro. E aí, conversa vai, conversa vem, ele fica todo enamorado da beleza daquela senhora de 95 anos e pergunta: "que livro é esse?" E ela vai explicando o nome e conteúdo do livro. E esse encontro no banco da praça vai se repetindo vários dias. Ao mesmo tempo que isso se dá, por conta de uma doença, ela vai perdendo progressivamente a vista. E ele vai, lentamente, incorporando aquilo que ele perdera por ter sido educado na instrução primária por meio de uma educação bancária, numa educação absolutamente autoritária e que não conseguira levar até o final. É um pouco da experiência relatada por Paulo Freire, por cujo método pessoas não tão adultas, mas adultas passaram a ler e em seguida começaram a ler o mundo e a descobri-lo com outros olhos. A escola lhes havia propiciado uma outra leitura do mundo. Um pouco disso pelo qual vocês agora começam a ser responsáveis, um pouco mais.

Mas vou chamar agora uma outra situação, também de filme. Este, brasileiro! Em uma grande estação de trem do Rio de Janeiro, pessoas vão, pessoas voltam, todas rápidas, atarefadas, e ali, uma senhora, professora aposentada, com um alto grau de conhecimento das coisas da leitura e da escrita, fazia um bico. Professora primária aposentada, vivia de um salário indecente, então senta-se ali e começa a dizer: aqui escreve-se carta. E aí, aquelas pessoas que por lá transitavam e que não tinham tido oportunidade de uma vida escolar e estavam distantes dos seus, começam a pedir a ela a escritura de uma carta para um ente querido longe, num outro estado, e assim por diante. O serviço custava RS 1,00 (um real). Vocês devem ter visto o filme *Central do Brasil*. Ele mostra como, ainda, no nosso país, há pessoas que não tiveram a oportunidade de ter essa leitura do mundo pela via da escola. Mas a gente se enriquece com esta leitura, sobretudo, com a importância que tem em nosso país, em nossa sociedade ocidental, o papel da escritura e da leitura. Aquela personagem cobrava um real pela carta que escrevia e a escrevia em nome daqueles que não escreviam.

Hoje vocês assumem outra perspectiva, não uma perspectiva bancária, mas de diálogo, uma perspectiva de interatividade, de respeito ao outro.

Hoje é um dia de honra para mim. Vocês me honraram com a dignidade da oração acadêmica no encerramento do curso de vocês. Tal como fora comunicado pela administração, na pessoa da professora e minha colega Analise Silva. Muito obrigado. Não sei se mereceria eu estar aqui neste lugar. Mais uma vez vocês assumem a incumbência de defender os interesses dos cidadãos. Dos cidadãos não pertencentes às elites econômicas. Certamente pessoas agora mais esclarecidas, mais autônomas, como vocês, não precisam de orador para defender os direitos maiores de uma educação democrática, uma educação que ainda, em muitos aspectos, continua sendo um privilégio. No entanto, ser orador de vocês é motivo de orgulho mesmo, pois fui escolhido por uma turma de educadoras e de educadores adultos. Por isso, o orador escolhido por jovens e adultos com essa qualidade deixa de ser um sênior ou um mestre para se tornar parceiro e colega de uma causa conjunta e de uma causa maior. Somos parceiros e colegas na luta pelo fim da educação como privilégio e na defesa da educação com qualidade, como direito de todos e de todas. A educação brasileira necessita de advogados e de advogadas que assumem um compromisso de defesa, porque ela não chegou a todos e aonde ela chegou nem sempre o é de qualidade. O momento é oportuno. Atualmente circula, no Congresso Nacional, um projeto de um novo Plano Nacional de Educação. E há pelo menos duas metas: a meta nove e a meta dez, que são exclusivas para a Educação de Jovens e Adultos. Tomem, estudem, procurem modificá-las onde for possível, para que quando de sua efetivação vocês possam ser os educadores de novos rumos para a EJA. Eu vou referenciar rapidamente apenas as duas metas, sem as estratégias. A primeira diz que a população com quinze anos ou mais avance na escolaridade para 93,5% de todas as idades e isto até 2015 e acabar, até 2020, com o analfabetismo absoluto. Mais ainda: a meta contempla a redução em 50% da taxa de analfabetismo funcional. E a meta dez pretende oferecer, no mínimo, 25% das matrículas de jovens e adultos, na forma integrada com a educação profissional nos anos finais do ensino fundamental e do ensino médio.

Bom. É a essa causa maior, da qual o Plano Nacional de Educação faz parte, que hoje estamos compelidos a nos comprometermos mais uma vez. Mas o que posso lhes dizer nesse momento de encerramento? Vocês queriam uma oração de encerramento do curso de vocês. Encerramento vem do verbo encerrar. Este é um termo curioso em português, porque ele significa, ao mesmo tempo, pôr fim a uma coisa, terminar uma coisa, mas, também, significa conter algo dentro de si. Certamente vocês estão terminando um curso; vocês estão pondo um ponto final nesse curso. Mas, ao mesmo tempo, o que vocês aqui aprenderam, o que vocês aqui ensinaram como conteúdos e práticas, contém algo precioso que ninguém retirará de vocês. É um vir a ser, é um devenir, é um potencial que está aí como embrião para desabrochar em novas práticas, em novos conteúdos. Por isso, hoje vocês se formam e encerram um curso e encerram também trampolins e patamares para novos conhecimentos nascidos da ação prática e de novos discursos cujos embriões esse curso encerra, encerra em si a vida nova ouvida.

Formatura hoje significa formação sempre, pois, mais do que formar-se, hoje vocês estão com esse potencial de continuar a se formar, ensinando e aprendendo. E é nessa aprendizagem contínua com as coisas, com os outros, com os livros, com o mundo real e virtual, com as ideias, com as esperanças, com os grandes e pequenos avanços, com as topias e as utopias, que vocês continuarão a aprender a aprender e continuarão a ser. É neste aprendizado que eu *ponho a força da fé em vocês, um aprendizado eterno que não tem vergonha de ser feliz, e numa atitude repleta de amor diz que a luta é prazer para que a vida seja boa, e nessa luta eu sei que a vida será, deveria ser bem melhor e será, se formos eternos aprendizes. Mesmo ela não sendo o que gostaríamos que fosse e que lutemos contra tudo o que nela esteja errado, isso não impedirá o eterno aprendiz.*

Queridas e queridos colegas, ganhei de vocês como honra essa comemoração. De coração eu lhes agradeço. Tenham-me sempre como amigo e colega e decorem os passos da vida e da caminhada de vocês com atos e fatos que digam que a vida é bonita, e, mesmo devendo ser melhor, não nos impeça de cantar e repetir a sua beleza: "é bonita, é bonita e é bonita". "*Viver e não ter a vergonha de ser feliz, cantar e cantar e cantar a beleza de ser um eterno aprendiz. Ai, meu Deus. Eu sei que a vida devia ser bem melhor e será, mas isso não impede que eu repita: é bonita, é bonita e é bonita.*"

CARLOS ROBERTO JAMIL CURY – Graduado em Filosofia. Mestre, Doutor e Pós-Doutor em Educação. É professor titular emérito (aposentado) da Faculdade de Educação da UFMG. Foi pro-reitor adjunto de pesquisa desta universidade. É professor adjunto da Pontifícia Universidade Católica de Minas Gerais atuando na Graduação e Pós-Graduação. Foi membro do Conselho Estadual de Educação de Minas Gerais e do Conselho Nacional de Educação (CNE) na Câmara de Educação Básica (CEB), da qual foi presidente por duas vezes. Foi Presidente da CAPES e membro do CTC da Educação Básica da CAPES. Foi membro da Comissão de Educação da SBPC e membro atual do seu Conselho Nacional. Foi também membro da Câmara de Ciências Humanas da FAPEMIG. Tem experiência na área de Direito à Educação, atuando principalmente nos seguintes temas: lei de diretrizes e bases, política educacional, legislação educacional e educação de jovens e adultos. É pesquisador 1A do CNPq.

ORGANIZADORA

Analise da Silva é mulher, negra e professora. Trabalhou com Educação Básica em redes públicas e particular por mais de duas décadas, sendo dezenove anos com juventudes na EJA. É Pedagoga e Historiadora. Mestre e Doutora em Educação pela UFMG. Professora Adjunta do DMTE da FAE-UFMG. Professora no Programa de Pós-Graduação Mestrado Profissional - Educação e Docência (PROMESTRE), da FAE/UFMG. Coordenadora do Núcleo de Estudos e Pesquisas em Educação de Jovens e Adultos (NEJA/FAE/UFMG). Coordenadora do PIBID Alfabetização EJA e Séries Iniciais. Coordenadora-Geral do Curso de Pós-Graduação Especialização *Lato Sensu* em Docência da EJA na Educação Básica Especificidade Juventudes presentes na EJA. Coordenadora Pedagógica do Curso de Aperfeiçoamento Economia Solidária na EJA (ECOSOLEJA), do NESTH/FAFICH/UFMG. Professora do Curso de Especialização *Lato Sensu* em Docência na Educação Básica, Juventude e Escola. Coordenadora do Sistema de Monitoramento e Avaliação do PROJOVEM URBANO no Centro-Oeste, Minas Gerais, Espírito Santo e Tocantins pelo GAME/FaE/UFMG. Coordenadora do Fórum Mineiro de Educação de Jovens e Adultos. Coordenadora de Formação dos Educadores do Programa Brasil Alfabetizado em MG (CND). Assessora e Consultora Pedagógica. Assessora do Projeto EJA no Ensino Médio (EMEJA), da SEED/MEC. Coordenadora da Agenda Territorial Mineira. Membro da Equipe de Criação, Comitê Editorial e Consultora *Ad Hoc* da *REVEJ@* - Revista Eletrônica de EJA da UFMG. Representante dos Fóruns de EJA do Brasil na Comissão Nacional de Alfabetização e Educação de Jovens e Adultos (CNAEJA), do MEC/SECADI. Pesquisadora cadastrada líder de grupo de pesquisa no CNPq. *E-mail*: analisedasilva@ufmg.br, telefone: (31) 9122-8012.

ORIENTADORES E ORIENTADORAS

Chrisley Félix Soares - Graduação em Pedagogia e Mestrado pela Universidade Federal de Minas Gerais (2004 e 2009). Vice-diretora de ensino da Prefeitura Municipal de Belo Horizonte. Atua como professora na EJA. Atua como avaliadora, bolsista, pesquisadora, monitora e em atividade de extensão na Universidade Federal de Minas Gerais. Tem experiência na área de Educação, com ênfase em Educação e Linguagem, atuando principalmente nos seguintes temas: Educação de Jovens e Adultos, Políticas públicas, Alfabetização, Literatura e leitura. Endereço eletrônico: chrisleysoares@yahoo.com.br

Cláudia Regina dos Anjos - Graduada em Desenho e Plástica pela ESAP/FUMA, mestra em Educação pela PUC/Minas e doutoranda pela Escola de Belas Artes/UFMG. Professora da Rede Municipal de Educação de Belo Horizonte. Endereço eletrônico: creginaa@gmail.com

Cláudio Emanuel dos Santos - Professor da Escola de Educação Básica e Profissional do Centro Pedagógico da Universidade Federal de Minas Gerais (UFMG). Graduado em Pedagogia e mestre em Educação, em 2003, pela Faculdade de Educação da UFMG. Membro do Programa Ações Afirmativas da UFMG. Doutorando em Educação. Endereço eletrônico: claudioes23@yahoo.com.br.

Daniela Freitas Brito Montuani - Doutora e mestre em Educação pela Universidade Federal de Minas Gerais, onde também realizou sua graduação em Pedagogia. É formadora do Centro de Alfabetização, Leitura e Escrita CEALE/FaE/UFMG e pesquisadora do Grupo de Pesquisa do Letramento Literário - GPELL/CEALE/UFMG. Endereço eletrônico: danimontuani@gmail.com

Jerry Adriani Da Silva - Licenciado em matemática, mestre e doutorando em Educação pela Universidade Federal de Minas Gerais (UFMG); professor da Rede Municipal de Educação de Belo Horizonte-MG. Possui experiência na docência, coordenação pedagógica e gestão da EJA. Coordenou o Fórum de EJA de Minas Gerais entre 2005 e 2009. Foi membro da Comissão Nacional de Alfabetização e Educação de Jovens e Adultos do MEC-CNAEJA (2008/2009), assessor e consultor de diversos municípios na implantação e regulamentação da modalidade de EJA. Integra a linha de pesquisa: Educação, Cultura, Movimentos Sociais e Ações Coletivas do Programa de Pós-Graduação em Educação e Inclusão Social da Faculdade de Educação da UFMG e tem se dedicado a investigações que tratem das Diversidades na/da EJA, Especificidades dos/as Educandos/as da EJA e Diversidade Sexual na EJA. jerryeja@yahoo.com.br

Luiz Olavo Fonseca Ferreira - Licenciado em Educação Física pela UFMG, mestre e doutor em Educação pela Faculdade de Educação da Universidade Federal de Minas Gerais. Professor da Prefeitura Municipal de Belo Horizonte, onde foi coordenador do Núcleo de Educação de Jovens e Adultos da SMED-BH, exercendo, atualmente, o cargo de diretor da Escola Municipal Sérgio Miranda. Foi professor da

Escola de Gestores da Universidade Federal de Minas Gerais, do curso de aperfeiçoamento em Educação e Saúde na Escola, da FACE-UFMG e do curso de Pós-Graduação Especialização *lato sensu* em Docência da EJA na Educação Básica Especificidade Juventudes presentes na Educação de Jovens e Adultos. Foi o editor responsável pela REVEJ@ – Revista de Educação de Jovens e Adultos e participa do Grupo Articulador do Fórum Mineiro de EJA. Endereço eletrônico: olavo.bh@gmail.com

Natalino Neves da Silva - Graduado em Pedagogia. Mestre e doutorando em Educação pela Faculdade de Educação da Universidade Federal de Minas Gerais (FaE/UFMG). Atualmente é professor substituto na Faculdade de Educação da UFMG lecionando as disciplinas de Gestão da Escola e Coordenação Pedagógica e Política Educacional nos cursos de Pedagogia e Licenciaturas. Tem realizado trabalhos juntamente com professores(as) da educação básica e superior nas áreas de: Educação de Jovens e Adultos (EJA), Educação das Relações Étnico-raciais, Juventude e Espaços Educativos e Formativos escolares e não escolares. Endereço eletrônico: natalgerais@gmail.com

Ramuth Pereira Marinho - Possui graduação em História pela Faculdade de Filosofia e Ciências Humanas - UFMG (2000) e mestrado em Educação pela Universidade do Estado de Minas Gerais - UEMG (2011). Atualmente é professor efetivo da Prefeitura Municipal de Belo Horizonte. Tem experiência na área de Educação, com ênfase em Educação de Adultos, atuando principalmente nos seguintes temas: Educação de Jovens e Adultos, Ciclos de formação humana, Educação inclusiva, Educação do trabalhador e política educacional. Endereço eletrônico: ramuthm@gmail.com

ORIENTANDOS E ORIENTANDAS

Adelma Maria da Silva
Adriana de Jesus Silva Resende
Aleandra Lúcia Félix
Ana Paula Messias
Ana Paula Vieira Matos
Anderson Márcio Rodrigues
Andréa Cristina Sanches Silva Galdino
Ângela Santiago Lima Apolinário
Audrey Michelle Pires de Araújo
Augusto Nogueira Soares

Cássia Carine Alves
Célia Margarida de Araújo
Cibele Cristina Cândido
Cirlene Aparecida Inácio de Resende
Claudete Maria de Freitas Cunha
Cláudio Gonçalves Guadalupe
Cleidinea dos Santos Marques
Dayve Alexandre Fernandes
Denise Lima Nascimento Silva
Denise Odete Cota
Doraci Souza Rodrigues
Elaine Barbosa da Silva Ozório
Elaine das Graças Caetano
Elaine Teles de Souza
Elite Rosa Damasceno
Fabiano Amaral de Souza
Fátima Maria Barbosa Coelho
Gláucia Clélia Oliveira Soares
Grácia Maria de Oliveira
Graciana de Abreu Paula
Guilherme Vieira
Gustavo Martins Morais
Jane Luísa Corrêa
Janice Aparecida Marques Pereira
Kátia Angélica de Queiroz Rocha
Kenderson Geane Corrêa
Luciene da Paixão Araújo
Luiz Fernando Silvestre
Magda Ana Moreira Lopes
Mara Motta Resende
Márcia de Souza dos Santos Colares
Márcia Fernanda José
Maria Aparecida Nunes Lima
Maria da Glória Riblas de Moraes
Maria do Carmo Fonseca
Maria Eunice Rodrigues
Maria Helena Ferreira Machado
Maria Irene Ferreira Teixeira
Marilda Lima Ribeiro
Marta Ermelinda Braga
Marta Fernandes de Oliveira

Monica de Cássia Cornélio Pimenta Campos
Monica Vidigal Alves Neves
Natália Maria dos Santos Torres
Neide Félix Magalhães
Neusa Pereira de Assis
Nilson Otoni Souza
Oldair José Davi
Rodrigo Alexandre de Souza Silva
Rosinalva Almeida Santos de Jesus
Rui do Porto Seabra
Ruth Maria Lima dos Santos
Sandra Mary Monteiro
Silma Rodrigues de Oliveira
Sirlei Gonçalves Santos
Sônia Regina Trindade
Sueli Maria dos Santos Vieira
Tatiana de Cássia de Souza
Tatiana Gonçalves da Silva
Tatiana Louise Nunes Dornelas

Este livro foi composto em tipologia Minion Pro e
impresso em papel Offset 75g/m^2 (miolo) e Cartão
250g/m^2 (capa), no mês de julho de
dois mil e quatorze.